一個人和一座城

費孝通與蘇州

张新科 著

南京大学出版社

图书在版编目(CIP)数据

一个人和一座城：费孝通与苏州 / 张新科著. -- 南京：南京大学出版社，2025.3. -- ISBN 978-7-305-29001-5

Ⅰ. K825.4

中国国家版本馆 CIP 数据核字第 2025JL7798 号

出版发行	南京大学出版社		
社　　址	南京市汉口路 22 号	邮　编	210093

书　　名 一个人和一座城：费孝通与苏州
YI GE REN HE YI ZUO CHENG: FEI XIAOTONG YU SUZHOU
著　　者 张新科
封面题字 华人德
责任编辑 高　军　　　　　　　编辑热线　025-83592123
照　　排 南京南琳图文制作有限公司
印　　刷 南京新世纪联盟印务有限公司
开　　本 880 mm×1230 mm　1/32 开　印张 10.625　字数 250 千
版　　次 2025 年 3 月第 1 版　2025 年 3 月第 1 次印刷
ISBN 978-7-305-29001-5
定　　价 58.00 元

网　址：http://www.njupco.com
官方微博：http://weibo.com/njupco
官方微信号：njupress
销售咨询热线：(025) 83594756

* 版权所有，侵权必究
* 凡购买南大版图书，如有印装质量问题，请与所购
　图书销售部门联系调换

史上，两城人文昌盛，墨客迭出，诗词歌赋传诵千秋，为中华乃至人类文明增光添彩。成都与苏州，也是各有别样芳华。"成都海棠十万株，繁华盛丽天下无"，成都平原锦官城的似锦繁花一览无余；"姑苏台榭倚苍霭，太湖山水含清光"，苏州水乡波光潋滟尽收眼底。成都茶馆享悠闲，苏州古镇见乡愁。成都的武侯祠见证三国风云，苏州的虎丘塔诉说千年变迁。二者皆承载着深厚的历史底蕴，孕育出独特的地域文化。成都的川剧变脸令人惊叹，苏州的昆曲评弹悠扬婉转，杰出的人文成就共同彰显着中华民族的艺术魅力。

在国际上，意大利威尼斯与苏州皆为水韵之都，友好关系有着深厚的历史基础。"君到姑苏见，人家尽枕河。"苏州水巷交织，画舟穿梭，古城双棋盘格局精巧细腻。无怪乎意大利著名旅行家马可·波罗游历苏州时，称其为"东方威尼斯"。与此相对应，水城威尼斯，水道纵横，贡多拉摇曳在碧波之上，鲜明的拜占庭风格气势恢宏。两座城市的交通和建筑都以水为魂，展现了人类对水的敬畏与利用，共同见证了人类与自然的和谐共生，为世界文明贡献了独特的水乡风情。德国康斯坦茨与苏州也有着跨越山海的情愫。康斯坦茨属巴登-符腾堡州。该州是德国风景最具魅力的地区之一，高度工业化，是经济上最强的联邦州之一。苏州是人文经济高度发达的城市，享有中国最强地级市的尊荣。康斯坦茨有世界驰名的博登湖，苏州有闻名遐迩的太湖；莱茵河流

自序

苏州，一座承载千年历史与文化的江南水乡故郡和诠释中华文化博大精深的东方水城，宛如一颗镶嵌在楚水吴山的粲然明珠，在中国乃至世界城市画卷中迸发着独特的魅力。苏州与国内外一众知名城市有着诸多异曲同工之妙，在人类文明的长河中比肩而立，交相辉映。

在国内，一提到苏州，人们就会自然而然念及杭州。宋代苏州籍诗人范成大的《吴郡志》中写道："天上天堂，地下苏杭。"估计这也就是那句世人皆知的"上有天堂，下有苏杭"俗语的最早由来。杭州的出名，宋代大文豪苏轼功不可没，他曾写道："水光潋滟晴方好，山色空蒙雨亦奇。欲把西湖比西子，淡妆浓抹总相宜。"苏杭之美各有千秋，不分伯仲。杭州西湖是一幅文人画，苏州太湖是一卷山水图。杭州灵隐寺"风吹松涛响，钟韵佛音长"，苏州寒山寺历千载"香烟依旧绕重天"。二者兼具钟灵毓秀之美，自然与人文相得益彰。苏州园林精巧别致，杭州山水旖旎多姿，共同展现江南的婉约风情。历经境内溪流纵横,风景如画,苏州大运河穿城而过,悠悠流淌,皆勾勒两城应"运"而兴的幸福画卷。

苏州这颗城市明珠,以独特的水乡风情、深厚的历史文化底蕴以及杰出的人文成就,在世界名城之林中占据着一席之地。名城素有名人,名人因名城而生而长,名城因名人而荣而贵。历史上的苏州人才荟萃,名人辈出。在灿若繁星的名人光谱上,费孝通先生与苏州的关系,堪称名人与名城相互辉映、彼此成就的典范。

说来话长,真正深入了解费孝通先生与苏州之渊源,末学却经历了一番曲折,时至今日仍有"路漫漫其修远兮,吾将上下而求索"的使命感。

末学早年研习工科,后留学德国,转而从事社科研究,费孝通先生的学术成就如雷贯耳。彼时,虽闻其名,然对其与苏州之紧密联系,恰似"只在此山中,云深不知处"一般知之甚少,自然未能洞悉费先生与苏州的紧密关联。

末学来到江苏省社科联工作后,因工作所需多次前往吴江等地调研。吴江之地,水乡风光独特,"吴树依依吴水流,吴中舟楫好夷犹",河道蜿蜒,枕河人家错落有致,小桥承载历史记忆,如一幅水墨画卷,晕染出江南水乡独有的诗意与浪漫。在此调研过程中,有幸结识诸多当地学者、乡贤及村民,他们对费孝通先生满怀敬意,详述先生故事,末学心中众多疑窦渐渐有了答案。

无巧难成书,巧合有玄机。世间的万事万物总是那般玄妙,充满了令人惊叹的渊源。本人曾撰写《一个人和一座城:张謇与南通》,未承想,在探究张謇先生与南通的渊源时,竟意外地发现费老一家与张謇先生之间有着错综复杂、千丝万缕的联结。

张謇,这位光绪年间的状元,在清末民初之际,以著名改良派实业家和教育家的身份闪耀历史舞台。他始终坚信实业与教育乃是国家富强的根基所在。1903年,张謇在他的家乡南通创立了中国第一所师范学校——民立通州师范学校(今江苏省南通高等师范专科学校),并力邀王国维等众多学术界精英担任教职。费孝通之父费璞安留日归来后,为张謇聘为西席,后于1909年1月投身通州师范学校担任教职。而费孝通之名,恰恰源自父亲在通州师范的这段独特教学经历。费家与张謇情谊深厚,为了纪念两代人的真挚友情以及在通州师范的难忘教书生涯,费璞安为其四子赋取"孝通"之名,盖寓"孝字当先,圆通天下"之意也。

仿佛冥冥之中早有注定,末学在撰写张謇与南通的故事时,竟与费孝通先生产生了这般奇妙的缘分连接。这让人不得不感慨世界上各种关联的神奇,那些看似遥远的人物与故事,却在不经意间交互在一起,编织出一幅满是惊喜的人文画卷。

及此,末学渐知费公出生于吴江,此地不仅孕育其生命,更造就其学术理想,为其学术探索之摇篮。这一段渊源,恰似"随风潜入夜,润物细无声"的春雨汇流于历史的长河中,虽不似壮阔波澜,却如涓涓细流,滋养着费孝通先生的学术生命,也让末学在探寻其与苏州的故事中,感受到更深层次的意蕴。这不仅是家族与个人的历史传承,更是时代与地域文化交织的印记,激励着吾辈学人深入了解背后的故事,抉发深蕴其中的意义与力量。

随着对费孝通先生了解的不断深入,末学愈发感受到他与苏州之间那种血浓于水的桑梓情。费先生一生对苏州的眷恋,既有"望极天涯不见家"的无尽思念,又有"欲作家书意万重"的万般牵挂,更有"此心安处是吾乡"的至死不渝。他的学术研究始终围绕着苏州展开,从对吴江乡村的细致考察,到对苏州小城镇发展的深入研究,再到对整个江南地区社会结构的宏观剖析,他用自己的智慧和汗水,为苏州乃至中国经济社会描画蓝图,呕心沥血。

费孝通先生对苏州的热爱,不仅仅体现在学术研究上,更体现在他对苏州文化的传承与弘扬上。费孝通先生对文化传承和创新的重视,促使他积极参与家乡文化活动的组织和策划,为苏州文化的繁荣发展贡献了自己的力量。他通过自己的著作和讲学,向世人展示了苏州文化的独特魅力,让更多的人了解和喜爱这座城市。他对苏州传统文化的坚守,恰似"千磨万击还坚劲,任尔东西南北风",虽历经异域留学、人生困顿和时代变迁,却始终保持着对本土文化的敬畏和热爱。

回顾费孝通先生宠辱不惊、波澜壮阔的一生,他与苏州的故事,何尝不是一部充满传奇色彩的奋斗史!他出生于一个书香门第,家族的学术传承和地方的文化氛围,为他的成长提供了肥沃的土壤。他自幼聪慧好学,对知识充满了渴望,孜孜不倦,勤奋刻苦,打下了坚实的学术基础。在他的成长历程中,苏州的山水、人文、历史,都深深地烙印在他的心中,成为他学术灵感的源泉。

费老的学术生涯,犹如一场漫长的旅程,充满了艰辛和挑战。他先后在东吴大学、燕京大学、清华大学、伦敦政治经济学院等知名学府深造,师从众多学术大师,汲取了丰富的学术营养。然而,他并没有满足于书本知识,而是选择了一条更为艰难的道路——实地调查。他深知"纸上得来终觉浅,绝知此事要躬行"的道理,只有深入社会的底层,才能真正了解社会的本质和人民的需求。于是,他背起行囊,踏上了漫长的田野调查之路,足迹遍布中国的大江南北,其中,苏州始终是他心中最牵挂的地方。

在费孝通先生的众多学术创获中,《江村经济》无疑是一颗最为耀眼的明珠。这部著作以吴江开弦弓村为研究对象,深入剖析了中国农村的经济结构和社会动态,为中国社会学和人类学的发展奠定了坚实的基础。《江村经济》的诞生,与其说是费孝通先生学术生涯的一个重要里程碑,是他对家乡苏州吴江这片土地以及家乡人民对他无穷的恩赐的深情回馈,还不如说是费孝通先生与家乡的相互成就的最好见证。费老在《吴江的昨天、今天、明天》一文中开宗明义:"初访江村是我一生学术道路上值得纪念的里程界标。从这里开始,我一直在这一方家乡的土地上吸收我生命的滋养,受用了一生……"正是通过这部著作,他将苏州乡村推向了世界学术舞台,让更多的人了解到别样的苏州。

费孝通先生一生坚持格物穷理、学以致用的原则,其学术研究服务于满足人民的需要,致力于使广大农民脱贫致富,将学术研究与国家富强结合起来。在社会经济方面,他通过对家乡的实地调查和研究,提出了一系列切实可行的发展建议,为苏州的经济发展提供了智力支持。譬如,他对小城镇发展的研究,提出了"小城镇,大问题"的著名论断,为中国的城镇化进程提供了重要的理论指导;他对民族关系的研究,提出了"中华民族多元一体格局"的理论,为中国的民族政策制定提供了科学的依据;他对文化自觉的倡导,强调了文化传承和创新的重要性,为中华文化的发展指明了方向。这些学术成就,"忽如一夜春风来,千树万树梨花开",在学界和社会上产生了广泛而深远的影响。

"云山苍苍,江水泱泱。先生之风,山高水长。"费孝通先生虽已离我们远去,但其学术思想和精神却如山水般恒久,将永远留存于我们的心间。费孝通先生对苏州的热爱和贡献,赢得了家乡人民的衷心爱戴和尊崇。"高山仰止,景行行止",他是苏州人民心中当之无愧的

"骄子"。他的故事,犹如一座永远值得敬仰的丰碑,激励着一代又一代的苏州人,为家乡的发展努力奋斗。他与苏州的情缘未了,他与苏州的故事还有续篇,恰似"江水流不尽,长江滚滚来",成为苏州永恒的城市记忆。

传承是最好的纪念。在费孝通先生诞辰114周年之际,末学在吴江区委宣传部、苏州大学、江村学院领导的指导支持下,在张知慧、陈翔等学者的帮助下,撰写了这本书——《一个人和一座城:费孝通与苏州》,旨在用简要的篇幅传述费先生的传奇人生,传承他的学术思想和精神,让更多的人了解费孝通先生与苏州之间的深厚情谊。希望这本小书,能够成为广大读者和研究者了解费先生的桥梁,成为大家喜爱苏州的一扇窗口,让费孝通先生的学术思想和精神在新时代继续发扬光大,同时从费老的身上汲取力量,为学术繁荣,为祖国繁荣,贡献自己的力量。

临颖神驰,书不成字,纸短情长,是以为序。

张新科
2024 年 12 月

目 录

壹　在苏州

一、血脉地缘 / 4

（一）祖籍吴江 / 4

（二）费氏源流 / 7

（三）祖荫庇佑 / 9

（四）父母贤达 / 11

二、蒙以养正 / 16

（一）香兔子 / 16

（二）童真稚气 / 19

（三）"教谕"沈郦英 / 21

（四）"三先生"王季玉 / 23

（五）幼年启蒙 / 27

三、就教吴江 / 29

（一）初露锋芒 / 30

（二）蜕变成长 / 32

（三）手足情深 / 35

四、东吴受业 / 41

（一）医道初心 / 42

（二）学海泛舟 / 44

（三）临诊悟道 / 46

（四）思变心惑 / 47

（五）弃医从文 / 48

贰　别苏州

一、踏入燕园 / 54

（一）文以载道 / 55

（二）疗治社疾 / 58

（三）清风徐来 / 61

（四）领悟真谛 / 64

二、清华问学 / 68

（一）报考清华 / 68

（二）一师一徒 / 71

（三）硕士毕业 / 75

（四）未名湖畔 / 77

三、瑶山探赜 / 80

(一) 探赜之由 / 80

(二) 进入瑶山 / 84

(三) 苦中作乐 / 88

(四) 挚爱罹难 / 91

叁 归苏州

一、邂逅江村 / 100

(一) 初访江村 / 100

(二) 调研初衷 / 102

(三) "小先生" / 105

二、辗转盘桓 / 108

(一) 重访江村 / 108

(二) 三访江村 / 110

(三) 后续重访 / 112

(四) 从实求知和实地调查 / 123

三、推拓畛域 / 128

(一)《江村经济》/ 129

(二) 小城镇大问题 / 132

(三) 聚焦"区域" / 137

肆 出苏州

一、负笈英伦 / 146

(一) 伦敦求学 / 147

(二) 巨擘引路 / 153

(三) 人类学前沿 / 157

(四) 潜心出佳作 / 162

二、执教滇南 / 167

(一) 实地调查工作站 / 168

(二) 战火中的爱情 / 173

(三) "魁星阁"岁月 / 177

三、民盟参政 / 181

(一) 傲骨嶙峋 / 181

(二) 加入民盟 / 183

(三) 心向安宁 / 186

四、智启清华 / 192

(一) 驻足北平 / 192

(二) 选择坚守 / 197

(三) 仕途浮沉 / 202

伍　荣苏州

一、复兴文苑 / 208

（一）星辉再耀 / 208

（二）筑梦社学 / 211

（三）西渡求变 / 215

（四）育才筑基 / 219

二、固本开新 / 223

（一）尚余十金 / 223

（二）文化织锦 / 227

（三）乡村王国 / 232

（四）模式创新 / 237

（五）全国一盘棋 / 246

三、大成进境 / 250

（一）学术反思 / 250

（二）差序格局 / 258

（三）文化自觉与文化价值观 / 260

陆　念苏州

一、乡音乡味 / 277

（一）诗书传家 / 277

（二）故园熏染 / 279

（三）研究滥觞 / 282

二、江村情结 / 289

（一）学术肇始 / 289

（二）经世济民 / 290

（三）登高望远 / 297

三、念兹在兹 / 302

（一）越鸟南栖 / 302

（二）逝者如斯 / 305

（三）友情如海 / 309

四、赓续承传 / 313

（一）乡土重建 / 314

（二）多元一体 / 317

（三）中国式现代化的学术推动 / 319

壹

在苏州

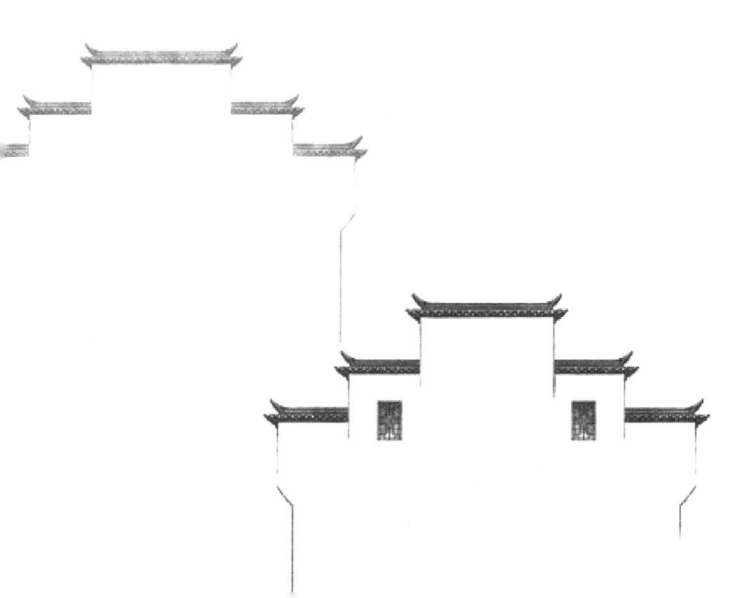

万里长江宛若游龙,自西而东奔流不息,烟波浩渺,气势恢宏,在注入大海前的下游区域,将江苏一分为二。

长江以南,平坦的土地民熙物阜,湖泊星罗棋布,大运河在这里与长江交汇。江南独特的地貌和丰富的水域孕育了一方水土和文化。在这片膏腴之地,苏州静静地依偎其中,既是江南经济的繁华重镇,也是人口聚集的人间天堂。

与自古以来繁华兴盛相对应,苏州还有着丝绸般绚烂的文化和源远流长的深厚文脉。江南自古出才俊。这片钟灵毓秀的土地哺育培养的国之巨擘、民族栋梁灿若星辰,费孝通先生便是其中熠熠生辉的杰出代表。费孝通在这里诞生,接受启蒙教育,并与苏州结下一生的不解之缘。在这座人间天堂的烟雨朦胧间,古老的建筑与现代的繁华交相辉映,勾勒出一幅幅动人的画卷。古典园林如拙政园、留园、狮子林等"咫尺之内再造乾坤",以其独特的设计和精致的布局,吸引无数游客流连忘返。

江南水乡的风情,在苏州得到了最完美的展现——小桥流水、古镇古街,处处流淌岁月的痕迹,地地弥漫历史的沧桑。"江南园林甲天下,苏州园林甲江南",苏州不仅以其精巧的园林建筑而闻名,更以其丰厚的文化底蕴而享誉世界。自古以来,苏州就是文人雅士的荟萃地,他们才华横溢,留下了许多千古流传的佳作。而今,苏州更是一个充满活力和创造力的城市,吸引着世界各地各行各业的人才汇聚于此,安居创业。

在这片土地上,费孝通留下了深刻的足迹和智慧的印记,他的学识和人格魅力激励着一代又一代的人。费孝通凭借对中国传统文化深刻的领悟力以及对社会现实敏锐的洞察力,为中国学术界的发展和社会进步带来了深远的影响。

苏州是一座充满魅力和活力的城市,以其独特的文化底蕴和优美的自然风光吸引着世人的目光。生于斯长于斯的费孝通先生则是这座城市的一颗璀璨明珠,散发着独特的智慧和人文之光,绚烂夺目,历久弥新。

一、血脉地缘

在费孝通的代表作之一《乡土中国》中,他以深刻的见解阐述了血脉与地缘在社会结构中的重要性。特别是在题为《血缘地缘》的文章中,他清晰地指出,血缘社会通过生育这一生物过程来维持社会结构的稳定。在乡土社会中,地缘关系依附于血缘关系,地缘可以视作血缘关系的延伸。血缘关系不仅是乡土社会稳定的关键因素,也是其重要特征之一。而地缘关系则是契约社会的基础,标志着从传统的血缘结合到地缘结合式社会性质的转变,从而推动乡土社会向现代社会的演进。

由此可见,血缘和地缘关系对于个人成长发展起着至关重要的作用。通过追溯一个人的血缘和地缘关系,可以更深入地了解其身份、文化背景和社会地位。让我们从费孝通本人的血缘和地缘关系开始,追溯其家世渊源,从而走进他的世界,探索其思想和学术成就的深层根源。

(一) 祖籍吴江

"江南旧游凡几处,就中最忆吴江隈。"吴江,这座位于江苏省东南端的古老城市,是费孝通先生的祖籍地。它以其悠久的历史、灿烂的文化和独特的地理位置,被誉为中国江南眉山青峭、湖光如锦的"人间水天堂"。

"姑苏台枕吴江水,层级鳞差向天倚。"相传,吴王夫差曾在此筑城,吴江因此得名。这方沃土,悠悠岁月中静观历史风云之瞬息万变,深邃而广袤。无数英才俊杰于此诞生,宛如星辰般点缀于历史的天幕,熠熠生辉。在历史的长河中,吴江一直是商贸和文化交流的重要枢纽。宋、元、明、清时期,吴江一直是江南地区的重要商贸城市之一,与苏州、杭州等城市相颉颃。

吴江能在历史上扮演如此重要的角色,主要得益于其得天独厚的地理位置和发达的水路交通。吴江地处太湖之滨,河网密布,水路交通极为便利。这种地理优势使得吴江成为江南与中原、海上与内陆的重要连接点。据此,吴江的商业贸易十分繁荣,各种商品在这里汇聚和流通,形成了独特的商业文化。

在吴江地区的考古发掘中,出土的纺轮、骨针、丝带、绸片和蚕纹陶罐等器物不仅见证了这片土地上养蚕、缫丝、织绸的悠久历史,还展现了蚕丝业对当地经济和文化的深远影响。

春秋后期的吴楚争桑之战,凸显了蚕桑在当时国计民生中举足轻重的地位。随着时间的推移,吴江的蚕丝业愈发兴旺发达。唐代诗人笔下"尽趁晴明修网架,每和烟雨掉缫车"的诗句,生动地捕捉了蚕户们辛勤劳作的场景。他们利用缫丝车这一生产工具,将蚕丝精制成华美的丝绸,在当地经济发展的史程中,厥功至伟。

明清时期,吴江的商业繁荣达到了顶峰,成为江南经济的重镇。丝绸、茶叶等商品贸易的兴盛,使得吴江商人的足迹遍布海内外。据《吴江丝绸志》(1992年)一书记载,唐代时"吴绫"已是朝廷贡品,明代则出现了"桑麻遍野""湖丝遍天下"的盛况。到了清代同治年间,"震泽丝市极为兴旺,周围摇经基地如众星拱月,摇户人众十万"。19世纪末20世纪初,吴江蚕区几乎"无不桑之地,无不蚕之家,丝业呈现繁荣景象。民国初年全县桑田20万亩,桑树6 000万株,养蚕户数21 000家,养蚕人数105 000人,占当时全县总人口数的22%"。这些数字不仅展现了吴江丝绸业的辉煌,也体现了吴江人民勤劳智慧、勇于创新的精神风貌。

清末,盛泽白龙桥头流传的诗句"风送万机声""晴翻千尺浪",生动地描绘了当时蚕丝业的宏大规模和染业的繁荣景象。这些诗句不仅赞美了吴江蚕丝业的盛况,也表达了当地人民对这一产业的深厚热爱和自豪感。

吴江不仅商业繁荣、商贾云集,更是人文荟萃、彬彬称盛。自古以来,此地便是英才辈出之摇篮,孕育了无数名垂青史之士,既有文采飞扬之文人墨客,亦有英勇无畏之武将豪杰,"人人握灵蛇之珠,家家抱荆山之玉",风靡云蒸,阵容不凡。从唐代诗人陆龟蒙,到明代抗清名将杨廷枢、明末清初著名女诗人柳如是,再到近代著名诗人陈去病、柳亚子,教育家费树蔚、郑辟疆,历史学家杨天骥、社会学家孙本文,他们不仅在各自的领域取得了卓越的成就,也为吴江的文化繁荣、文脉赓续和人才培养作出了不可磨灭的贡献。

据《吴江县志》(1994年)记载,同里一镇从宋淳化三年(992年)到清嘉庆十五年(1810年),科甲鼎盛,共培养出38位进士,80位文武举人。这些才子在科举考试中取得了优异的成绩,对吴江文化教育事业的发展和社会影响的扩大功不可没。他们随后取得的非凡成就不仅为吴江的文化繁荣注入了活力,也为中国的文化教育事业树立了典范。

江南士子在明清时期的中国社会舞台上扮演了不容忽视的

重要角色——在科举取士的固有框架内，不囿于儒家经义和八股时文，有着更广泛的文艺和学术兴趣与追求，以"博雅"自期。美国汉学家本杰明·艾尔曼（Benjamin A. Elman）对清代中期常州学派的研究指出，明代江南地区的士绅阶层已经依托宗族建立了地方性的学术团体，并在朝堂上发挥了重要作用。这些地方性学术团体的变革及其对朝廷的挑战，实际是他们在帝国灭亡的信心危机下寻求的解决方案。江南士人的地方主义源于他们对历史断裂的体认，在少数民族统治下，他们心态上延续着帝国的想象，试图从地方层面重建道统，致使士权与君权形成了鲜明的张力。

费孝通自幼浸润于这种士风与学风中，无疑为他日后的学术探索提供了饶沃的土壤和丰富的养分。在探讨中国传统社会的伦理观念、习俗以及家族结构时，他常常引用自己在吴江的亲身经历和观察，以此来分析和阐释中国社会的变迁和发展。吴江地区丰富多彩的社会生活和深厚的文化底蕴，为费孝通的研究提供了宝贵的素材和灵感。

（二）费氏源流

在费孝通的《寻根絮语》中，我们得以窥见一个家族深厚的历史底蕴和对根源的深切体认。他笔下的"江夏费"不单是三个字，更是承载着费氏家族千百年来流传的荣耀与自豪。

在那个尚未被现代科技照亮的年代，人们夜晚外出时还需携带灯笼照明。费孝通在回忆童年时，描述了他手中那盏灯笼——其上贴着醒目的红字，一面刻有"江夏费"三个大字，另一面则是他已记不清的家族堂号。这简单的几个字，却蕴含着家族悠久的历史和荣耀。出于好奇，他向母亲询问"江夏"的含义。母亲解释说，这是他们费姓的郡望，表明费家的祖先曾在江夏地区享有盛名。

一部《江夏费氏世谱》，为我们揭开了费氏家族源远流长的历史面纱。据世谱记载，费氏起源于伯益，他是大禹之子，因协助大禹治理洪水而功勋卓著，被封于费地（今山东鱼台西南费亭），并被尊称为大费。伯益的次子若木始姓费，成为费氏的祖先。

《史记索隐》认为伯益即大费，而《竹书纪年》中"费侯伯益出就国"的记载，更是为我们提供了费氏家族在夏朝时期曾为侯爵的文献证据。这些珍贵的史料使我们能够追溯费姓的起源，将其历史渊源回溯到上古的夏朝时期。

费孝通在书中回忆，他早年在家中偶然翻阅家谱时，正值阅读《三国演义》之际，对书中的人物与故事充满浓厚兴趣。当他在家谱中发现"费祎"这个名字时，心中顿生激动。他意识到，这位祖先是三国时期蜀汉的重要官员，曾深受诸葛亮的信赖与倚重。据史书记载，费祎性格真诚、理政练达，是蜀汉的股肱之臣。

费孝通幼年时，家中贴着"江夏费"字样的灯笼以及母亲对"江夏费"的解释，使我们有理由相信费氏家族存在着深厚的历史渊源。同时，"江夏"这个地名与"费"这个姓氏的紧密关联，也能从费祎这位历史人物身上找到其起源和依据。

据专家考证，费祎的出生地是现在的河南罗山县费家湾。根据罗山县志的记载，费氏先民在汉代就已在当地定居。自那时起，费氏家族便世代相传，繁衍生息，直至今日。罗山县历代志书都把费祎列为第一乡贤。这不仅是对他个人的赞誉，更是对整个费氏家族的认可。在现存的明清罗山县旧志中,都专门为费祎列传,为我们提供了这位家族祖先更多的珍贵信息。昔日,罗山县城中曾有费公祠,民国时期的费家湾也曾设立费公乡。这些地点不仅是费氏族人缅怀祖先的圣地,更是他们传承家族文化、弘扬家族精神的重要载体。费家湾位于现今罗山县城东南方向15千米处,依偎在淮河的一条主要支流——竹竿河的西岸。这里是罗山费氏族人的聚居地。正所谓"慎终追远",当地居民世代相承,精心呵护家族的辉煌历史与荣耀,使之历久弥新,传颂不衰。

目前,费家湾的费氏族人遵循着一套辈分排序用字,包括"朝、九、德、新、敬、孝、宗、全、财、达、政、盛",共计12个字。这些字不仅代表了他们家族成员的辈分,更是家族文化传承的体现。

费孝通的《寻根絮语》为我们揭开了费氏家族的历史与文化,让我们对这个家族有了更深刻的认识。通过这本书,我们不仅能够体认其家族的辉煌与荣耀,更体会到了家族精神的继承与弘扬。这种精神将激励一代又一代费氏族人,继续书写属于他们的辉煌篇章。

(三)祖荫庇佑

1910年11月2日,一个温暖的秋日清晨,费孝通在江苏省吴江县的富家桥弄呱呱坠地。作为费璞安和杨纫兰夫妇的第五个孩子,他承载了家族对未来的无限期望。他的出生不只是一个普通家庭血脉的延续,更是两个文化世家、商业世家的交汇与融合。

费家祖居坐落在风景如画的同里镇,历史颇为久远。同里不仅是吴江七大镇之一，更是江南水乡中的一颗耀眼宝石，以其迷人的水乡风光和深厚的文化底蕴享誉中外。在同里镇那些古色古香的民居门前，岁月的痕迹虽然斑驳，但"耕读传家"的家训依然清晰地刻印在门楣上。这不仅是费家世代相传的信条，也是家族精神的生动体现。

费孝通的祖父和外祖父都是同里镇上声名赫赫的读书人，可谓同里双子星。彼时费家与杨家是镇上望族，费家拥有广阔的田地和当铺，而杨家则以碾米和榨油为主业，两家在经济实力上旗鼓相当，不分伯仲。然而，随着时代的更迭，到费孝通祖父的时代，费家已然式微。尽管家人晚上出门时还提着象征家族荣耀与地位的"江夏费"的灯笼，但家中的田产已逐渐出售，昔日的辉煌难以赓续，家族渐趋没落。

与费家相比，杨家的境况更为优渥。费孝通的外祖父杨敦颐，不仅是一位成就斐然的商人，还是一位学识渊博的学者。他在科举考试中荣膺进士，被朝廷任命为江苏学政。尽管如此，最终他决定放弃官场生涯，转而投身于商业领域，兴办实业。在苏州十全街，他创办了一家纺织厂，成为当地著名的实业家。

在经济领域取得成功的同时，杨敦颐在学术上也成就卓著。他对中国传统文化有着深刻的理解和掌握，特别是在小学（中国传统学术门类，包括文字、音韵、训诂三个范畴）方面具备深湛学养。后来，他移居上海，担任商务印书馆的编辑，并参与了《辞源》这部重要辞书的编纂工作，学术水准大有进益。

杨敦颐的十一个子女在传统文化的熏陶下成长，同时也深受西学的影响。他们在学业和个人发展上展现出不拘泥于传统仕途的独立精神，选择了各自不同的道路。其中，给费孝通留下深刻印象的是舅舅杨天骥。杨天骥幼承庭训，学习诗词和书法，才思敏捷,文采飞扬,且书法造诣极高。他还师从吴昌硕学习治印之术,从而成了一位多才多艺的文人。他的才华不仅在艺术领域得到展现,在上海,他还投身于教育和报业,并曾两度担任吴江县长,最后官至国民政府代秘书长。

在这样一个氤氲着文化气息的家庭中成长,费孝通自然受到潜移默化的熏陶。他从小就体验到了传统文化和西方文化的交流与融合,这种经历为他日后的学术探索和人生选择奠定了坚实的基础。家庭,是影响滋养孩童成长的第一所学校。对费孝通来说,父母、祖父、外祖父以及舅舅们不仅是他的榜样,也是他人生的引路人。他们的言行和教诲"日用而不觉"地让他懂得了生活的意义和学术追求的价值。随着时间的推移,费孝通逐渐展现出卓越才华和独到的学术洞察力,在人类学、社会学等多个领域取得重要的学术成果,并积极参与社会实践和公共事业,被视为中国现代学术界的杰出代表之一。

回顾费孝通的一生,我们不难发现,他背后深厚的家族文化底蕴和独特的家庭环境对他的成长起到了决定性的作用。正是这样充满文化氛围的家庭环境,孕育了他的卓越才华,并塑造了他独特的人生趣向。

(四) 父母贤达

费孝通的父亲费璞安,童年时曾和杨敦颐的孩子一同在杨家学堂接受传统的私塾教育。他在中国历史上最后一次科举考试中获得生员资格。1905年,随着科举制度的废除和新学制的建立,政府鼓励秀才出国深造,费璞安因此获得前往日本留学的机会。在"教育救国"思想的浸润影响之下,他选择教育专业进行深造。归国后,他从在家乡办学起步,直至晚年退休,将毕生精力投入教育事业中,被誉为"江苏省近代教育史上一位著名的教育家"。

张謇,光绪年间的状元,是清末民初著名的改良派实业家和教育家,以"父教育而母实业"为人生信条,坚信实业和教育是国家富强的根本。1903 年,他在家乡南通创办中国第一所师范学校——通州民立师范(即后来的江苏省南通师范学校),并邀请王国维等多位学界贤达担任教职。费璞安留学归来后,也受到张謇的邀请,于 1909 年 1 月在通州师范学校担任教职。费孝通的名字,正是源于父亲在通州师范的这段执教经历。据费孝通所述,费家与张家有着深厚的友谊。张謇的子女属于"孝"字辈,为了纪念通家之好以及在通州师范的教书生涯,费璞安给自己的孩子取名为"孝通"。

1911 年 9 月,根据清政府的地方自治章程和县议会选举法,吴江县选民选举产生了 47 名议员组成的县议会,费璞安便是其中之一。尽管当时他在通州任教并未亲自回吴江投票,但他不仅被选为议员,还被推举为议长。10 月 10 日,辛亥革命爆发,费璞安深受影响。不久,他从通州前往上海,与报业巨子史量才一同筹备由张謇发起的全国农务联合大会。

11 月 5 日,费璞安以县议会的名义召集了民众大会,讨论吴江的光复事宜。十天后,他在上海城隍庙再次召开民众大会,并以议长的身份主持会议。吴江和震泽的知县将装有官印的箱子恭敬地放置在主席桌上。费璞安当场取出官印,让民众验视后交给革命军司令吴嘉禄销毁。他同时正式宣布吴江光复,彻底摆脱清王朝的统治,并声明政权从此转为民主,议会成为人民的代表，所有政事将取决于人民的意愿，并举行了宣誓仪式。

辛亥革命后，费璞安在民主政治的舞台上扮演了日益重要的角色。当时的吴江县议会具有不少实权，县政的预算、决算以及地方的改革和发展等重大事务，都必须经过议会的审议和批准。议会能够根据既定的章程，确保事务的妥善执行，这让费璞安感到大有可为。

费璞安进一步联合吴县、上海、常熟、如皋等地的议会，共同发起成立了江苏省县议会联合会，并在上海的"也是园"设立了办公机构，借此反映民众的意愿和呼声。随后，吴江等五县议会又倡议联合全国的县议会，组建全国性的县议会联合会，并推举费璞安担任江苏省的进京请愿总代表。

抵达北京后，费璞安以贾家胡同的吴江同乡会为活动基地，定期举行会议。各省代表进一步推举他去见段祺瑞，代表全国各地民众表达诉求。费璞安在推动社会进步中所发挥的作用和影响力，其功可睹，其势可见。

"巾帼不让须眉。"费孝通的母亲杨纫兰，是当年社会进步风潮中的一位杰出女性。20世纪初，妇女解放的思潮在中国思想界掀起波澜，激发了无数仁人志士的热情，杨纫兰也产生了强烈的共鸣。尽管她没有经受过传统妇女所受的压迫，但她亲身经历了裹脚的痛苦，深刻理解了受束缚的苦楚。因此，她能够以同情心和良好的教养，深切体察到亿万女性在非人性的社会规范下所承受的身心痛苦，并以满腔热血和知识分子的良知，积极投身于争取女性解放的斗争，呼吁打破束缚女性的精神和肉体枷锁。从杨纫兰当年发表的文章中，我们不仅能感受到她深切的痛心和激昂的情感，还能想象到她在妇女解放运动中挺膺担当、大声疾呼的先锋形象。

金松岑,是杨纫兰同乡兼同志。在革命思想高涨的年代,他曾与邹容、章太炎、蔡元培在上海爱国学社共同倡导革命理念。1903年,金松岑的重要著作《女界钟》出版,被认为是中国最早专门阐述妇女解放思想的著作。在这本书出版之前,金松岑特意邀请费璞安和杨纫兰夫妇撰写序言。费璞安决定让妻子独执大笔,以表达她内心的想法和情感。于是,杨纫兰在《〈女界钟〉序》中写道:

> 溺于社会之人不知世界,溺于现在社会之人非独不知未来世界,并不知已往世界,男子且然,而况于女子哉。女子者居社会之半部分,以平权之理论之,女子亦居国民之半部分。国民者何也,有国家思想政治思想者也。悲哉,我女子乃闺阃之外无思想乎!悲哉,中国男子乃功名富贵之外无思想乎!虽然,男子我不论,我论女子。方今女权堕地,女学不昌。顺从以外无道德,脂粉以外无品性,井臼以外无能力,针绣以外无教育,筐筥以外无权利。胶蔽耳目,束缚形骸,无论未来之新国民如罗兰夫人、批茶女士、苏菲亚若安之流,言之适遭怪异,即中国已往人物如班昭、谢韫、木兰、冯夫人、梁红玉、聂隐娘之流,亦不过低头咋舌,以为不可及,而如其奋发投袂,起而效之,则一以为魔怪,一以为风狂。群聚而哗,不见容于社会。宜乎蠢蠢须眉,尘尘巾帼,两俱沦于黑暗世界,以有今日之时局也。同邑金君著《女界钟》约三万言,掊击现在之社会,而提倡新中国、新国民,将以警醒我同胞,出之于奴隶之陬,而登之于平权自由之乐土。其文章则流丽芬芳,语长心重,其

议论则惊心动魄,一字千金。虽以锡纶之愚读之犹且感动,何况世不乏聪明才智之姊妹,苟开卷熟复,其必有奋发投袂而起,以逐诸女杰之后尘者,则我谓此书为美利坚之自由钟可也,为批茶之五月花亦可也。①

杨纫兰在1903年撰写的这篇序言,为我们提供了深入了解费孝通早年成长背景的宝贵视角。序言不仅反映了当时社会的普遍心态,更展现出杨纫兰本人的胸襟、视野、见识和抱负,体现了在动荡时代,女性对国家兴衰和大众命运怀有深切关怀的责任和担当。在费孝通幼年时期,杨纫兰积极投身于妇女解放和教育事业等社会活动,这使得她在繁忙之中难以给予儿子更多的个人关怀,这一点在序言中得到了合理的阐释。杨纫兰的言行体现了中国知识分子长久以来忧国忧民的高尚传统——与天下同忧同乐,饱含对整个社会和民族未来的深切期望。

费孝通的父母以天下为己任的担当,对社会而言,是一声声唤醒民众的强烈呼唤;在家庭内部,则是充盈其间的自由平等、亲仁善邻的高尚氛围。呼吸着这样的空气,费孝通在父母宽广的博爱之中成长。

---

① 费孝通.爱我家乡[M].北京:群言出版社,1996:8.

二、蒙以养正

杨纫兰,一位温婉而坚忍的女性,毕业于当时著名的女子教育机构——上海务本女学。在那个时代,女性能够接受高等教育本就不易,而杨纫兰不仅做到了这一点,更凭借自己的才华和努力,投身教育事业。她创办了吴江县第一个蒙养院,为当地的孩童提供了教育机会,打开了通往知识世界的大门。

费孝通幼年时期就与哥哥、姐姐一同在这个蒙养院里接受启蒙教育。对费孝通而言,这个蒙养院不仅仅是学习的场所,更是一个充满爱与温暖的家。在这里,他度过了人生中最无忧无虑、最纯真快乐的时光。他与兄弟姐妹们一起玩耍、学习,聆听老师们讲述引人入胜的故事,探索那些深奥却有趣的知识。这些经历不仅激发了费孝通对学习的热情,更培养了他对这个世界的好奇心和求知欲。

(一)香兔子

1916年至1920年,费孝通在吴江初等小学接受教育。这所学校原是供奉雷神的雷震殿,因此通常被称为雷震殿小学。费孝通在这所公立小学完成了四年的学习。当时能读小学的孩子凤毛麟角,他便是其中之一。1922年,与他年龄相仿的全区孩子中,仅有78名男生和35名女生从小学毕业。小学的课程表是根据1916年国民政府制定的标准确立的,包括每周八至十四课时的语文(阅读、作文和书法)、四至六课时的算术、两至三课时的修身,以及中国历史、地理、自然、体育、音乐、手工和图画等课程;六、七年级时,还增设外语课程。

费孝通后来回忆,他最钟爱的课程是"乡土志"。然而,年幼的费孝通当时并不完全理解这三个字的含义。由于他童年时最喜爱的动物是兔子,加之吴语中发音相似,他无意中将"乡土志"误记为"香兔子",从而产生了颇具趣味的误解。费孝通回忆自己喜欢听"乡土志"课的原因时说:"我敬爱沈校长,也喜欢听他讲的乡土志。他在课堂上讲给我们听的,都是些有关我们熟悉的地方,想知道的知识。他讲到许多有关我们常去玩耍的垂虹桥和鲈香亭的故事,至今我每每想起'松江鲈鱼肥'这句诗时,这些桥亭的画面悠然在目,使我心旷神怡;同时浮现着沈校长那种摇头吟诵的神态,更引人乡思难收。"[①]

费璞安不仅是一位投身于教育事业的热心人士,更是对乡土文化怀有深厚情感的学者。他深刻认识到地方志在挖掘和理解一个地区的历史、文化、地理和社会特征方面的重要性。因此,每次出差归来,他都会习惯性地携带几部新近发现的地方志,以丰富他的收藏和知识库。

年幼的费孝通对这些志书充满了好奇心与浓厚的兴趣。尽管他年纪尚小,但已经能够感受到这些书籍中蕴含的丰富知识和文化深度。每当父亲带回新的地方志,他总是急切地翻阅,沉

---

① 费孝通.逝者如斯:费孝通杂文选集[M].苏州大学出版社,1993:8.

浸在对江南水乡的美景、古镇的风貌、历史人物的故事以及民间风俗的生动描述中。

在费孝通眼中，地方志不单是记载地理、历史、名胜、人物和风俗的文献，更是沟通过去与现在、传统与现代的桥梁。他经常将这些志书与沈天民校长讲授的乡土志以及正在编纂的乡土教材进行比较，发现它们之间存在着许多相似之处。这些书籍不仅加深了他对家乡的理解，也点燃了他对乡土文化的热爱和敬意。

彼时年幼的费孝通不知道的是，江南地区编纂地方志的传统历史悠久。在南宋之前，地方记载通常被称为地记或图经，这些文献以地图为主，辅以文字描述。南宋时期，江南地区出现了一种新的编纂方式，即地方志，开始摆脱图经的格式限制。范成大的《吴郡志》是这一时期最具代表性的作品，以其丰富的内容、创新的编纂方法和精警的笔墨，为后来的地方志编纂提供了重要的参考标准。

后来，费孝通的故乡吴江震泽镇编纂了《震泽镇志》。这部志书详细记录了震泽镇的历史沿革、地理环境、经济发展、文化特色以及风土人情等方面的内容，为后人了解和研究震泽镇提供了宝贵资料。

清朝末年，随着教育的普及和乡土教育的兴起，除了乡镇志，还出现了大量作为各地学校教材的乡土志。这些乡土志使用简洁明快的语言和生动形象的插图，向学童介绍家乡的地理、历史和文化等方面的知识，激发了他们对家乡的热爱和自豪感。民国时期，编纂乡土志的传统得到了延续和发展。江苏、浙江、四川、上海以及湖南和湖北等地的乡土志编纂数量最多。这些志书不仅记录了当地的历史文化和社会风貌，还体现了时代精神,并融入了现代教育理念,成为乡土教育的宝贵财富。

清代的方志多由官方主持编纂,主持者通常包括地方长官和贤达士绅。受父亲影响,费孝通也逐渐对编纂地方志产生了浓厚兴趣和敬意。他将地方志视为传承乡土文化、弘扬地方精神的重要载体,并不断从这些志书中汲取智慧和力量。

(二) 童真稚气

费孝通的童年记忆里,乡土志的生动与丰富能够吸引他那颗活泼好动的心。相比之下,那些刻板乏味的高头讲章显得不那么吸引人。他经常在课堂上分心,小动作不断,心思早已飞到了课后与伙伴们的游戏中。在算术课上,尽管他能迅速完成习题,但因为心不在焉,常常犯些小错误,比如将数字"6"误写成"8","2"写成"3"。完成习题后,他总是急不可耐地冲出教室,投入他向往的游戏世界中。

在课堂小测验或正式考试时,费孝通总是急于第一个交卷,好像答题对他而言仅仅是一场游戏,而非真正的知识检验。在家里临摹碑帖练毛笔字时,他也会迅速完成规定的作业,然后急切地离开房间,再次投身于他的游戏世界。

教员曾要求学生学写日记,但费孝通用极其简洁的八个字概括了他一天的生活:"晨起,上课,游戏,睡觉。"这简短的日记生动地描绘了他童年的生活状态。在他的世界里,除了上课就是游戏,甚至连吃饭这样重要的事情也都被他忽略。可见,游戏对幼年费孝通具有巨大的吸引力,几乎占据了他生活的全部。

翌日的生活似乎只是前一天的重复,费孝通对游戏总是乐此不疲,一遍又一遍地投入其中。然而,对于写日记这种重复性的任务,他显得提不起兴趣,于是简单地写下了"同上"二字,就当作完成了任务。

1946年,费孝通在一篇题为《一封未拆的信——纪念老师沈骊英先生》的文章中,深情地回忆了自己小学时代的老师沈骊英先生,并描述了自己童年时的疯玩情景。他写道:"像我这种乱哄哄的人,一天到晚真不知干些什么。"这句话虽然带有自嘲的意味,却也真实地反映了他童年的生活状态。

小学时代的费孝通活泼好动,但他的身体相对羸弱多病。他时常因病请假在家,这让他在他的伙伴们中得到了"小废物"的绰号。一次,费孝通再次因病卧床,他拉着母亲的手,困惑地问:"为什么我要姓费?为什么人家叫我小废物?"对于这样一个多病却又爱动的儿子,母亲的心中交织着难以言喻的忧虑以及无微不至的关爱。

费孝通活泼好动,容易与顽皮的孩子打成一片。但他身材瘦小,体质不佳,游戏时一有争执,便难以占据上风。这让母亲杨纫兰对他在学校的安全问题非常担心。1920年,费家迁至苏州后,杨纫兰便不敢轻易将他送入常规学校,唯恐他受到欺凌或伤害。

尽管费孝通的体质令人担忧,但他的智力和天赋却十分出众。他机智聪明,对新事物充满好奇,对知识有着强烈的渴望。特别是当他阅读到关于乡土的书籍时,常被书中丰富的知识和生动的叙述深深吸引。这激发了他对家乡的历史、文化、地理和习俗的浓厚兴趣,他开始通过阅读和研究来深入探索这些领域。

在母亲的精心照料和教员的细心教导下,费孝通渐渐克服了身体上的挑战,顺利融入了学校生活。他开始更加刻苦地学习,尤其对乡土文化相关课程表现出浓厚的兴趣。他希望通过自己的勤奋,不仅能够弥补身体上的不足,更能够在知识领域取得显著进步。

随着岁月的流逝,费孝通成长为一个博学多才的青年。他在学术上取得了卓越的成就,并在社会实践中展现了自己的才华。他对乡土文化的热爱始终如一、历久弥新。这份深厚的感情,不仅滋养了他的灵魂,更成为他学术研究与实践活动的不竭动力源泉。

(三)"教谕"沈骊英

费家坐落在苏州繁华的十全街132号,这条街道不仅见证了苏州的繁荣,还孕育了一所享有盛名的学校——振华女校。这所学校承载着王树达女士的遗愿,由她的女儿王季玉女士继续主持,为苏州乃至整个江南地区的女性教育贡献着力量。

费孝通,这个活泼好动却又体弱多病的男孩,在家庭的关爱和期望中逐渐成长。母亲杨纫兰深知儿子的性格特点和身体状况,对他的教育格外上心。当得知家附近的振华女校教育质量优良、环境和谐时,她果断决定让费孝通在这所学校接受教育。

"近朱者赤",费孝通从女教师沈骊英和女校长王季玉那里,汲取了许多宝贵的知识和品质。

沈骊英老师是费孝通在振华女校高小班时的教员,她的教学方式和人格魅力给费孝通留下了深刻的印象。与那些沿袭私塾体罚方法的老师不同,沈骊英老师总是面带微笑,用温和的语气和费孝通交流。她从不轻易责罚学生,而是采用耐心引导的方式,鼓励学生们自主学习和思考。

费孝通对沈骊英老师的敬仰之情油然而生。他深刻感受到了这位女教师的关爱和尊重,也领悟了教育的真谛。在沈骊英老师的悉心引导下,费孝通学会了如何沉下心来深入思考问题,如何更加认真地对待学习。他的成绩随之稳步提升,对知识的渴望也日益增强。

除了教学上的影响外,沈骊英老师的人格魅力也深深打动了费孝通。她那急公好义、无私奉献的精神让费孝通无比敬佩。在告别讲台后,沈骊英老师转至中央农业实验所工作,全身心投入改良麦种的事业中。即便在逃难的艰难时刻,她仍毅然决然地将珍贵的麦种安全运送至重庆,为国家的农业发展作出了不可磨灭的贡献。

费孝通尽管年尚冲幼,却天资聪慧、观察入微、感知敏锐。在沈骊英老师的熏陶和引导下,他领悟到了责任感的真谛和担当精神的崇高,也理解了知识分子应有的品质与素养。这种深刻的影响镌刻在他的内心深处,成为他日后成长道路上的坚实支柱。

在振华女校度过的这段时间里,费孝通不仅积累了知识,更学会了做人的道理。他逐渐领悟到教育的真正意义不仅在于知识的传授,更在于塑造人的品质和精神。这段经历深刻地塑造了他的人生观和价值观,对其德才兼备、知行合一的一生产生了长远的影响。

然而,进入振华女校并不是费孝通基础教育生涯的全部。在之前的四年初小课程中,他也经历了许多挑战和困难。有些老师沿袭了私塾的体罚方法,给他留下了"可怕的印象"。这些经历让他对老师的形象产生了质疑和抵触情绪。但幸运的是,他遇到了沈骊英这样杰出的老师,重新点燃了他对学习的热情。

回顾这段宝贵的经历,费孝通深感自己无比幸运。在他的成长旅程中,有幸遇到了许多优秀的老师、同学和朋友,他们为他提供了源源不断的关爱与支持。同时,他也深刻地体会到了教育的重要性,从而更加珍视每一个学习的机会和面对的挑战。

费孝通所写的文字,深刻体现了他对教师功德的理解和领悟:

> 天上的雨,灌溉了草木,人家看到苍翠,甚至草木也欣然自感茂盛,雨水已经没入了泥土,没有它的事了。多少小学里的教师们,一天天,一年年把孩子们培养着。可是,培养了出来,向广阔的天地间一送,谁还记得他们呢?孩子们的眼睛望着前面,不常回头的。小学教师们的功绩也就这样被埋葬在不常露面的记忆之中了。①

(四)"三先生"王季玉

王季玉,这位在苏州的冬日里,总是面带和煦笑容的女性,被振华女校的学子们亲切地称为"三先生"。她的身影,宛若校园里那棵挺拔的古树,见证了一代又一代学生的成长,也在费孝通的心中留下了不可磨灭的印记。作为振华女校的校长,她不

---

① 费孝通.逝者如斯:费孝通杂文选集[M].苏州:苏州大学出版社,1993:20-21.

仅负责全校的校务管理,更是日复一日地辛勤教学,用自己的智慧和爱心,为孩子们照亮了求知的旅程。

苏州的冬日寒风凛冽,雪花纷飞。尽管学校条件简朴,王季玉却竭尽所能,为孩子们营造温馨的学习氛围。在那个时代,学校缺乏现代的保暖设施,孩子们不得不裹着厚重的棉衣,偎在课桌旁,袖着手窃窃私语,心中默默祈祷老师不要点名让他们上台解题。因为他们知道,在凛冽的寒风中书写,不仅手指会冻得僵硬,连呼吸都会变得费力。

王季玉总是能够洞悉孩子们的心思。她深知,在如此寒冷的天气中,让孩子们上台书写无异于一种磨难。因此,她做出了一个决定——亲自在黑板上书写,而让孩子们安坐,专心阅读。这样的安排,既确保了孩子们能够汲取知识,又让他们免受寒风侵袭之苦。

一天,费孝通如往常一样坐在教室里,聆听王季玉的授课。但他注意到,校长在黑板上的字迹异常地大,且不如往常工整。他抬头望去,惊讶地发现王季玉双手肿胀,竟然"像一对新鲜的佛手"。费孝通心中一震,他从未见过如此情景,心中更有一种难以名状的思绪,推促着他探寻背后的真相。

下课后,费孝通忍不住向王季玉的侄女询问。侄女向他透露,校长每天清晨都会亲手洗涤衣物,由于天气严寒,她的双手不幸患上了冻疮。听闻此言,费孝通内心涌起了一股难以言喻的感动。他心中构想出校长在刺骨冷水中辛勤洗衣的画面,对王季玉的敬佩之情油然而生。

费孝通眼前不断浮现着校长那双生了冻疮的手。由于他自身体质较弱,对病痛的感知比其他同学更为敏锐。因此,他更加深刻地体会到了王季玉对学生的深沉爱意。这份爱,超越了课堂上知识的传授,它如同细雨般悄无声息,却又无处不在,渗透到生活的每一个细微之处,滋养着心灵的每一寸所在。

费孝通回想起自己与王季玉的往事。有一次,他和同学们玩起了"捉逃犯"的游戏。他扮演"逃犯"在走廊上飞奔,但在一个转角,不慎撞入了王季玉的怀抱。他心中一紧,以为这下闯了祸,紧张地抬头望向校长。然而,映入眼帘的是王季玉那慈祥的笑容。原来,王季玉刚才正在欣赏壁报上费孝通的诗作,见到撞过来的正是小诗人,便笑着说:"孝通,你也能作诗,很好。留心些,不要冲在墙上。"

那一刻,费孝通心中的恐惧和紧张瞬间烟消云散。他感受到校长的宽容与慈爱,也体会到她对学生的期望与激励。他明白,校长不仅关注他的学业成绩,更关心他的全面发展和个人成长。这份深情的关怀,让他感到无比温暖和触动。

在费孝通的内心深处,王季玉的形象远超一个校长或教师的角色,她更是一位充满慈爱的长辈。她的行为和无私的爱,向费孝通传授了做人、处世、待人的道理。王季玉的言传身教,深刻塑造了费孝通的人生观和价值观,费孝通始终铭记着王老师的恩情与教诲。

"荏苒冬春谢,寒暑忽流易",时节悄然流逝。然而,在费孝通的记忆中,王季玉的形象依然清晰如初。每当他回想起在振华女校的岁月,心中总会涌起一股温馨之感。他知道,那段经历是他人生中最宝贵的财富之一。而王季玉这位慈祥的长者,是他一生铭记的恩师和榜样。

"桃李不言,下自成蹊。"有这样的老师,对费孝通而言是一种幸运。费孝通关于这位老师的纪实文字,使人们至今仍能感受到当年萦绕在振华女校师生间的融融暖意:

25年前,我和几个小朋友在操场角里,浪木旁的空地上闲谈……这些孩子们中间有人这样说:"我将来总要做一番惊天动地的事业。我不喜欢张良,项羽才是英雄。"

"我不希罕这些,我要发明个飞机,一直飞到月亮上去探险。"

另外一个孩子却说:"我是想做三先生(我们那时称王季玉先生作三先生,因为她在家里是老三)。"

很快的有人笑了"教书?教孩子们书?我不干!有什么意思?"

"可是三先生为什么不去发明和探险,不去做项羽和张良,而在教我们书呢?"

我就说:"她该去做大事业,留了学回来,在这小学校里看着孩子们拼生字,真是——"

"你真的愿意她离开我们么?"有位小朋友急了。没有人再说话了。孩子们被问住了。没有人能想象三先生会离开我们这些孩子的。如果她真的要去做项羽、张良,到月亮上去探险,孩子们也不会放她。孩子们话是不说了,但是谁都感觉到一种悟彻:看孩子们拼拼法似乎比到月亮上去探险更值得我们的爱好。谁也说不出这是什么原因,可是这悟彻却使他们靠近了人性。在这把人性愈抛愈远的世界里,大家在想做项羽、张良,或是上月亮去探险时,我回忆起了25年前操场角落里所领悟的一种模糊的感觉,虽则我还是不知道应当怎样去衡量人间的价值,我总好像又重温了一课《爱的教育》。①

(五) 幼年启蒙

在费孝通的人生旅程中,早年的成长岁月对他的影响尤为深远。他在回忆录中写道,对他影响最大的并非父母,而是那位来自乡村的奶妈和充满慈爱的祖母。这两位亲人,以各自独特的方式,在他的心灵深处播下了种子。这些种子随着时间的流逝,在他的人生旅途中生根发芽,最终结出丰硕的成果。

费孝通出生在山河板荡、新旧交替的时期。他的父亲是一位有远大抱负的知识分子,忙于办学、教书、争取民主和参与议会活动。他的母亲,作为一位走在时代前列的女性,勇敢地摒弃了传统的束缚,放脚、束发,撰写文章,创办蒙养院,致力于女性的解放和教育。由于父母工作繁忙,无法给予费孝通足够的陪伴和照顾,因此,从乡下请来的奶妈成了他童年时期的重要人物。

这位奶妈来自农村,她带着乡间的淳朴和勤劳,用乳汁哺育了费孝通。在费孝通的记忆中,奶妈总是以温暖的怀抱和轻声细语哄他入睡。在她的怀抱里,费孝通感受到了母爱的温暖和安慰。更重要的是,奶妈的存在让费孝通对农民和农村生活有了最初的接触和认识。通过观察奶妈的生活习惯、言谈举止,他对农民的生活状态产生了浓厚的兴趣。这种兴趣在他日后从事社会学、人类学研究时发挥了重要作用,使他能够更加深入地理

---

① 费孝通.费孝通全集:第4卷[M].呼和浩特:内蒙古人民出版社,2009:502-503.

解农民的生活和心理。

与奶妈不同,祖母对费孝通的影响主要体现在人生教诲上。祖母既慈祥又严厉,慈爱如春日暖阳,温暖而细腻,而严厉更显深邃与远见,鞭策着他不断前行。每当费孝通放学回家,总是祖母迎接他,为他解下书包,并询问他在学校的学习情况。她还有收集字纸的习惯,每一张写有文字的纸张都会被她仔细收拾起来,在火炉中焚烧。在焚烧的过程中,祖母会对费孝通说:"宝宝,要敬惜字纸,好好读书。"这些简单的话语,在费孝通心中留下了深刻的印象。

祖母的教诲并不仅限于口头上的叮嘱,而是渗透在生活的点点滴滴中。例如,在除夕夜的年夜饭上,祖母总是将一道鱼作为压轴菜端上桌。她当众指着盘中的鱼,意味深长地说:"岁岁有鱼(余)。"年幼的费孝通最初并不理解这四个字的含义,祖母总是不厌其烦地向他解释:"做人做事不要做尽了,要留有余地。"这些话虽然简单易懂,但费孝通在年幼时并未完全领会其深层含义。随着岁月的流逝和人生经历的积累,他逐渐领悟到祖母教诲中的深远智慧。

祖母的教诲深刻塑造了费孝通的人生观和价值观,同时也点燃了他对知识的渴望和对生活的热爱。他自幼便被灌输诸如勤奋学习、尊敬师长、关爱他人的公序良俗。这些品质不仅贯穿了他的学术生涯,也在他的社会实践中得到了显著的体现。费孝通毕生致力于深入研究和关怀中国农民,为他们摆脱贫困、满足基本生活需求、实现幸福生活而不懈努力。这种深厚的情感根基,犹如一棵大树,其根须深深扎入他童年的沃土之中,汲取着与奶妈和祖母间亲密互动的甘露,以及她们智慧与慈爱的滋养。

三、就教吴江

1920年春天，苏州的景色格外迷人，桃花烂漫，柳絮轻舞。在这个充满生机的季节里，费家做出了一个重大决定——从风景如画的吴江迁往繁华的苏州。这次搬迁不仅是对更美好生活的希冀，更是对子女教育的深切期望和更高标准的追求，颇有"孟母三迁"之义。年幼的费孝通，虽然对这次变化还不太理解，但他的生活因这次搬迁而翻开了崭新的一页。

随着费家的搬迁，费孝通也踏入了苏州振华女校的大门，开始了他的小学高年级学习生活。振华女校以其严谨的学风和优质的教育而闻名，为费孝通提供了良好的教育环境。他聪明好学，勤奋刻苦，很快就适应了新的学习环境。

1924年，费孝通的人生迎来一个重要转折点。他转入苏州东吴附中继续深造。这所学府历史悠久，享有盛誉，吸引着莘莘学子。在这里，费孝通结识了更多志趣相投的朋友，并遇到了许多杰出的教员。这些教员严谨的教学风格和深厚的学术素养，对费孝通产生了深远的影响。

在东吴附中的学习生活中，费孝通展现了他的天赋和才华。他入学不久便跳级至初中三年级，并开始在校内外发表文章。他的作品主要是短篇小说和文学评论，风格清新脱俗，见解独到深刻，广受读者喜爱。这些作品不仅展现了他的文学天赋，也反映了他对社会的敏锐洞察和深入思考。

然而在1927年,中国政治局势发生了巨大变化,大革命失败后,国民党开始搜捕共产党员,欲扼杀共产主义于摇篮之中。兄长费青的处境变得十分危险,不得不离开苏州前往上海躲避。而费孝通选择了留下,继续完成学业。他深知学好本领是为国家和民族作出贡献的关键,因此更加努力地学习,不断充实自己。

(一)初露锋芒

1923年,费孝通从振华女校高小毕业,并作为唯一的男生升入该校附中。次年,他转入苏州东吴大学第一附属中学,并且跳级升入初中三年级。这一年对费孝通来说意义非凡,不仅因为转学或跳级,还因为他首次在刊物上发表了作品。这一年可以看作费孝通写作生涯的原点。

成为中学生后,费孝通的姑父为他订阅了商务印书馆发行的《少年》杂志。这份杂志为费孝通开辟了新的视野,他将过去用于"当逃犯"(当时的一种游戏)的时间精力转而投入阅读中,体会到了前所未有的心灵愉悦与满足。费孝通似乎天生热爱文学,对这份杂志一见倾心。每期杂志到手,他都会从头到尾仔细阅读,没有遗漏任何一篇。经过几期的阅读,少年费孝通不再满足于仅仅作为读者,他开始尝试写作,从自幼听到的故事中挑选有趣的内容,写成稿件,投寄给《少年》杂志社。新年时,第一期《少年》如期送到费家,这本封面上特别印有"新年号"字样的刊物,成为他最好的精神食粮。在《少年》杂志第14卷第7号发表的《读陈龄君通讯感》一文中,他称这份刊物为"亲爱的同伴"。

晚年费孝通已记不清"少作篇的开始"是哪年所写,但他对那期《少年》的封面图案记忆犹新。他回忆说:"我最早向《少年》投稿是在鼠年,我记得开始登载我文章的那本封面上画着几只老鼠,应该是甲子年,即1924年。"由于年代久远,加之费孝通历经离乱,他的藏书几度星散,这篇早期作品早已不复存在。编辑成册出版的费孝通著述中迄今唯一一本收编少作的《山水·人物》也未能收入。

《秀才先生的恶作剧》是一个以文字游戏为题材的故事,发表于《少年》杂志第14卷第1号的"少年谈话会"专栏,署名"费北"。紧接着,费孝通的另一篇作品《皂隶的联话》也发表在该刊物第14卷第4号的同一栏目。这是一个通过对对联来反映人物心理定式的有趣故事。从这两篇早期作品中,可以看出少年费孝通对语言文字的敏感与兴趣。对于那些对费孝通文学创作怀有浓厚兴趣的学者而言,不妨把这看作是他日后写得一手漂亮文章的早期迹象。

《读陈龄君通讯感》是费孝通1924年发表的第三篇作品,通过叙述哥哥友人吴君在逆境中坚持求学的故事,鼓励陈龄"在阻力中猛斗!猛斗!"1926年,费孝通发表《一根红缎带》,开始表达自己的情感和思考。红缎带是系在名为"鼠虎"的小猫脖颈上的饰物。它曾为大家带来许多欢乐,却因被误认为偷吃了小鸡而遭到驱逐。当大家意识到小猫是无辜的,只留下了那根红缎带作为纪念。在故事末尾,费孝通写道"唉!鼠虎,你受了不白之冤了。使我的心中怎样的难过!……唉!只剩去时从它颈项里取的一根红缎带,这根红缎带,却成我永久的纪念。"①

这段文字中流露出的同情心,以及少年费孝通对世道人心的敏感,以及对不幸人事的伤感和悲悯,在他同时期写下的许多篇章中都有所体现。人间生死,草木枯荣,心中哀乐,梦里甘苦,母亲的针线,清明的纸灰……都是他留意、感受、思索、叙写的内容。

费孝通曾自问,在"少作"频频发表的时期,自己热衷于投稿的动机是什么。他排除了追求名声和挣稿费的可能性。当时,他的投稿是保密的,无论是在家里的兄长还是在学校的同伴,都不知道他的笔名。那时的稿酬是书券,可以用来在商务印书馆购买书籍。在费孝通心目中,这种奖赏更多地被视为一种精神的慰藉与认可,而非单纯物质层面上的激励。他认为自己的写作动机可能源于少年时期的创作欲望和成就感。写作和投稿是为了表达自己,作品的发表使这种表达成为现实,给他带来了安慰和满足。在那段"悲多乐少"的日子里,这种安慰和满足对费孝通来说可能是不可或缺的。随着时间的推移,写作逐渐成了他的爱好和习惯。

(二)蜕变成长

费孝通在晚年回顾自己的写作生涯时,总是满怀深情地提到他坚持的一个原则"心中怎样想,笔下就怎样写",这句话不仅反映了他个人的写作风格,更体现了他对生活、社会和学术研究

---

① 费孝通.费孝通文化随笔[M].北京:群言出版社,2017:3-4.

的真诚态度。

在费孝通那个时代的作品中,我们可以感受到一种独特的氛围——落寞、萧索、低沉和压抑。这些情感并非凭空而来,而是他敏锐地捕捉到那个时代社会民生的现实。费孝通笔下所描绘的,是一个充满挑战、充满矛盾、充满变革的时代。他的文字,宛如一面镜子,真实地映照折射出那个时代的种种面貌。

深入阅读这些篇章,我们可以清晰地见证一个少年逐渐成长为青年的过程。在这一过程中,他通过观察具体的生活现象,开始洞察社会的本质,并对人类的行为和命运进行深思。这种自觉意识的形成,对费孝通而言,标志着他人生道路上的一个重要转折点。在17岁创作的《圣诞节续话》中,费孝通表达了对人类本质和行为的深切忧虑。他这样写道:"我很怕在我'为人'的最后一刻时仍和现在一般的未认识人类究系何物,因为我实在为了人类的行为双目已眩了。"这种担忧并非无的放矢,而是他对于人类复杂性和多样性的深刻认识。他洞察到社会上的不公和混乱,看到了人性的光辉与阴暗,以及人类行为背后的复杂动机和因果链。

在1928年初春的一个黄昏,天空被一层淡淡的暮色笼罩,学校的寒假悄然来临。费孝通独自一人,踏着铺满枯黄杂草的场地,心中充满无尽的哀伤。他刚刚失去了深爱的母亲,那慈祥的面容、温暖的拥抱,都已成为他记忆中不可触及的碎片。这一年,似乎总是灰色的阴霾多于温暖的阳光,他感到自己的世界变得黯淡无光。

费孝通默默地走着,每一步都显得沉重而艰难,仿佛肩上压着无形的重担。他的思绪在寒风中飘摇,回忆着母亲的教诲和关爱,心中涌动着深深的思念和痛苦。他在心里反复念叨,如果母亲还在,自己是否还会像现在这样,如此孤独和无助?

他走过天赐庄,那座古老的村庄在夕阳的余晖中显得宁静而安详。他经过严衙前,那条熟悉的街道如今却变得陌生而冷清。他穿过东小桥,桥下的流水似乎在诉说着无尽的哀愁。当他快要抵达关帝庙时,突然一阵哄笑声打破了周围的寂静。

费孝通抬头看去,发现四五个小混混正围着一个挑剃头担的小工捉弄。他们嬉皮笑脸,不断地推搡着小工,企图将他的担子打翻。小工虽然年轻,但身材瘦弱,明显不是这些小混混的对手。他竭力挣扎,试图守护自己的生计工具,但似乎徒劳无功。在哄笑声中,剃头担子被小混混们打翻,里面的工具散落一地。小工无助地站着,眼中含着热泪,努力想要平复自己的情绪。他害怕泪水会招致更多的羞辱,但泪珠还是不由自主地沿着两颊滚落。小混混们的哄笑变得更加放肆,连路旁闲坐或劳作的女人们也忍不住跟着笑了起来。

费孝通目睹这场闹剧,内心涌动着愤怒与无奈。他怒火中烧,双拳紧握,似乎想要将积压的不满和愤怒全部宣泄。然而,他也清楚地意识到,自己面对的是一群力量悬殊的对手,自己与那小工一样,处于弱势。他所能提供的,只有深深的同情,却无力改变这残酷的现实。

他默默地站在那里,看着小工捡起散落一地的工具,重新挑起担子,蹒跚地离去。小工的背影在夕阳的余晖中显得格外孤单和无助,仿佛被整个世界遗弃。费孝通的心中充满了无尽的感慨和悲痛,他不知道自己还能做些什么,只能默默地祈祷着,希望这个世界能够变得更加美好和公正。

这一幕闹剧虽然已经过去多年,但对费孝通来说,它却如同一道深刻的烙印,永远铭刻在他的心中。它不断地提醒着他,人不能只关心自己,还要关注别人,关注社会的不公,要为那些弱势群体发声,争取他们的权益。毋庸置疑,这段经历也成为费孝通后来投身社会学研究的重要动力之一。

(三) 手足情深

小学时期的费孝通,生活如同五彩斑斓的画卷。课堂上,他沉浸在知识的海洋中,不断汲取智慧的养分。课余时间,他与小伙伴们尽情嬉戏,欢笑声回荡在校园的每一个角落。校园里的壁报是他展示才华的小舞台,他用稚嫩的笔触描绘出心中的梦想和憧憬。

除了学习和游戏,费孝通的生活中还有一段特别的经历。每当放假,他会乘坐小船,沿着蜿蜒的水路,前往苏州城里的外婆家。在那里,他沐浴在亲情的温暖和外婆的慈爱之中。全家搬到苏州后,每逢清明时节,他更是满怀期待地与家人一同踏青远足。他们往返步行十余千米,来到城西郊外的天平山麓。春天的天平山格外迷人,草木葱茏,鸟语花香。费孝通沉醉在大自然的怀抱中,聆听着鸟儿婉转的歌唱,感受着春天的生机与活力。

回到家中,费孝通还有一位特别的小伙伴——一只洁白娇柔、眼睛红亮的小白兔。这只兔子是他的哥哥带回家的宠物,费孝通对它钟爱有加。他每天都会耐心地照料它,喂食、梳理毛发,并与它分享快乐时光。这只小白兔成了他童年记忆中最温馨的片段之一。

费孝通在回顾自己的童年和少年时光时,深情地提到了对他思想和行为产生深远影响的几位"榜样"——哥哥和姐姐们。在三位哥哥中,费振东和费青对他的影响尤为显著。

费振东是费孝通的大哥,他的生活态度和行为举止成为费孝通模仿和学习的榜样。在上海南洋大学读书期间,费振东不仅专注于学业,还积极参与政治活动。1925年,他不仅是五卅运动中一位热忱的参与者,更是南洋大学游行活动的核心组织者之一。当游行队伍冲破校门,浩浩荡荡地走上街头时,费振东始终走在队伍的最前端,他坚定的眼神和矫健的步伐激励着同伴,成为当时学生们的榜样。在南洋大学,费振东与陆定一等人都被视为学生领袖,共同为民族独立和社会进步而努力。1926年,费振东加入了中国共产党,这一决定不仅体现出他对共产主义事业的坚定信念,也对费孝通的思想和行为产生了深远影响。

费青就读东吴大学期间,与中国共产党的早期领袖人物恽代英、萧楚女等有着密切的交往。这些交往不仅拓宽了费青的视野,也深刻塑造了他的人生轨迹和政治立场。

据《吴江县志》记载,1926年底,吴江县第一个共产主义青年团小组在松陵镇成立,费青担任组长。这一历史时刻标志着吴江县的青年开始有组织地参与革命活动。作为组长,费青的政治思想与共产党十分接近,甚至是一致的。他主张走工农道路,依靠工农进行革命,这一思想在当时的社会背景下极具前瞻性和革命性。

为了实现他的主张,费青不仅积极参与各类革命活动,还办起了面向工农大众的"平成义务普及学校"。这所学校的宗旨是为工农子弟提供教育机会,提高他们的文化素养和思想认识。费青的这一行动,不仅受到了广大工农群众的热烈欢迎,也深深地影响了他的弟弟费孝通。

费孝通自幼跟随兄长费青，亲眼见证了费青的政治活动和革命精神。他深受兄长行为的鼓舞，并对之怀有崇高敬意。在费青的影响下，费孝通对富有爱国和革命情怀的政治活动表现出浓厚的兴趣。他曾表示，尽管当时并不了解马列主义，但明白革命的必要性。这种朴素的革命意识是那个时代许多正直知识分子的共同心声。在费青的带动下，费孝通也投身于"平成义务普及学校"的建设中。他协助费青筹备学校、招生和教学，亲身体验了工农群众的热情和对知识的渴望。这段经历深刻地塑造了费孝通的人生轨迹，使他更加坚定了人生信念和致力于社会公益的远大抱负。

中学毕业前，费孝通已在同学中以进步思想著称，其对社会事务的热情参与和对时局的敏锐洞察，使他在同辈中显得格外突出。他曾担任苏州《民报》的编辑，该报纸成为传播进步思想、支持共产党人和国民革命军北伐的重要阵地。费孝通"铁肩担道义，妙手著文章"，他以文字作为武器，猛烈抨击军阀统治，为革命正义事业振臂高呼，每一字每一句都掷地有声。

尽管费孝通对政治抱有极大的热情，但他的家庭传统、教育背景以及他个人逐渐清晰的人生定位，都表明他不太可能成为职业革命家。他出生在一个文化底蕴丰厚的家庭，家族传统和父母期望对他产生了深刻影响。费孝通深知，他的责任和使命不仅限于参与政治斗争，更在于利用自己的才智和努力，为社会进步作出更深远的贡献。

1927年，随着大革命进入低潮，苏州和其他地区一样，被白色恐怖所笼罩。许多进步人士遭到关押或杀害，费孝通身边也不乏这样的悲剧。他目睹社会的黑暗和残酷，感受到生命的脆弱和无常。这些经历对他的心灵产生了深刻的冲击，使他对人生和社会进行了更加深刻的思考。

在这个时期,费孝通的多篇作品中频繁描绘了死亡的场面与梦境。他利用这些作品真实地记录下那个时代的特征与气氛。如《死》《圣诞节的话》等作品,都弥漫着一种苍凉和肃杀的气氛。这些作品不仅反映了他对时局的深刻反思和批判,也是他内心情感的真挚流露和宣泄。

在这种沉重的气氛中,费孝通选择医学作为自己的专业和未来的职业。他希望借助医学知识,治愈人民的疾苦,为革命事业贡献自己的力量。他认为,医学是一个可以直接服务人民的职业,掌握医学技能,能够治疗更多的病患,缓解他们的痛苦。这一选择不仅反映了他对人民的深切关怀,也彰显出他对理想和未来的坚定信念与决心。

在《雪花》一文中,费孝通以一只在风雪之中"混战里濒临死境的乌鸦"作为象征,表达自己对时代和社会的感受。他写道:"披满雪白的外衣的乌鸦,从屋角里跌了下来。……它!它不是战地的灾民么?来!来!我还存有一口生气,尚余一些热在。来!来!到这里来!"这段文字流露出对生命的渴望和对未来的憧憬。费孝通借助乌鸦的形象,表达了自己对社会的关注和对人民的同情。他希望自己能像乌鸦一样,在寒冷和困境中坚持下来,为民众的幸福和健康而不懈努力。

费孝通在东吴大学医预科入学前半年写下了这篇文章。这不仅是他内心真实感受的流露,也是他人生选择的一个重要转折点。他希望通过学医实现个人价值,为社会的进步和发展贡献自己的力量。

很久以后,在一次回忆性谈话中,费孝通回顾了自己曾经的政治热情。他说:"我早年有过热衷于政治、很革命的一个时期,跟着大哥、二哥，受他们的影响，闹革命很有劲道。"①然而，随着时间的推移和人生经历的丰富，他逐渐认识到，政治斗争并不是他唯一的选择，也不是实现个人价值的唯一途径。他选择了回归学术，专注于医学科学的基础教育。这种选择并不是对过去的否定，而是对未来的探索和追求。

姐姐费达生，这位在费孝通心中留下深刻印象的杰出女性，她的人生轨迹，饱含着对蚕丝业的深沉执着与不灭热爱。费家从古老的吴江县城迁往繁华的苏州之际，费达生带着对家乡的深情和对未来的憧憬，踏上了前往日本留学的旅程。她专攻缫丝和蚕丝业技术改革，渴望从日本带回先进的知识和技术，为家乡的蚕丝业注入新的活力。

1923年，当费孝通刚刚读初中一年级时，费达生学成归国。她满怀激情地回到曾经就读的江苏省立女子蚕业学校，立志将毕生心力投入家乡和中国蚕丝业的改革与振兴上。尽管当时费达生还不到二十岁，但她已经展现出坚定的信念和不懈的追求。

20世纪初，中国蚕丝业遭遇到前所未有的挑战。日本丝业在政府扶持下迅速崛起，而中国蚕丝业则因政治腐败和技术落后而逐渐衰退。面对这样的困境，费达生深感责任重大，决定用自己的知识和技能，推动家乡蚕丝业的改革与发展。她亲自深入田间地头，实地了解蚕农的实际情况，并与他们交流心得与经验。她引进先进的养蚕技术和缫丝设备，有效提高了生产效率。同时，她倡导科学养蚕和新法缫丝的理念，引领蚕丝业向现代化

---

① 汪雄涛.透视传统中国的社会与法律：瞿同祖与费孝通的学术人生[J].中国法律评论，2023(2)：149-162.

转型。在费达生的不懈努力下,吴江蚕丝业逐渐焕发出新的生机与活力。她的贡献赢得了当地人民的广泛赞誉,成为中国蚕丝业历史上的一段佳话,流传至今。

四、东吴受业

1928年,一个充满希望与挑战的时间点,青年费孝通的心中怀揣着一个炽热的梦想——成为一名医者,以仁心仁术济世救人。他不仅对医学知识怀有渴望与追求,更将医学伦理视为生命之基,对救治患者抱持着无比虔诚与敬畏的态度。他在东吴大学的医预科课堂上勤奋学习,用心领悟解剖学、生理学等医学知识,渴望将来能够在医疗一线为人们的健康贡献自己的力量。

这段时间,费孝通逐渐熟悉了医学的理论和各种技术。在实习中,他亲身经历了医生对疾病的诊断与治疗,深刻感受到医学的神奇与艰辛。在手术台旁,他见证了生与死的瞬间,深刻体会到医者对病患的责任与使命。在病房里,他目睹了病人痛苦的挣扎与医护人员的无私奉献。这一切不仅加深了费孝通对医学的敬意和热爱,也激发了他对社会公平与医疗改革的深入思考。

然而,正当费孝通对医学事业充满期待时,中国社会却遭遇了深刻的动荡。国家不稳定,社会形势多变,民众生活困苦,医疗资源严重不足,医生们在努力救死扶伤的同时,也面临着巨大的挑战。费孝通观察到医学实践中的现实问题,注意到医患之间的矛盾和冲突,以及医疗体系中存在的弊端和腐败现象。他开始意识到,仅仅成为一名医生可能无法从根本上解决问题。他感到需要更深入地探究社会的本质,寻找这些问题的根源,并提出更广泛、更深刻的社会改革方案。

费孝通的医者梦想在那个时代刚刚觉醒,他开始重新审视自己的使命与责任。医学之路并非终点,而是通往更广阔天地的起点;仁心仁术不仅限于抚慰病患的身体,更能够激荡在社会的每一个角落,触动每一颗渴望关怀与治愈的心。费孝通放下了单纯的医学梦想,投身于更为深奥和复杂的社会学研究,他的人生由此开始了新的篇章。

(一) 医道初心

费孝通的医预科学习不仅是他个人成长历程的关键时期,也映射出那个时代中国医学教育的发展历程。这段经历展现了一位有志青年在动荡的时代背景下,如何坚守自己的理想和信念,并通过不懈努力,实现个人抱负和为社会的发展作出积极贡献。费孝通选择进入上海东吴大学医预科深造,这一决定深植于当时的社会环境和个人抱负。在那个时代,医生职业备受尊崇,不仅因其高社会地位,更因其能够直接为民众的健康和生命福祉作出实质性贡献。对于怀有深厚社会责任感的费孝通来说,选择成为医生,不仅是个人职业理想的体现,也是他实现社会价值的途径。

费孝通自幼便对医学抱有浓厚的兴趣。他的父亲作为一名深具远见的教育者,深刻理解医学对社会的深远影响,因此自小就鼓励费孝通投身医学领域。在父亲悉心引导下,费孝通逐渐领悟到医学不仅仅是一门严谨的科学,更是一门精妙的艺术。医学要求从业者不仅要有扎实的专业知识和精湛的医疗技术,还要有崇高的职业道德,以确保在治病救人的过程中能够提供最优质的医疗服务。

此外,费孝通选择医预科还有着更深层次的考虑。

20世纪初,中国站在历史的十字路口,面临前所未有的挑战。辛亥革命虽然推翻了封建帝制,但随之而来的是军阀割据和政治动荡,社会秩序混乱,民众生活困苦。在这样的背景下,医疗环境也异常严峻。

当时的中国医疗资源分布极不均衡,城乡之间、沿海与内陆之间的差距巨大。广大农村地区的医疗设施简陋,医疗人员严重不足,许多疾病得不到有效控制,导致死亡率居高不下。统计数据显示,一些地区的婴儿死亡率竟有50%以上,这一数字令人震惊。

同时,医生的职业操守问题也日益凸显。由于缺乏有效的监管和职业道德教育,一些医生被私欲蒙蔽了双眼,将患者的福祉置于一旁,忽视了最基本的关怀与治疗指导。更有甚者,将医疗行为异化为牟利手段,甚至出现了以药养医的扭曲现象,严重破坏了医患关系。此外,医疗设备的落后也限制了医疗技术的发展,许多先进的医疗技术和设备无法引进,导致医疗水平长期处于较低状态。

在这种背景下,一批有识之士开始意识到,要改善医疗环境,必须从教育入手,培养一批有道德、有技术、有责任心的医疗人才。医学教育逐渐受到重视,一些医学院校开始建立和发展。

费孝通深知当时中国医疗环境的落后,许多地区人民饱受疾病之苦,却得不到有效救治。他希望通过自己的努力,改善这种状况，力所能及地提高民众的健康水平和生活质量。在这种信念的驱动下，费孝通毅然选择了医学的道路。他明白这条路充满艰辛和挑战，但坚信只有通过不懈努力，才能掌握真正的医学知识和技能，成为一名合格的医生，为社会作出贡献。

（二）学海泛舟

费孝通在东吴大学医预科的学习生涯，是他人生中极为宝贵的时光。在这里，他不仅积累了深厚的医学知识，更形成了严谨的科研精神和独立思考的能力。这段经历不仅为他日后的学术探索奠定了坚实的基础，也让他深刻领悟到医生不仅仅是一个职业的身份象征，更是一份沉甸甸的使命与担当。

东吴大学作为当时中国医学教育的重要阵地，以其严谨的学术风范和前瞻性的教育理念著称。费孝通在这里的医预科学习，标志着他医学生涯的开端，也是他构建知识体系的关键时期。

解剖学作为医预科的核心课程之一，要求学生对人体结构有深入的了解。在东吴大学的解剖学实验室里，费孝通亲自实践，从骨骼到肌肉，从血管到神经，细致入微地探究每一个细节。这种直观的学习方式，使他对人体的构造有了深刻的认识。生理学课程则侧重于生命过程的理解。在实验室中，费孝通通过观察心脏的跳动和呼吸的节奏，逐渐掌握了生命活动的基本规律。他对生理现象背后的机制充满好奇，这种好奇心激发他不断探索和提问。病理学课程让费孝通深入疾病的世界。在这里，他学习了如何通过观察病变组织来诊断疾病，如何从病理变化中寻找疾病的线索。这门课程不仅教会他辨识疾病,更让他意识到作为医生对疾病的深刻理解和正确诊断的重要性。药理学则是基础医学与临床实践之间的桥梁。费孝通学习药物的作用机制,了解了如何合理使用药物来治疗疾病。

在东吴大学的医预科学习中,费孝通展现出高度的学习热情和能力。他在课堂上总是全神贯注,不仅吸收教授们传授的知识,更在课后深入思考,提出自己的问题与见解。

解剖学实验室成为费孝通的第二课堂。他以一种近乎虔诚的态度对待每一次解剖操作,每一次刀下的切割都充满了对生命的敬畏。他仔细观察,记录下每一个器官的特征,每一次结构的发现都让他对生命有了更深的理解。

生理学实验中,费孝通展现出敏锐的观察力和分析能力。他能够从复杂的生理数据中发现规律,从微妙的变化中捕捉生命的迹象。这种能力,不仅让他在实验中取得了优异的成绩,更让他在日后的科研工作中受益匪浅。

费孝通的学习态度,可以用"刻苦"和"专注"来形容。他对待学习的认真和投入,让他在同学中树立了良好的榜样。他经常为了解决一个难题,不惜牺牲休息时间,深入图书馆查阅资料,与老师进行讨论。

他的这种学习态度,不仅赢得老师们的高度评价,更在同学中传为佳话。他们被费孝通的勤奋和执着所感染,也更加珍惜在东吴大学的学习机会。费孝通的学习精神,也反映在他的学术成果上。在医学预科期间,他就已经开始尝试进行一些基础的科研工作,他的一些发现和见解,得到了老师们的认可和鼓励。

（三）临诊悟道

费孝通的医院实习，使他坚定了投身医学事业的决心，并深刻认识到，身为医者，肩负的不仅是治愈患者、守护健康的神圣使命，更需将这份责任与担当延伸至社会之中，实现对弱者的扶持，对正义的坚守。

在病房的日常工作中，费孝通紧随资深医生的脚步，参与病人的体检、诊断和治疗过程。他亲眼见证了医生们如何运用深厚的专业知识和丰富的临床经验，为患者提供最合适的治疗方案。在紧张而充满挑战的手术室里，费孝通被医生们精湛的手术技艺和一丝不苟的工作态度所折服。这些经历让他深刻体会到医疗工作的紧迫性和复杂性。

实习期间，费孝通不仅参与常规的医疗工作，还亲身处理了多起紧急病例。在这些生死攸关的时刻，他目睹了医生们如何以坚韧的意志和冷静的头脑，迅速作出精准的判断和果断的决策。这些经历如同生动的课堂，让他深刻感受到医生职业所承载的沉重责任和崇高使命。同时，他也意识到医学不仅是一门科学，更是能够在关键时刻力挽狂澜、拯救生命的实用利器。

这些实习经历，让费孝通对医生这个职业有了更全面的认识。他意识到，作为一名医生，不仅要有扎实的医学知识和技能，更要有高尚的医德和责任感。医生这一职业，不仅是技术与仁爱的结合体，更是社会公平和正义的守护者。

（四）思变心惑

费孝通的思想演变和内心的挣扎，是他个人成长历程中的一个重要阶段。这段经历促使他从一个纯粹的医学生，逐步转变为一个具有强烈社会责任感和使命感的学者。他开始认识到，要真正解决人们的健康问题，必须从社会层面着手，从根本上改善人们的生活条件和社会环境。这段经历也促使费孝通的思想更加成熟和深邃。他的视野超越了医学领域的局限，开始关注和研究更广泛的社会问题。

费孝通，这位心怀医学理想的青年，在东吴大学的医预科学习中，曾经怀有一颗拯救生命、改善人类健康的赤子之心。他梦想用自己的双手为那些在疾病中挣扎的人们带去希望和健康。然而，随着实习的深入，他逐渐意识到理想与现实之间的巨大差距。在医院实习期间，费孝通目睹了医疗资源的短缺和社会不公。这让费孝通开始怀疑，自己所学的医学知识是否真的能够解决这些深层次的社会问题。他的内心开始出现动摇，他不断地问自己："医学，真的能够成为解决社会问题的钥匙吗？"这种理想与现实的碰撞，让他的内心陷入了深深的挣扎。

随着对医疗现状的深入了解，费孝通逐渐认识到，许多健康问题实际上是社会问题的体现。他观察到贫困如何提高疾病的发生率，教育缺失如何导致人们缺乏基本的健康知识，以及社会不公如何加剧医疗资源的不平等分配。这些问题的复杂性远远超出了单纯的医学治疗范畴。

要真正解决人们的健康问题，单靠医学手段远远不够。费孝通意识到，必须从根本上改善社会环境，提高人们的生活水平，减小贫富差距，并普及健康教育，才能真正增进人民的福祉。

费孝通既不愿放弃自己长久以来的医学梦想，又清楚地意识到仅靠医学难以触及问题的核心。内心的矛盾和挣扎让他陷于深深的困惑与痛苦之中。

他常常在深夜里，独自一人坐在书桌前，思索着未来的道路。他问自己："我应该继续走医学这条路吗？还是应该另辟蹊径，去寻找解决社会问题的新方法？"这种思想的斗争，让他夜不能寐，食不甘味。

然而，正是这种内心的苦闷和思想的斗争，促使费孝通不断地寻找答案，不断地探索和尝试。他开始阅读社会学、人类学、经济学等领域的书籍，试图从更广阔的视角去理解和解决健康问题。

（五）弃医从文

费孝通的转型是他个人成长历程中的一个关键节点。这一转变不仅标志着他从医学界向社会学界的跨越，更凸显了他对解决社会问题的深刻洞察和坚定信念。通过这次职业路径的调整，费孝通确定了自己的人生航向。

费孝通的这次转变，向我们展示了一个学者在成长和转型过程中所经历的困惑与挑战。这些挑战与磨砺，可以砥砺心性，不断激发人们内心深处的思考与探索欲，驱使人们勇于尝试，不懈前行，最终发现并坚定自己的人生道路与目标。费孝通的经历深刻地启示我们：在人生抉择的十字路口，应当勇敢地追求自己的理想,坚守自己的信仰。只有如此,才能实现个人价值的最大化。

在费孝通的内心挣扎中,一个偶然的机会让他接触到社会科学的文献。这些书籍如同一扇窗户,向他展示了一个全新的世界。在这个世界里,社会问题不再只是孤立的个体现象,而是一系列复杂的社会结构和文化因素相互作用的产物。

他开始阅读涂尔干(Émile Durkheim)、韦伯(Max Weber)、马克思(Karl Marx)等社会学大师的著作,其中的理论深刻地剖析了社会阶级、权力、宗教信仰等各个层面的问题。大师们剖判问题的视角,如同晨曦的第一缕阳光,驱散了费孝通心中长久以来的迷雾,为他揭示了解决社会问题的另一条路径。

在阅读过程中,费孝通逐渐意识到,尽管医学能够解决个体健康问题,但在面对深层次的社会问题时,却力有不逮。他开始思考,是否可以通过社会科学的方法,更全面地理解和解决这些问题。这种思想的幼芽,在费孝通的心中悄然生根。

在下定决心转向社会学之后,费孝通的内心逐渐平静下来。然而,这个决定也给他带来了新的挑战。他需要面对家人和朋友的质疑,他们认为,费孝通已经在医学领域打下了坚实的基础,此时放弃,无疑是一种巨大的损失。

面对这些质疑,费孝通并没有动摇。他坚信,转向社会学不仅能够实现他个人更大的社会价值,而且通过深入研究,可以更全面地理解社会问题,并探索出更有效的解决方法。他以对社会学的深厚热爱和坚定执着,逐渐赢得了周围人的理解和支持。

此时的费孝通涉猎了不少社会学经典著作,并积极参与各类学术研讨会。在与前辈和同道深入的交流中,他不仅拓宽了自己的学术视野,也显著提升了研究能力。通过这些实际行动,费孝通愈发相信自己选择的正确性。

随着东吴大学医预科生活的落幕，费孝通开始沉思这段经历所赋予他的一切。在最后的几周里，费孝通更加珍惜每一次课堂讨论，每一次实验操作。他与教授深入交流，与同学们共同探讨，每一次的互动都显得格外珍贵。在即将告别的时刻，他感受到深深的不舍和留恋，但同时也明白，每一次告别都是为了迎接新的起点。

在告别晚会上，费孝通深情地回忆了在医预科的宝贵时光，从初次踏入解剖学实验室的紧张不安，到在生理学实验中取得突破性进展，每一段经历都历历在目。他表达了对老师们悉心指导的深深感激，以及对同学们一路陪伴与支持的感谢。虽然即将启程，但他深知，这段医预科的旅程将永远镌刻在他的记忆中。

尽管费孝通最终没有成为一名悬壶济世的医生，但功不唐捐，他那段宝贵的医预科经历深刻而持久地影响着他的学术探索之路。中国近代以来，学科细分逐渐深入，导致学术研究"各照隅隙，鲜观衢路"，缺乏宏通的视野。医学知识背景则为费孝通提供了独特的视角和与社会科学相参证的整全视野，使他在研究社会问题时更加注重细节和实践。他能够从生物学、心理学等多个角度来分析社会现象。

医学训练中的严谨态度和科学方法，也成为费孝通日后社会学研究中的宝贵财富。他将医学研究中的精确性和逻辑性应用到社会学研究中，使得他的研究工作既严谨又具有创新性。费孝通对中国社会学的进步作出的卓越贡献，某种程度上而言，与他在医预科时期对自然人和社会人的感悟以及对生命和尊严的理解与敬畏有着不可割裂的关联。

贰

别苏州

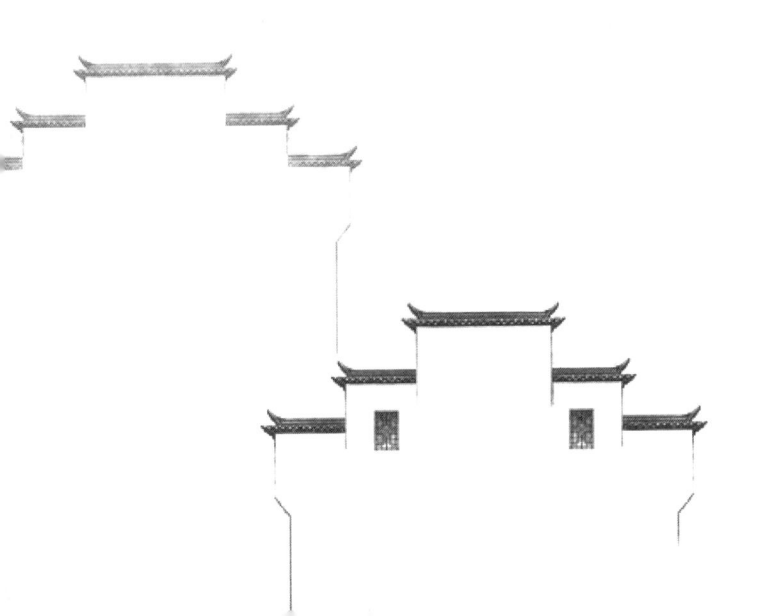

费孝通完成医预科学习后,带着对新领域的憧憬和好奇,迈进了燕京大学的校门,开启了一段全新的学术探索之旅。在这里,他首次系统地接触到社会学的广袤领域,无论是社会结构的复杂性、文化模式的多样性,还是经济系统的动态性、政治过程的复杂性,每个领域都充满未知和挑战。

在初步接触社会学理论时,费孝通感到既兴奋又充满激情。他如饥似渴地阅读着涂尔干、韦伯、马克思等社会学大师的著作,试图理解他们的理论框架和研究方法。这些全新的思维模式和广阔的研究视野极大地拓展了他的思想。

在燕京大学的学习生活中,费孝通不仅在课堂上吸收知识,更积极参与到社会实践中。他深入社区调查研究,与不同阶层的人们交流,了解他们的生活状况和社会需求。这些实践活动让他更加深刻地认识到社会学研究的现实意义和价值。

较深接触社会学后,费孝通更为强烈地认识到,尽管身体上的疾病确实给人们带来巨大痛苦,但人们真正的痛苦往往源自更深层次的社会问题。在艰难时世下,或许正如鲁迅所说:"医学并非一件紧要事。"费孝通观察到许多人的不幸不单是因为身体疾病,更多的是社会的不公和贫穷所造成的困境。这种认识深深震撼了费孝通,激起了他内心深处强烈的使命感,促使他开始思考如何更有效地帮助这些人。

在这种宏图大愿的推动下,费孝通学习研究社会学的意志和决心变得坚如磐石,誓要通过社会学这一工具,系统探究造成人们痛苦的根本原因,并寻找解决问题的途径。

在学习社会学的过程中,费孝通始终坚持理论与实践相结合的原则。他明白,书本上的知识固然重要,但真正的智慧往往来自对现实生活的观察和思考。因此,他积极投身于社会实践,身体力行,深入社会的各个层面,与不同人群进行交流,进而观察、思考。他坚信,只有通过亲身体验和实地考察,才能真正把握社会的本质,洞察问题所在,并探索出切实可行的解决方案。

在燕京大学学习期间,费孝通有幸遇见了来自芝加哥大学的帕克(Robert Park)教授,他是一位享有盛誉的社会学家。来自异域的帕克教授的学术思想对费孝通沾溉甚多,使他眼界大开,逐渐认识到人类学不仅涵盖对人类文化、生物学和社会多样性的研究,更强调通过实地考察来深入探索人类社会的各个层面。这种实证研究方法极大地激发了费孝通的兴趣,促使他决定更深入地钻研人类学。

费孝通随后进入清华大学研究生院深造,拜在史禄国教授(S. M. Shirokogoroff)门下。史禄国教授是俄国人,是人类学领域极具影响力的学者,其研究广泛覆盖了中国的社会、文化及历史等众多方面。在史禄国教授的悉心指导下,费孝通不仅系统掌握了人类学的基础理论与研究方法,还开启了自己的学术探索之旅。他深入中国各地,与当地居民深入交流,实地考察和详细调查,积累了丰富的第一手资料。通过对这些珍贵资料的爬梳剖判,费孝通对中国的社会结构和文化特征有了更为深刻的理解。

在费孝通看来,人类学不仅是一门学科,更是一种思想和方法。它教会了他如何细致观察社会、深入理解社会、科学分析社会,使他领会了改革社会的法门和窍要。他深信,只有不断地学习、实践和探索,才能真正地为社会作出贡献,帮助人们摆脱痛苦和困境。

一、踏入燕园

在燕园这座历史悠久的学府中，费孝通开启了他人生中一段重要的求学之旅。这片古老的土地见证了无数英才的成长与蜕变，如今，它也为费孝通敞开了知识的大门。

燕园，作为中国著名的高等学府之一，以其深厚的文化底蕴和严谨的学术氛围而闻名。费孝通怀揣着对知识的渴望和对未来的憧憬，踏入了这片充满神圣气息的土地。在这里，他遇见了志同道合的同学，结识了博学多才的师长，更与这座学府的历史和文化建立了深厚的情感纽带。

在燕园的求学过程中，费孝通展现出了非凡的才华和坚定的毅力。他孜孜不倦地汲取着知识的甘泉，不断拓宽自己的视野，开掘着思维的深度，力求在知识的海洋中遨游得更远、更深。他对社会问题充满热忱，深切关注民众的苦难，希望通过自己的努力为社会带来积极的影响。

在燕园图书馆的宁静角落，费孝通度过了无数个沉浸书海的日夜。他深入阅读，吸收着历代智者的思想精华和实践经验。正是在这里，他遇见了那些将他引向学术高峰的导师，他们的智慧和指导如同导航的灯塔，照亮了他探索知识的旅途。

费孝通在燕园的求学之路，既是一次学术探索的征程，也是一场心灵深处的洗礼。在这里，他掌握了独立思考的技巧，学会了用理性的视角分析社会现象,并致力于运用学术的力量去影响和改造世界。燕园为他搭建了一个宽广的平台,使他得以自由地发声,与同学们分享思想,与师长们深入探讨学术问题。

更为重要的是,在燕园的求学过程中,费孝通逐步塑造了自己独特的人生观和价值观。他深刻理解到,学术研究的根本宗旨在于服务社会、造福人类。因此,他不仅在学术领域追求卓越,更在实际行动中体现自己的信念。他运用自己的知识和能力去帮助那些需要帮助的人,为社会贡献自己的力量。

(一) 文以载道

踏入燕园,对费孝通来说,是命运使然。

或者可以说,费孝通天生就是学习文科的料,前期的学医只是他人生中一段有趣的插曲。

在费孝通的中学时代,他笔下的文字,不仅洋溢着青春的活力,还蕴含着深沉的思考与感悟。父亲费璞安,一个对文化有着深厚情感的人,自然注意到了儿子在文学上的独特天赋。

费璞安明白,为了让费孝通的文学才华得到更好的培养和发展,必须为他寻找一位合适的导师。于是他带领费孝通拜访了同乡的著名学者金松岑。金松岑才高学广,而且被标举为"吴江文皇帝"。在父亲的引导下,费孝通满怀崇高的敬意,正式向文学大家金松岑行拜师之礼,开启了他的文学深造之路。

自幼年起,费孝通便对古文充满了浓厚的兴趣。他的童年是在父亲的指导下,在背诵《滕王阁序》《岳阳楼记》等古文经典中度过的。这些经典作品不仅锻炼了他的记忆力,更激发了他对这些文学瑰宝的深厚情感。费孝通在金松岑的精心指导下，研读《庄子》和《史记》这两部子史经典。这两部伟大著作不仅深藏着广博而深邃的哲学思想，还包含了丰富多样、启迪人心的人生智慧。在细致的圈点与研习过程中，费孝通不仅加深了对这些古籍的理解，更对其中所蕴含的哲理和智慧有了更深的感悟和体会。

除了深入研习古籍，费孝通还阅读了众多经典的文学作品，尤其钟爱苏东坡、龚自珍等文学巨匠的文章。"文者，载道之器"，这些大师的作品不仅深具艺术魅力，更蕴含着深刻的思想。在阅读这些作品的过程中，费孝通不仅沉醉于文字之美，更对其中所蕴含的思想有了更深层次的理解和领悟。

费孝通的中学国文老师马介之，同样是金松岑的弟子。他对费孝通的文学才华非常欣赏，并鼓励他多读龚自珍的诗文。龚自珍是近代诗坛第一人，其诗作在晚清畏葸卑琐的士风中，犹如平地风雷，振聋发聩，生气流贯。对费孝通而言，沉浸在龚自珍的诗文之中，既是一次文学上的盛宴，也是一次心灵上的深刻净化。

1927年夏，费孝通荣获了学校"国文猛进奖"第一名。这个奖项不仅是对他文学才华的认可，更是对他勤奋学习精神的鼓励。他的名字被刻在了一个象征策马猛进的银镫上，成为学校里一道亮丽的风景线。这份荣誉极大地激励了费孝通，进一步坚定了他在文学道路上的追求。

当费孝通踏入东吴大学医预科的大门时，他的心中或许还回荡着诸葛亮的名句："苟全性命于乱世，不求闻达于诸侯。"那时的他，对"高卧隆中"的时代条件已经有了清晰的认识，知道隐居山林、静待时机的时代已经一去不复返。他深知，在那个变革与动荡交织的时代,投身医学,致力于救死扶伤,无疑是一条崇高的人生道路。因此,他放下了文学的梦想,带着对医学的热忱和对未来的憧憬,踏上了探索医学奥秘的旅程。

在东吴大学的医预科学习期间,费孝通经历了严格的科学训练。他沉浸在书海中,不断吸收医学知识的精华。但他并没有完全沉溺于书本,而是始终关注着社会的各种动态。作为东吴大学学生会的秘书,他积极参与各类社会活动,成为同学们之间的沟通桥梁和联系纽带。

东吴大学尽管为教会学府,却孕育了一群心怀强烈民族自觉和坚定反帝情感的进步青年学子,他们深切地关心着祖国的命运,成为时代洪流中不可忽视的力量。这种力量在学生与校方的关系中得到了昭示。由于在某些问题上观点和立场的差异,学生与学校当局之间时常出现分歧和摩擦。1929年,一场因个人冲突而起的事件迅速升级,触发了学生与校方之间的严重对立,进而演变成学潮。事件的导火索是费孝通宿舍的好友孙令衔在校医院就医时,遭到了一名校医的拳击。这一行为立即在学生群体中引起了极大的震动。学生们纷纷站出来表达抗议,要求校方对此事件给出公正的解释和妥善的处理。然而,校方的态度却是偏袒涉事校医,对学生的合理诉求不予理睬。这种冷漠的态度加剧了双方的矛盾,最终促使学生们采取了罢课的行动。

罢课运动持续了一段时间后,校方采取了严厉措施试图平息风波。他们决定将那些在罢课活动中表现最为积极的学生会成员开除。作为学生会秘书,费孝通也名列其中,他被勒令转学。

这个决定对于费孝通而言无疑是一次沉重的打击。目睹平日里与自己并肩学习、生活的同学们或被迫离开或被迫转学,他心中充满了痛苦和无力感。这些不公正的事件深深触动了他的良知和正义感,让他内心澜翻絮涌。这一系列事件促使他开始反思自己选择学医的初心以及未来的职业道路——仅凭医学技术是否足以从根本上预防和治疗疾病?他得出的结论是,这远远不够。一个人生病,并不单纯是因为细菌或病毒的侵袭,更深层次的原因在于贫困、营养不良以及不良的社会环境等因素的长期侵蚀。因此,要真正解决人们的健康问题,必须从改善社会环境和人文条件着手,从疾病看到个体,从个体看到整个社会。

这一深刻认知如同火花般点燃了费孝通强烈的使命感和责任感。他意识到,自己不应仅仅满足于成为一名医生,而是应更加深入地探究社会问题,关注人们的生活环境和条件。只有这样,才能从根本上解决人们的健康问题,并促进社会的进步和发展。

万物皆有其源。费孝通成长的经历充分证明,他选择学文,并非一时兴起,而是有着深刻的家庭、学校和社会背景的。医是术,文是道。费孝通虽然放弃了医术,但他在燕京大学寻到了道,他一辈子为之痴迷、倾注热爱,付出全部身心的道。

(二)疗治社疾

1930年,费孝通作出重要的抉择,放弃在协和医学院继续深造的机会,毅然转入燕京大学,决心从社会学角度探寻解决健康问题的根本方法。他坚信,要治愈疾病,先得治愈社会,这一理念标志着他学术生涯的一个关键转折点。他曾谈道:

>……我对国家的关心又复活了。我不再满足于仅仅帮助个人,治疗身体上的疾病的这个目标。人们的病痛不仅来自身体,来自社会的病痛更加重要。所以我决心不去学医为一个一个人治病,而要学社会科学去治疗社会的疾病。①

费孝通踏入燕京大学时,正值青春年少,满怀对知识的渴望和对未来的憧憬。尽管他对于自己的人生规划尚未形成明确的蓝图,对于未来要从事的领域也充满了好奇和疑虑。然而,正是这样的迷茫和好奇,激发了他不断探索和尝试的动力。

最初,费孝通对心理学产生了浓厚的兴趣,认为这门研究人类行为和思维的学科对于揭示人类行为背后的动机和规律至关重要。基于这份认识,他给当时心理学系主任陆志韦教授写了一封信,表达了自己的迷茫和意向。陆志韦教授不仅学术造诣深厚,而且具有强烈的正义感和人格魅力,对费孝通产生了深远的影响。然而,陆志韦的回信并没有直接将费孝通引向心理学领域,而是为他打开了更多的选择和思考的可能性。

在燕京大学的学习生活中,费孝通逐渐拓宽学术视野,接触到了更广泛的学科领域。他开始认识到,社会科学的研究范畴不仅限于个体,更涵盖了整个人类社会。在宏大的社会结构中,不同的群体、组织和制度相互作用、相互影响,共同编织出社会现象的复杂图景。费孝通对这些集体行为和社会现象产生了浓厚的兴趣,并渴望通过深入研究来探索它们背后的规律和意义。

当费孝通在学科选择上感到迷茫时,他惊喜地得知燕京大

---

① 费孝通.城乡和边区发展的思考[M].天津:天津人民出版社,1990:196.

学设有社会学系。这一发现使他深感振奋,因为他意识到社会学这片广袤的天地,正是他长久以来梦寐以求的领域。社会学专注于研究社会结构、社会关系和社会变迁等议题,这与费孝通的兴趣和追求完美契合。因此,他决定拜访社会学系主任许仕廉教授,以期对这个学科有更深入的了解和认识。

在向许仕廉的请教中,费孝通感受到了强烈的吸引力和共鸣。许教授学养深湛、见解卓特,向费孝通展示了社会学研究的广袤领域。费孝通坦诚地表达了自己对于"认识人类",以及对集体行为和社会现象的浓厚兴趣。许仕廉教授则耐心地解答了他的疑问,为他清晰地指明了社会学的研究方向和方法。他意识到,社会学不仅能够满足自己对于人类行为和社会现象的好奇心,更是他的用武之地。他觉得自己仿佛找到了一个心灵的栖息地和学术的灯塔,对于未来之路满怀信心与憧憬。

加入社会学系之后,费孝通表现出了极高的学习热情和强烈的求知欲望。他深入学习社会学的基础理论,掌握研究方法,并积极参与各类学术讨论和实践项目。他不断扩大自己的知识范围,拓展研究视野,不断提升自己的学术造诣和综合素养。在这一过程中,他逐步塑造了自己独到的学术见解和思考方式,为自己日后成为享有国际声誉的学者打下了坚实的基础。

"却顾所来径,苍苍横翠微",多年以后,费孝通或许会对自己的选择感到庆幸。正是那次不经意的邂逅,让他与社会学结下了不解之缘,并毅然踏上了充满探索与发现的学术研究之旅。在这个过程中,他不仅找到了自己的兴趣和追求,也收获了丰富的知识和宝贵的经验。更重要的是,他学会了如何独立思考和自主选择,这对于他未来的人生道路产生了深远的影响。

（三）清风徐来

费孝通的幸运在于，他踏入燕京大学社会学系之时，恰逢学术界新思潮兴起。他有幸成为吴文藻首次用中文开设的"西洋社会思想史"课程的学生，这对他来说，不仅是学术上的一次启蒙，更是人生轨迹上的转折点。

吴文藻与费孝通同为江苏人，1901年出生。他在南菁中学完成基础教育，之后考入北京清华学堂继续深造。1923年，怀着教育救国的理想，他远赴美国，专注于社会学专业。在美国，吴文藻先后就读于达特茅斯学院和哥伦比亚大学社会学系，以勤奋和进取的态度投身学术，不仅顺利完成了学业，还获得了哥大博士学位。他的卓越表现更赢得了哥大颁发的"最近十年最优秀外国留学生奖"。这份荣誉不仅是对他学术成就的认可，也是对他人生追求的极大鼓励。

1928年的冬天，北京城的大街小巷雪花纷纷扬扬，正是这个时候，一位年轻而充满抱负的学者——吴文藻，带着满腔热忱和从国外带回的先进学术理念，回到了祖国。他决定将自己的才华和学识贡献给燕京大学社会学系，将其作为传播知识、培养新一代人才的平台。吴文藻的加入，如同清风徐来，为这所历史悠久、底蕴深厚的学府注入了新的生命力与勃勃生机，使其焕发出更加璀璨的光彩。

吴文藻的归来，不仅是一位优秀学者的回归，更标志着学术理念的一次重大革新。他深刻认识到，社会学作为一门研究人类社会的学科，必须紧密结合中国的社会实际，才能真正发挥其应有的价值。因此,他提倡"社会学中国化"的口号和改革方案,致力于将西方的社会学理论与中国社会的实际相结合,开创出一条适合中国国情的社会学发展道路。

1930年,吴文藻在燕京大学开创性地用中文讲授社会学课程,这一做法在当时的中国学术界具有划时代的意义。吴文藻认识到,语言不仅是沟通思想的工具,也是传递文化的重要媒介。他认为,采用中文作为教学语言,不仅有助于学生更直观、更深入地理解社会学理论,而且能够让学生更真切地体验到中国文化的丰富内涵和独特韵味。

吴文藻提出的"社会学中国化"并非空洞的口号,而是通过自己的实际行动来实现这一理念。他在教授"西洋社会思想史""家族社会学"和"人类学"这三门课程时,虽然最初的教材都是英文版,但他并没有止步于此。他开始对教材进行本土化改造和创新,不仅用中文讲授西方的内容,更重要的是,他致力于将中国的社会现象和案例整合进教材之中。

吴文藻学术功力深湛,费孝通亲炙门墙,无疑是他学术生涯中极为宝贵的经历。费孝通不仅掌握了扎实的社会学理论,更深刻理解了"社会学中国化"的理念。在吴文藻的启发下,费孝通逐渐认识到社会学并非仅仅是西方的学术领域,它同样能够转化为深刻洞察和服务于中国社会的工具。这种对社会学本土化重要性的认识和追求,奠定了费孝通日后学术探索的重要基础。

在燕京大学的三年学习生活中,费孝通深受吴文藻教授的学术影响。这段经历不仅让他在学术上颇有斩获,更重要的是,帮助他逐步清晰地认识到自己的人生目标与学术追求。费孝通开始深刻理解,社会学作为一门探究人类社会发展深层原因和规律的学科，不仅具有广阔的研究前景，也拥有重要的应用价值。正是基于这种认识，他坚定了将社会学作为自己毕生事业的追求。

虽然费孝通在政治上表现得"最不活跃"，但这并不代表他没有政治热情。实际上，他将这份热情转化为了对学术的虔诚和报效国家的宏愿。在燕京大学这个相对封闭的学术环境中，他认识到自己正在接受改变祖国贫困落后面貌所需的知识训练。他的自我克制与高度专注，正是源于对未来能够更加卓越地贡献自身力量与智慧的深切期许与不懈追求。

历史的进程往往充满了偶然性。1931年，随着日本侵占中国东北的"九一八"事变爆发，燕京大学的学生们积极投身于爱国运动。费孝通也积极参与这些活动，并在一次游行示威中不幸受寒，导致患上肺炎。这次意外的疾病使他未能获得当年的学分，不得不推迟一个学年毕业。然而，这个偶然的事件最终成为他学术生涯中一个重要的转折点。

在这一年的延长学习期间，费孝通获得了更多与吴文藻教授接触的机会，这使他更深入地理解了吴教授的思想和学术追求。吴文藻教授也认识到了费孝通的才华和潜力，开始为他未来的学术发展精心规划。他先后推荐费孝通到两位世界级的人类学家——史禄国和马林诺夫斯基那里深造，这一机遇为费孝通开启了通往国际人类学前沿领域的大门，引领他迈向了更为广阔的知识探索与学术交流的殿堂。

也正是因为这一年的延长，费孝通有机会与王同惠在燕京大学同一系但不同班级共度了一年的学习时光。他们从相识到相知，再到相爱，最终走到了一起。两人携手走进大瑶山进行实地调查，这段经历不仅加深了他们之间的感情，而且对费孝通的一生产生了深远的影响。

在晚年回忆起这段经历时,费孝通曾多次强调偶然因素对人生和学术发展的重要性。这些偶然因素,或许正是推动他走向成功的关键因素之一。

(四)领悟真谛

在历史的长河中,1932年的中国正处于一个风云变幻的时代,西方学术思想如潮水般涌入这片古老而又充满生机的土地。燕京大学作为当时中国高等教育的一颗璀璨明珠,不仅承载着传播新知、启迪民智的使命,更成为中西文化交流与碰撞的重要舞台。这一年夏天,芝加哥的社会学巨擘帕克教授,远渡重洋,途经檀香山和日本,抵达中国。他的到来,不仅为燕京大学社会学系注入了新的活力,更深刻地触动了包括费孝通在内的众多学子的心灵,激发了他们对于学术的无尽热忱与追求,共同踏上了一段启迪智慧、塑造人生的非凡旅程。

1932年的夏天,对于燕京大学社会学系的师生而言,是一个非凡的季节。帕克教授的到来,带来了一股新鲜而强烈的学术气息,迅速弥漫在整个校园。凭借其深厚的学术造诣、创新的教学方法和对社会现象的敏锐洞察,帕克教授迅速成为师生们敬仰的偶像。他的到来不仅仅是个人的迁徙,更是一场思想的盛宴,标志着一次学术的革新浪潮。

9月初,秋风轻拂着未名湖畔,帕克教授在燕京大学开启了他的教学生涯。他主讲的两门课程——"集合行为"与"研究指导",犹如两把钥匙,引领学生们步入社会学的殿堂。在"集合行为"的课堂上,帕克教授不仅深入讲解了社会群体在特定情境下的行为模式与心理机制,更通过生动的案例分析,让学生们深刻理解社会现象的复杂性与多样性。"研究指导"更像是帕克教授为学生们定制的实践课程,他鼓励学生们走出学术的象牙塔,将理论知识与社会现实紧密结合,用研究者的视角去观察、分析并探索解决实际问题的方法。

帕克教授对燕京大学社会学系的最大贡献,莫过于他引导学生们跳出了未名湖畔狭小的生活圈子,让他们亲身体验到真实、生动、丰富的社会生活。在他看来,社会学不仅是书本上的知识,更是对社会现象的深入探索与理解。他鼓励学生们将北京视作一个巨大的社会学实验室,去观察、感受和思考。

在帕克教授的引导下,学生们开启了对社会的深入探索之旅。他们首先探访了北京永定门内的天桥,一个充满市井气息的地区。这里地摊、戏棚、店铺随处可见,流浪艺人、小贩、地痞等各色人物汇聚,形成了一幅多彩的社会画卷。学生们在这里亲眼见证社会的另一面,体会到生活的艰辛与不易。费孝通在为犯人测量体质的过程中,目睹那些因吸毒而遍体鳞伤的囚犯,内心的震撼难以名状,他深刻认识到社会的复杂性和人性的阴暗面。他开始反思自己过去的生活圈子是多么狭窄和局限,见识了更广阔的社会现实。

除了天桥,帕克教授还带学生们去了监狱、贫民窟以及作为红灯区的八大胡同。

每一次的实地考察都不仅仅是一次简单的观察,而是一次心灵的触动和洗礼,一次对复杂社会结构的全新认识。这些经历促使学生们开始用社会学的视角来审视周围的世界,用严谨的研究态度去分析和探讨社会问题。学生们已经不再局限于书本上的理论,而是渴望通过亲身实践来验证和丰富自己的知识体系。

帕克教授在燕京大学的教学与科研活动,不仅为学生们搭建了珍贵的知识桥梁,引领他们遨游于学术的浩瀚海洋,更为中国社会学的发展注入了强劲的创新活力与深刻的思想启迪。他的学术思想、研究方法以及对待学术的严谨态度,深深地影响了一代又一代学者。费孝通作为其中的佼佼者,更是将帕克教授的教导铭记于心,并在日后的学术道路上不断发扬光大。

1933年,费孝通与同学杨庆堃合作翻译了帕克教授论述中国的一篇文章。这篇文章的翻译工作不仅锻炼了费孝通的翻译能力,更让他对帕克教授的学术思想有了更深刻的理解。在按语中,费孝通深情地写道:"他所给予他学生的印象决不单是一个诲人不倦的教授,亦不单是一个学识渊博的社会学家。……他所给予人们的不是普通的知识而是生命,一种能用以行动的知识。"[①]这句话,不仅是对帕克教授的高度评价,更是费孝通自己学术追求的真实写照。

1932年12月16日,燕京大学临湖轩内洋溢着一种特殊的情感——既有不舍,也有深深的感激。这一天,帕克教授即将离开中国,返回美国,而燕京大学为他举办了一场温馨的欢送会。在这场充溢着情感的聚会上,帕克教授反复引用他的导师詹姆斯·科尔曼(James S. Coleman)的话语,激励在场的学生们。他希望学生们能够继续投身于充满活力和创造性的社会学研究中,不仅在学术上有所建树,更要为中国社会学的进步贡献自己的力量。他深情地说:"我在中国的时候,的确认识了许多学

---

① 费孝通.费孝通文集:第1卷[M].北京:群言出版社,1999:125.

生。……我在他们中间所见的,不是昨日的中国,也不是今日的中国,而是明日的中国,是将来的中国。"①这句话,不仅表达了他对中国学生的深厚感情,更寄托了他对中国未来发展的美好期望。

　　费孝通在燕京大学求学时期,帕克教授是继吴文藻之后,对他学术生涯产生深远且不可磨灭影响的第二位杰出导师。帕克教授的教导与影响,如同一盏明灯,照亮了费孝通的学术道路,并为中国社会学的发展指引了前进方向。

---

① 费孝通.费孝通文集:第1卷[M].北京:群言出版社,1999:123.

二、清华问学

（一）报考清华

1933年盛夏，费孝通在燕京大学社会学系以一篇深入探讨中国传统亲迎婚俗的毕业论文《亲迎婚俗之研究》，圆满完成了他学术生涯的第一步，荣获社会学学士学位。这篇论文不仅是他个人学术旅程的一个重要里程碑，也反映出燕京大学社会学系当时正在经历的深刻变革。

这一时期，燕京大学社会学系的学风在吴文藻教授的深远影响和帕克教授理论的启迪下焕然一新。学系的变革与当时国内的社会背景紧密相连。国内正涌动着乡村建设与社会改革的思潮，梁漱溟的乡村建设运动、晏阳初的平民教育运动，以及陈翰笙引领的农村社会调查，共同构成了当时社会变革的洪流。

燕大社会学系与这股时代浪潮同调，致力于推动社会学的本土化进程。在这一过程中，学生们不仅积极参与了平民教育和乡村建设的实践活动，还在北京郊区建立了清河调查实验区，实现了理论与实践的有机结合。此外，他们还为社区研究打下了坚实的理论基础。

费孝通作为这一运动的核心人物，不仅加入了由吴文藻教授领导的学术团队，还与杨庆堃、林耀华、黄迪、廖泰初等同窗一起，在《天津益世报》上开设了"社会研究"专栏，成为学术交流的重要阵地。他们走出学术的象牙塔，深入农村进行田野调查，亲自探究社会问题，收集第一手资料。

1933年，费孝通以其卓越的学术才华和广泛的研究兴趣，在学术界崭露头角。他接连发表了《人类学几大派——功能学派之地位》等深入探讨社会学与人类学理论的文章，以及《中国文化内部变异的研究举例》等聚焦本土文化变迁的实证研究，不仅展现了他对国际学术前沿的敏锐洞察，也体现了他对中国社会深刻的理解与关怀。同时，他翻译的《现代的迷大斯》等作品，以及撰写的书评如《杨宝龄的〈美国城市中俄籍摩洛根宗派之客民〉》，进一步拓宽了国内学人的学术视野，促进了中外学术的交流与融合。

在这一年里，费孝通积极参与"社区研究的准备工作"，他的研究成果，如《社会变迁研究中的都市与乡村》和《社会研究的程序》等，不仅为后来的社区研究提供了方法论支撑，也预示着他将社会学理论与中国实际相结合的研究方向。随着燕京大学社会学系兴起"田野作业"风潮，费孝通更是身体力行，其实际行动与理论贡献相辅相成，赢得了吴文藻等师长的高度认可。

吴文藻借鉴帕克创立芝加哥社会学派的成功经验，致力于培养能够深入社会、进行实地调查的人才。费孝通以其出色的学术表现和对社会学调查的浓厚兴趣，成为吴文藻眼中不可多得的可造之才。

正值此时，燕京大学社会学系收到了一个令人振奋的消息：

美国密执安大学[①]提供了一个珍贵的奖学金名额，为有志于深造的学生打开了通往国际学术界的大门。费孝通和杨庆堃，这两位在系内享有盛誉的学术明星，自然而然地成为这一机会的热门人选。他们不仅成绩优异，而且志同道合，彼此间的友谊与他们罕见的学术天赋一样，在燕园内外广为流传，成为佳话。

面对这突如其来的机遇，费孝通展现出超越常人的谦逊与深思熟虑。他深知，这份奖学金不仅是对他个人学术成就的认可，更是未来学术道路上的一份重要助力。然而，在友谊与竞争的抉择中，费孝通选择了前者。他深知，学术之路不限于留学一种途径，更重要的是内心的热爱与坚持。因此，他放弃直接申请奖学金的机会，转而报考清华大学研究院，继续在国内深造。他相信，只要保持优异的成绩与不懈的努力，未来将有无数出国交流的机会等待着他。

费孝通的这一选择，不仅彰显了他对友情的珍视，也展现了他对学术道路的深刻洞察和精心规划。当时，他已对人类学的实地研究方法产生了浓厚的兴趣，这种兴趣如同火种，激发了他探索中国社会深层结构的热情。他意识到，尽管自己与杨庆堃都是社会学系的佼佼者，但两人的研究兴趣各有侧重。杨庆堃对社会学理论有着更为深厚的热爱，而自己更倾向于人类学那种深入田野、贴近生活的研究方法。

正是这份对实地研究的执着追求，促使费孝通选择留在国内，并特别将清华大学作为自己学术探索的新起点。在当时中国高等教育界，清华大学的社会学与人类学系以其独特的学术地位脱颖而出，它不仅汇集了社会学与人类学的精华，还提供了

[①] 即密歇根大学。

国内最系统、最全面的人类学教育。这里既有深厚的理论基础，又有丰富的实地研究资源，为费孝通提供了一个理想的学术环境，满足了他对学术探索的渴望。

在清华的日子里，费孝通如饥似渴地汲取知识，他不仅深入钻研了社会学与人类学的基本理论，还积极参与各类实地研究项目，将理论知识应用于实践。他明白，只有将理论与实际相结合，才能真正掌握人类学的研究方法，进而更好地洞察中国社会的多样性和复杂性。

与此同时，远在大洋彼岸的杨庆堃也没有忘记他们的友情与共同的学术理想。两人虽远隔重洋，但书信往来不断，分享着各自的学术心得与人生感悟。这份跨越千山万水的深厚情谊，成为他们学术道路上最坚实的后盾与不竭的动力源泉。

（二）一师一徒

如愿考入清华大学后，费孝通的学术生涯开启了崭新的一页，同时他有幸成为俄国著名人类学家史禄国的学生，这段师徒关系对他的学术发展产生了深远的影响。

史禄国，这位在清华园里独树一帜的俄国学者，以其深厚的学术造诣和严谨的治学态度闻名。他的生活简朴而规律，除了每周定时为学生授课外，其余大多数时间都埋首于书海和写作之中，仿佛置身于尘世之外。傍晚，是他与夫人共度的宁静时光，两人携手漫步于清华园的林荫道上，构成了一道独特的风景线。这样的生活方式，表面或许给人以孤高清远之感，实则深藏着他对学术纯粹而炽热的热爱与不辍追求。

费孝通成为史禄国的弟子,并非偶然。在那个人类学尚属新兴学科、鲜有人知的年代,能够师从这样一位国际知名学者,无疑是莫大的荣幸。这一机遇的获得,得益于吴文藻教授的大力奖掖。吴文藻不仅促成了清华大学社会学及人类学系招收人类学研究生,还亲自带领费孝通前往史禄国家中进行拜访与面试。经过一番严格的考查,史禄国最终认可了费孝通的才华与潜力,同意收他为徒。史禄国的悉心指导,为费孝通沉潜于人类学领域开启了门径。

史禄国,这位外表看似孤僻冷漠的学者,实则内心对学生怀有极高的责任感与热忱。他深知学术之路的艰辛与漫长,因此为费孝通量身定制了一个长达六年的全面训练计划,旨在将他培养成一位博学多才的人类学家。

这个精心策划的学术训练计划,就像通往学术高峰的阶梯,每一步都蕴含着挑战与机遇。在前两年的学习中,费孝通深入研究体质人类学,探索人类体质的奥秘,追寻生物进化的历史。史禄国引导他深入研读《人体的历史》这本经典教材,从单细胞生物的简单形态,到复杂多样的动物种类,再到最终的人类形态,每一次的学习都让他对生命的演化有了更深的理解。

寂静的实验室,成为费孝通的第二个家。他再次与生物学实验亲密接触,但这次是出于人类学研究的目的。从微观的细胞结构到宏观的动物骨骼,他细致地解剖每一种生物,以期揭示生命演化的规律。随后,他开始学习人体测量技术,这不仅要求精确的操作技能,还需要对人体结构有深入的理解。史禄国亲自示范,严格把关,确保费孝通在学术道路上每一步都坚实而稳健。

在这个过程中,费孝通经历了从理论到实践的飞跃,他的知识体系得到了全面的构建与升华。他学会用科学的眼光审视人类,用严谨的态度研究社会。这段螺旋式上升的学术旅程,不仅让他走进体质人类学的深奥领域,更为他日后的学术成就打下了坚实的基础。

训练固然严苛至极,但"不愤不启,不悱不发",史禄国坚持放手原则,不轻易提供直接指导,旨在锤炼费孝通独立思考与解决问题的能力。费孝通在《人不知而不愠:缅怀史禄国老师》中深情回顾这段经历时提及:"他从来不扶着我走,而只提出目标和创造各种条件让我自己去闯,在错路上拉我一把。他在体质人类学这一课程上从没有做过一次有系统的讲解……"①

实验室的密集训练告一段落后,史禄国深知理论与实践相结合的重要性,于是为费孝通规划了另一项重要任务——进行实际的人体测量。他深知,这样的实地操作不仅能加深费孝通对人体结构的理解,还能锻炼他应对复杂环境的能力。于是,史禄国利用自己的影响力,为费孝通铺设了通往实践的道路。

首先,史禄国精心擘画,联系了驻扎在京郊清河的部队,那里纪律严明且士兵众多,为费孝通提供了理想的人体测量对象。为了确保测量工作的顺利进行,驻军每周两次特意派遣马队接送费孝通往返于清华大学与兵营之间。在兵营中,费孝通面对着身高、体型各异的士兵,他手持测量工具,认真记录每一个数据,一丝不苟。这段经历让他对人类身体的多样性有了更深刻的认识和体会。

然而,史禄国并没有就此止步。为了进一步扩大样本数据

---

① 费孝通.师承·补课·治学[M].北京:生活·读书·新知三联书店,2002:88.

的多样性，他为费孝通安排了在北京监狱进行体质测量的机会。这项任务更具挑战性，监狱环境的复杂性要求费孝通展现出更高的专业素养和应变能力。费孝通没有退缩，他勇敢地迎接了这一挑战，并圆满地完成了测量工作，彰显了其非凡的学术实力与坚忍不拔的精神风貌。在兵营和监狱的实地测量中，费孝通总共测量了 800 多人。这些数据，如同珍贵的宝藏，不仅丰富了他的研究样本，而且为他后续的学术研究提供了坚实的数据基础。

面对庞杂的数据资料，史禄国对费孝通的分析能力提出了更高的要求。他要求费孝通必须亲自进行计算，而且只允许使用算盘和算尺这些传统的工具。当费孝通疑惑地询问为何不使用更现代的计算工具时，史禄国坚定地回答："你得准备在最艰难的条件下，还能进行你的工作。"这句话似乎也预示了费孝通未来学术生涯中可能遭遇的种种挑战与困境。他深知，只有练就过硬的本领，才能在任何情况下都坚守自己的学术追求。

此外，史禄国还非常注重培养费孝通的文笔。他要求费孝通将自己写的文章一字一句地分析给他听，不容丝毫含糊。这样的训练虽然辛苦，却让费孝通的写作能力得到了质的飞跃。他学会了如何用精准的语言表达复杂的思想，如何用生动的笔触描绘出人类社会的百态。

随着时光的流逝，费孝通与史禄国之间的师生情谊日益加深。费孝通逐渐揭开了这位俄国老师神秘而丰富的心灵帷幕，探索并理解了他那深邃而丰富的内心世界。史禄国，这位外表看似孤僻，内心却充满热情与才华的学者，在人类学领域有着深厚造诣，同时也是一位多才多艺的艺术家。在他的著作《北方通古斯》一书中，史禄国亲手绘制的两幅彩色插图色彩斑斓、栩栩如生,展现了其卓越的绘画才能和独到的审美眼光。史禄国深信,画笔捕捉的瞬间,比镜头下的照片更能触及人心,凸显事物的本质。这种理念深深影响了费孝通,多年后,在撰写《大理历史文物的初步察访》时,他特意配发了自己临摹的剑川石宝山石钟寺石刻像的素描,画中流露出的细腻与深情,无疑是对史禄国艺术精神的传承与致敬。

(三)硕士毕业

1935年对中国社会学界而言,是值得大书特书的年份。这一年不仅见证了青年学者费孝通学术生涯的重要转折点,也预示着中国社会学与文化人类学领域即将迎来一股新鲜而强大的研究力量。在这一年里,费孝通成功完成了由俄罗斯著名人类学家史禄国精心策划的第一期训练计划,这不仅锤炼了他的个人能力,更是中西方学术交流的一次成功实践。

清华大学以其开放和进取的精神,为教授们提供了一个独特的机会:在辛勤工作五年后,他们可以享受一年的海外休假。对于史禄国来说,1935年的海外休假不仅是一次休息,更是他个人职业规划的转折点。在深思熟虑后,史禄国决定不再回到清华的教职岗位,这一决定为他的得意门生费孝通开辟了新的学术路径,引领他迈向学术生涯的新高度。

史禄国凭借其敏锐的洞察力和对学生潜力的深刻理解,为费孝通精心设计了未来的学术发展计划。首先,费孝通将在国内少数民族地区进行为期一年的田野调查,这将加深他对本土文化的理解并提升其洞察力。随后,他将得到清华大学的资助,前往欧洲深造，专注于文化人类学领域，这不仅将扩展他的国际视野，也将提高他的研究能力。

1935年5月9日，费孝通在毕业考试中取得了优异的成绩，他的名字因此与"优秀"二字紧密相连。考试委员会由当时社会学与人类学领域的学界翘楚组成，包括陶孟和、吴文藻、吴景超、冯友兰等。他们的严格评审不仅代表了对费孝通学术成果的高度认可，也体现了对他未来学术潜力的殷切期望。费孝通在考试中涉及的科目广泛，包括理论社会学、应用社会学及人类学等，他在这些领域均取得了"80分以上"的高分。这些成绩不仅是对他过去几年持之以恒、刻苦钻研的高度赞誉，更是为他未来学术发展奠定了坚实的基础。

紧接着，6月6日的论文答辩更是对费孝通研究能力的全面检验。他提交的论文（1）*Anthropology of Koreans*，（2）*Anthropology of Criminals in Peiping* 不仅展示了他在朝鲜人类学领域的独到见解，还巧妙融合了河北地区罪犯人类学分析的初步尝试，这种跨学科的研究视角和创新精神赢得了评审委员们的一致好评，论文成绩同样被评为"上"。

7月16日，清华大学校长梅贻琦正式向教育部呈报文件，宣布费孝通等研究生顺利通过毕业考试及论文答辩，准予毕业并授予硕士学位。这一消息不仅是对费孝通个人努力的最高认可，也标志着清华研究院社会学部在人才培养上取得了又一重大成果。尤为值得一提的是，费孝通是这十年间唯一从该学部获得硕士学位的学子，其学术成就之卓越，可见一斑。

更加令人振奋的是，凭借着出色的学术表现和优异的成绩，费孝通还获得了由庚子赔款退款设立的奖学金支持，这不仅为他即将开启的欧洲留学之旅提供了坚实的经济基础，更是对他个人能力的肯定。

1935年,对费孝通来说,是充满收获和站上新起点的一年。站在学术生涯的新高度,他怀揣对未知世界的无限渴望和对本土文化的深厚情感,开启了探索人类多样性与社会变迁的旅程。这段经历不仅深刻塑造了费孝通个人的学术发展路径,同时也为中国社会学与文化人类学研究注入了勃勃生机与无限希望。

(四)未名湖畔

在那段被历史温柔以待的岁月里,费孝通与王同惠的故事宛如一幅细腻温婉的画卷,在燕京与清华的交织风景中缓缓展开。这不仅是一段关于青春、爱情与梦想的佳话,更是两位社会学青年学者在时代洪流中携手并进,共同探索学术真谛的深刻印记。

燕京大学,这所位于北平的古老学府,以其深厚的文化底蕴和开放的学术氛围,吸引着无数求知若渴的青年学子。20世纪初的燕园,春日里桃花笑春风,秋日则银杏叶铺满小径,四季更迭中,学术与情感在这里悄然萌芽。

费孝通,一位充满热情和社交天赋的青年学者,经常在图书馆的浩瀚书海和热烈的讲座讨论中出现。他不仅对社会学的深奥理论充满渴望,更有着将知识应用于实践、服务社会的宏伟抱负。与此同时,王同惠,这位来自河北省肥乡县知识分子家庭的温婉少女,以其优雅的气质,在燕园中成了一道亮丽的风景线。她的加入,为费孝通已经多姿多彩的生活增添了一抹更加柔和的色调。

两人的邂逅并没有戏剧化的情节,而是像大多数同学一样,在教室的一隅或图书馆的书架间,偶尔点头致意。正是这种朴素而温馨的开端,为日后情感的深化奠定了基础。虽然他们分属不同的班级,但同属社会学系的他们,因为共同的学术追求和对知识的热爱,心灵逐渐靠近。

1933年的圣诞节前夕,燕京大学社会学系举办了一场聚会,节日的喜庆气氛与学术的严谨精神在空气中交织。正是在这次聚会上,费孝通与王同惠因一次关于人口问题的争论而结缘。费孝通凭借其敏锐的洞察力和扎实的理论基础,试图说服王同惠接受他的观点。为了这次辩论,他巧妙地利用圣诞节送礼的习俗,将自己精心挑选的一本关于人口问题的书籍作为礼物送给了王同惠。

这份礼物不仅体现了费孝通对学术的执着与热情,更意外地触动了王同惠的心。她被费孝通认真严谨的学术态度所吸引,同时也欣赏他在争论中展现出的智慧与风度。随着频繁的学术探讨和日常交流,两人之间的交往不再局限于普通的同学关系。

命运的安排确实巧妙,正当费孝通完成了他第一本英文社会学著作《社会变迁》的翻译工作时,王同惠也正忙于翻译一本法文著作《甘肃土人的婚姻》。这一巧合似乎预示着他们将携手在学术道路上并肩前行。两人决定合作,将这两部译作共同介绍给学术界。

在翻译过程中,费孝通和王同惠相互支持,共同进步。费孝通利用自己擅长的英文,帮助王同惠校对译稿;王同惠则利用她精通的法文,协助费孝通学习,以备即将到来的研究生外语考试。这种"对等原则"的合作模式,不仅提高了翻译工作效率,也加深了他们之间的默契与情感。

他们常常在清华园的静谧夜晚,或是未名湖畔的晨光中,一同探讨翻译中的难点与疑点,分享彼此的心得与感悟。那些日子,对他们而言,是学术与爱情交织的最美好时光。他们如同一对蹁跹的比翼鸟,在浩瀚无垠的知识苍穹中自由翱翔,享受着求知的乐趣与爱情的甜蜜。

在合作翻译的过程中,费孝通与王同惠逐渐形成了共同的学术理想——社会学中国化。这一理念的萌生,根植于他们对中国社会现状的深刻洞察和反思。他们认识到,尽管西方社会学理论提供了宝贵的知识体系和分析方法,但要深入理解和有效改造中国社会,关键在于将这些理论与中国实际相结合,走出一条适合中国国情的社会学发展道路。

王同惠的那一句"为什么我们中国人不能自己写这样的书?"不仅是她内心深处的呐喊,也是她对费孝通及所有中国社会学者的期许。这一问,如同空谷足音,激发了两人对社会学中国化问题的深入思考与探讨。他们开始更加关注中国社会的现实问题,努力将所学理论应用于实践之中,为认识中国社会、改造中国社会贡献自己的力量。

未名湖畔,默默见证了费孝通与王同惠之间真挚的情感与深刻的学术交流。无论是春日柳絮纷飞的温柔午后,还是夏日荷花盛开的清新傍晚,抑或是秋风中落叶满径的静谧时光,冬日白雪皑皑的银装素裹,他们都曾在这里留下过足迹与笑声。

三、瑶山探赜

（一）探赜之由

在费孝通即将挥别清华园的青葱岁月，开启海外深造之旅之际，吴文藻先生为费孝通指引了一条既充满挑战又富有深远意义的研究之路——参与广西少数民族实地调查。这项任务不仅与当时广西省政府对于苗、瑶、侗、壮等民族深入研究的需求完全一致，也与费孝通出国前深入少数民族地区的学术追求完美契合。吴文藻先生利用其在学术界的广泛影响力，牵线搭桥，为费孝通赢得了前往大瑶山进行实地考察的难得机会。这一切得到了国民党桂系领导人李宗仁的积极支持，使得费孝通的学术梦想得以实现。

当费孝通得知这一令人振奋的消息时，他满心愉悦地与他的伴侣王同惠分享了这份喜悦。王同惠听到这个消息后，激动之情溢于言表，她意识到这不仅会是费孝通学术道路上的重要里程碑，也是她自己长久以来梦寐以求的深入田野、探索未知世界的难得机会。她毫不犹豫地表达了与费孝通并肩作战的坚定决心，坚信两人的合作不仅能够相互支持，还能因性别差异带来视角上的互补,从而使调研工作更加全面和深入。

然而,当费孝通和王同惠满怀希望地向导师吴文藻和史禄国透露他们的决定时,虽然得到了认可和鼓励,但导师们也提出了对可能面临的现实挑战的殷忧。以学生身份进入少数民族地区,他们必须面对社会接受度、旅途安全、文化差异和语言障碍等问题。这些忧虑宛若绵绵细雨,轻轻拂过两位满怀激情的梦想者心田,虽带来一丝凉意,却也如晨露般滋润了他们的意志,更加坚定了他们克服困难,无畏前行的决心。

面对广西少数民族实地调查所带来的诸多现实挑战,费孝通和王同惠共同筹谋了一个既务实又富有深意的应对策略——结婚。他们认识到,婚姻作为一种社会认可的契约,能够为他们共同的学术旅程提供正当的理由,有效规避社会舆论和习俗的障碍。这一选择,超越传统爱情的冲动和浪漫,是在同声相应、同气相求的深厚情谊中自然缔结的。

王同惠为了兼顾学业与研究,决定保留燕京大学的学籍,并将个人的学术追求融入与费孝通共同进行的社会调查中。她明白,这次调查不仅是对自己专业知识的一次试炼,也是与费孝通并肩作战、深化相互理解和默契的难得机遇。

费孝通在后来回忆起这段时光时,流露出浓重的珍视和感慨。他们两人从相识到决定携手共度人生,并非源于戏剧化的浪漫,而是源于内心深处对知识的渴求和对未知世界的共同探索。这种基于共同求知欲的关系,比任何外在形式的浪漫都更加牢不可破,它像一条无形的纽带,将他们紧密地联系在一起,引导他们一起深入未知的瑶山,也深入彼此的心灵。在这条求知的道路上,他们不仅是生活伴侣,更是思想上的战友,相互扶持,共同书写着属于他们的传奇篇章。

1935年夏,阳光温柔地照耀着燕京大学的校园。暑假伊始,费孝通与王同惠的婚礼在风景如画的未名湖畔温馨举行。临湖轩,这座历史悠久且雅致的建筑,作为时任校长司徒雷登的私人宅邸,庭中盛开的玉兰和门前轻摇的修竹,为这场婚礼营造了庄重而温馨的氛围。

《燕大文史资料》深情记载,临湖轩的名字是文学大家谢冰心妙笔的垂赐,而门上的题字则是胡适先生的手笔,凝结出这个地方深厚的文化底蕴。司徒雷登校长素来以开放包容著称,乐于将这份宁静与美好分享给校友与教职工,使得无数甜蜜的爱情瞬间在这里被永恒定格。

尤为值得一提的是,六年前,正是在这片充满幸福气息的土地上,费孝通的恩师吴文藻与文学新秀谢冰心女士携手步入婚姻的圣殿。如今,吴文藻先生器重的学生费孝通,携带着对知识的共同渴望和对生活的无限憧憬,与王同惠在这里续写了一段师生情深与夫妻缘分交织的佳话。临湖轩,不仅见证了时光的流转,更成为这段跨越时空情感纽带的永恒见证。

得知费孝通将在燕京大学未名湖畔的临湖轩举办婚礼,远在家乡的姐姐费达生满心欢喜,不辞辛劳地踏上了前往北平的旅程,以见证弟弟人生中的重要时刻。婚礼当日,临湖轩内宾客满座,欢声笑语不断,时任燕京大学校长的司徒雷登先生更是亲临现场,并担任证婚人,为新人送上了最真挚的祝福,为他们的婚姻添上了庄严的色彩。

与此同时,史禄国教授正积极为费孝通和王同惠的西南山区之旅筹备着各类必需品。深知该地区环境的复杂性,他特意配备了一整套人体测量仪器,确保调查数据的精确记录。史禄国教授还特别从德国订购了一套高品质的照相机,用以捕捉那些独特的社会风情和自然景观。更细致的是，考虑到西南山区特有的蚂蟥叮咬问题，他为两人定制了长筒皮靴，以确保他们在探索过程中的安全。

两年多前，在临湖轩举行的一次聚会中，费孝通送别了他的导师帕克教授。那时他未曾想到，自己也将很快踏上由帕克老师启发的实地观察研究社区生活的道路。如今，他与王同惠携手并肩，带着师友的祝福，即将踏上这段充满挑战与机遇的旅程。费孝通将完成他社区研究实地调查的开创性工作，而王同惠，这位勇敢的女子，也将成为中国民族考察研究领域的新星，书写自己的辉煌篇章。

沉浸在燕京大学和清华大学的学术殿堂中，费孝通心中悄然萌生了一个愿望——"我要成为中国人文学科发展的拓荒者"。恩师吴文藻提倡的"社会学中国化"理念照亮了他的道路，指导他将外来学说与本土文化相结合。帕克教授强调的实际社会生活研究拓宽了他的视野，教会了他从生活中提炼学问的精髓。史禄国教授的体质人类学教导赋予了他深入探索的工具，使他在学术探索中更加得心应手。

王同惠那句"为什么我们中国人不能自己写这样的书"，不仅震撼了费孝通的心灵，也激发了他们共同的壮志豪情。他们渴望用笔记录中国大地上的风土人情，丰富民族学研究。恰逢广西省政府设立特种民族研究课题，这个机遇如同春风化雨，使他们的梦想成为现实。他们携手踏上了前往瑶山的征途，这不仅是个人理想的实践，更是时代洪流、社会变迁、学科发展与个人情怀共同作用的结晶，是一段将被历史铭记的学术佳话。

（二）进入瑶山

随着婚礼的喜悦和浪漫慢慢沉淀为日常生活的涓涓细流，费孝通与王同惠在姐姐费达生的精心安排下，告别了繁华的北平，启程前往江南水乡。他们在无锡这座温婉的城市找到了临时的居所。在甜蜜的蜜月时光中，他们没有沉醉于新婚的温柔乡，而是将这份宁静和恬淡转化为学术研究的动力。太湖之畔，鼋头渚的风光旖旎，不仅滋养了他们的心灵，也见证了他们学术成果的诞生——《甘肃土人的婚姻》译稿在这里完成。在湖光山色的环抱中，他们一字一句地书写，每一段文字都凝聚着对民族学研究的深厚热爱和不懈追求。

随着研究的深入，费孝通和王同惠深刻认识到，要想触及民族学的核心，必须亲身走进那些鲜为人知的文化现象。他们决心深入实地，体验、观察并记录这些独特的社会生活。从无锡出发，他们踏上了充满未知与挑战的探索之旅，目标是瑶山的实地调查。他们的旅程穿越了繁华都市和偏远地区，途经上海、香港，最终抵达广东，再转向广西南宁。1935年9月18日，费孝通携带着他精心准备的研究计划书——《广西省人种及特种民族社会组织及其他文化特性研究计划》，向广西省政府正式提交了申请。这份计划书详细规划了他未来研究的每一步，成为他学术生涯的一个重要节点。

在这份计划书中，费孝通不仅展现了他深邃的学术思考与远见卓识，更预示了他晚年提出的"中华民族多元一体格局"思想的萌芽。他巧妙地运用体质人类学作为探索民族特性的工具,彰显了他跨学科研究的广阔视野和勇于创新的精神。面对研究过程中的诸多限制与挑战,费孝通始终坚持客观的态度,力求在复杂多变的社会环境中保持科学研究的独立性和公正性。他将自己定位为提出意见供决策者采纳的学者,这种谦逊而坚定的态度,成为他学术生涯的一贯追求。无论是在瑶山的艰苦调查,还是在晚年的四处奔波,费孝通始终保持着这种态度。

岁月如梭,转眼间,这份计划书已成为一份珍贵的历史文献,记录着费孝通从一个初出茅庐的青年学者成长为学界泰斗的历程。这份计划书不仅记录了费孝通个人的学术追求与奋斗,更反映了那个时代中国学者在民族学、人类学领域的不懈探索与创新精神。

10月8日清晨,天边雨雾未散,绵绵细雨拂过南宁的街巷。费孝通与王同惠带着对未知世界的好奇与期待,乘坐长途汽车前往柳州。汽车缓缓驶出,穿过细雨中的南宁,驶向远方蜿蜒的公路。这不仅是一段350千米距离的跨越,更是他们对时代变迁、社会结构与经济发展进行深刻洞察的起点。

车轮滚滚向前,费孝通的目光不时掠过窗外景色,心中涌动着层层思绪。他深知,这条公路的开通,不只是交通方式的一次简单更迭,更是对传统区位组织格局的一次深刻变革,预示着地理空间与社会经济结构的全新重构。历史上,水路一直是连接南北、沟通东西的主要通道。然而,公路的兴起,不仅极大地缩短了城市间的距离,也加速了信息的流通和人员的往来,为区域经济的协同发展铺平了道路。费孝通注意到,尽管公路运输在速度上具有明显优势,但客运的繁忙与货运的相对冷清形成了鲜明对比。这一现象反映出当时中国内陆经济结构中货物运输需求与成本效益之间的微妙平衡。

沿途的风景如同一幅幅生动的画卷,在费孝通眼前徐徐展开。广袤的山地间,许多土地尚未得到开发,而与之形成鲜明对比的是东部地区的人口密集和资源紧张。这种对比激发了费孝通对广西乃至全国经济问题的深思。在旅途中,费孝通与一位广西农场从业者进行了深入交流。对方提到的土地荒废和人口分布不均问题,深深触动了他的心。费孝通认识到,这不仅是广西的问题,更是全国普遍面临的现象。他开始思考,如果能充分利用这些未开发的土地资源,并引导人口合理流动,不仅可以减轻东部地区的压力,还能推动西部地区的开发,促进整个国家的繁荣,从而提高国民生活水平。

这次旅行对费孝通而言,远超一次简单的地理位移,更像是一次心灵的净化与思想的觉醒。他深刻感受到,实地调查是认识国情、深入理解社会的重要途径。广西,这片他即将深入研究的土地,将成为他理解中国国情、探索社会发展规律的重要窗口。费孝通坚信,通过自己的不懈努力,能够为中国的进步贡献自己的力量,让这片承载着悠久历史的古老大地焕发出新的生机与活力。

抵达柳州之时,已是夕阳斜挂。费孝通与王同惠稍作休整,便立即着手规划进山路线。原计划北上的路线因融县附近土匪与土人骚动的余波而充满安全隐患。面对这一意外情况,费孝通迅速与省府陪同人员进行商议,决定灵活调整计划,转而南下。他们选择沿柳江顺流而下,前往象县,再从那里进入大瑶山的西部。这一改变不仅能避开潜在的危险,同时也让他们能更全面地考察这片神秘山区的多样风貌与丰富的文化特色。

大瑶山,这片广袤的山区坐落于柳江之东、桂江之西,是大自然造就的壮丽画卷。在这片山区内,海拔逾 1 900 米的圣堂山高耸,像一位庄严的守护者,见证着世事的变化。环绕的平川,如同绿色的绸带,环绕着这片神秘土地,而平南、蒙山、修仁、象县与武宣这些城镇点缀其间,如同珍珠串联,各自诉说着与大山的不解之缘。

费孝通与王同惠用脚步丈量了这片古老而又焕发新生的土地。他们的到来,不只是个人学术研究旅程的开启,更是一次深刻剖析中国社会深层机理、洞悉其复杂结构与内在逻辑的探索。《桂行通讯》里的每字每句,都是那段旅程的真实和生动记载。在费孝通的笔下,大瑶山是一片十几年前还与世隔绝、独立于主流社会之外的秘境。如今,尽管时代变迁,瑶民被纳入全省的行政体系,但他们源自深山的自给自足和自治精神依然坚忍地在这片土地上生根发芽,构成了一道独特的文化景观。

从柳州到象县的旅程,是柳江水道的一次温柔穿梭。费孝通与王同惠乘坐的小火轮,在曲折蜿蜒的河道上缓缓前行,沿途风光旖旎,却也潜伏着危险。老旧的河道,陡峭的山壁,不平的河床,每一处都考验着船工的智慧与勇气。夜幕降临,月光如洗,船只抵达象县时,四周已沉浸在深夜的宁静之中,偶尔传来鸡犬之声。轮停江心,渡船难觅,城楼高耸,却沉睡不语。在这份突如其来的孤寂与不确定中,他们只能借宿于码头上的大帆船,开启了一段"不知今夜宿何处"的奇妙旅程。

这种"不知"的体验,对于费孝通而言,既是旅途中的一次偶然感受,更是他学术生涯乃至整个人生旅程中不断出现的常态。"自反而缩,虽千万人,吾往矣",孟夫子的这句话,与费孝通的人格风范若合符契。在看似茫然的时刻,我们也从未在费孝通的著述中读到过丝毫的悔意与退缩。相反,我们看到的是一个坚忍不拔、勇于探索的学者形象,他深知,一旦选择了这条认识中国、探索真理的道路,就必然会遭遇无数的未知与挑战。

(三) 苦中作乐

象县,这个位于广西腹地的小城,成为费孝通与王同惠此行的起点。初到此地,他们便展现出严谨的科学态度。他们深知,通过测量当地人的体格数据,能够直观反映出人群间的遗传差异与迁徙历史。在县政府和镇公所的支持下,他们沿街抽样,耐心细致地为每一位参与测量的居民测量身高、头围等关键指标。经过对上百份数据的统计分析,他们不仅得出了当地人体格特征的平均数值与变异范围,而且凭借费孝通扎实的体质人类学知识,初步推断出这些居民中除了原住民外,还广泛存在着来自中原与沿海地区的移民后裔。这一发现,为揭示广西地区复杂的人口构成与加速民族融合进程提供了宝贵的线索。

随着调查的深入,费孝通与王同惠决定向大瑶山进发,那里是瑶族文化的核心区域,也是他们此行的最终目的地。广西省教育厅科员唐兆民与象县教育科科员张荫庭的加入,不仅增强了队伍的力量,也为他们提供了许多便利。然而,前往瑶山的道路却异常艰难,没有现代交通工具的辅助,他们只能依靠挑夫、轿夫,在崎岖的山路上艰难前行,经过两天的行程才接近瑶区边缘的百丈村。

百丈村,这个位于瑶区边缘的村落,成为他们深入瑶区的起点。在这里,他们首次近距离体验了瑶族同胞的传统服饰和语言。墟期的热闹景象,让费孝通与王同惠深刻感受到瑶民生活的独特魅力与生命力。他们抓住这一机会,进一步了解瑶族的生活方式、社会结构以及风俗习惯,为后续的深入研究打下了坚实的基础。

终于,在充分准备之后,费孝通与王同惠踏上了通往瑶区深处的征途。他们穿越险峻的枫木界顶,跨越象征性的"楚河汉界",正式踏入了瑶族村寨的门槛。在这里,他们不仅亲身体验了瑶族同胞的日常生活,而且通过与瑶民的深入交流,收集到大量珍贵的第一手资料。这些资料不仅极大地丰富了他们的学术研究,提供了翔实的素材,更为后人深入了解瑶族文化、传承民族记忆贡献了宝贵的财富。

夜幕降临,王桑村的村民们以他们独有的热情方式迎接了费孝通、王同惠一行。得知远方来客,村民们不约而同地带着自家精心准备的米粮,踏着夜色,沿着蜿蜒的山路而来,每一份礼物都承载着淳朴和真诚的情感。村中的男女老少,脸上洋溢着笑容,聚集在村口,营造出一幅温馨和谐的景象。

村民们巧妙地点燃了松木条,火光在跳跃中不仅驱散了周围的黑暗,还释放出阵阵松香。这香气似乎能穿越时间的长河,让人仿佛置身于温馨而又带有一丝怀旧的节日氛围中。费孝通目睹此番景象,心中不禁涌起一股温柔的暖流,那份久未触及的乡愁,在此刻仿佛找到了归宿,得到了丝丝缕缕的慰藉与安宁。他环视四周,主客间的欢声笑语交织成一首乡村的赞歌,共同绘制出一幅充满生机与和谐的乡村生活画卷。

村民们拿出了自家酿造的白酒,那酒醇厚而热烈,如同瑶民的性格一般。费孝通与王同惠也拿出了他们精心准备的香肠腊肉,与村民们共享这份来自远方的美味。席间,瑶民特有的猜拳行令游戏更是将气氛推向了高潮,每一次的胜负都伴随着欢快的笑声,空气中洋溢着浓郁的友情与欢乐。

尽管费孝通自知酒量有限，但在这样的氛围下，他还是情不自禁地沉醉其中。他回想起在清华园时老师史禄国的教诲，关于田野调查中饮酒的重要性，现在他有了更深刻的体会。在瑶寨的每一个夜晚，这些看似简单的社交活动，实则是深入了解民族文化、建立深厚情谊的重要途径。于是，他带着一份感激与珍惜，继续享受这份难得的微醺与欢乐。

瑶山，这片被群山环抱的土地，以其险峻的地势和复杂的地貌，给费孝通与王同惠的调查工作带来了前所未有的挑战。山间小路蜿蜒曲折，时而陡峭如壁，时而泥泞不堪，每一步都需小心翼翼，稍有不慎便可能滑入万丈深渊。对于自幼生活在北方的王同惠而言，这里的自然环境显得格外陌生而严酷，她不仅要克服身体上的不适，还要努力适应当地的食物，这些食物往往与她习惯的口味截然不同。

住宿条件的简陋考验着他们的适应力，土屋成了他们暂时的栖身之所。有时甚至需要与家禽家畜共处一室，夜晚蚊虫和虱子的侵扰令人辗转反侧，难以安睡。尽管如此，费孝通与王同惠从未抱怨，他们明白这些艰难是研究旅程中不可避免的考验。更令他们为难的是瑶人的风俗习惯——忌客人夫妇同居。面对这一习俗，他们选择尊重与理解，各自在简陋的环境中寻找片刻的安宁。

语言是沟通心灵的桥梁，但在瑶山，这座桥梁却显得格外脆弱。瑶语，这种独特的民族语言，对于费孝通与王同惠来说，起初是一道难以跨越的障碍。然而，王同惠凭借其卓越的语言天赋和不懈的努力，逐渐掌握了简单的日常用语，为他们的研究开辟了新的途径。然而，语言交流只是开始，更难的是让瑶族人民理解并接受他们的研究目的。面对瑶民的疑虑和误解，比如担心身体测量后会影响生长,或害怕拍照会失去灵魂,费孝通与王同惠总是耐心地解释,用真诚和善意去消除他们的顾虑,逐渐建立起双方的信任。

在瑶山的日日夜夜,费孝通与王同惠不仅仅是调查者,更努力成为瑶民中的一分子。他们与瑶民同吃同住,共同劳作,甚至为瑶民提供医疗服务,用实际行动诠释着人类学学者的责任感。通过深入的交流与观察,他们逐渐揭开了瑶族文化的神秘面纱,深入了解了这个民族独特的社会结构、宗教信仰和风俗习惯。同时,他们也被瑶民的淳朴和善良深深感动,与瑶民之间建立了深厚的友谊。

在瑶山的日子里,费孝通与王同惠的生活安排得井井有条。他们白天分别进行人体测量和社会生活状况的调查,晚上则聚首讨论当天的发现,并规划次日的工作。这样高效有序的工作模式,使他们能够迅速积累丰富的第一手资料。在紧张的调查工作之余,他们还利用闲暇时间撰写调查报告。通过《北平晨报》的《桂行通讯》专栏,他们将瑶山的风土人情、所见所感传递给外界。这些报告文字生动、情感真挚,不仅深刻反映了瑶族文化,也表达了他们对这片土地和人民的深情厚谊,因而在学术界引起了广泛的关注和高度评价。

(四)挚爱罹难

1935年12月16日,费孝通和王同惠完成了对坳瑶的实地调查计划,并开始向茶山瑶调查工作基地转移。这次转移不仅意味着离开古陈,还意味着告别象县。下一站是平南县的罗运乡。然而，在从古陈到罗运的途中，一场意外变故中断了这次调查。

在那段充满挑战与未知的山路旅途中，费孝通与王同惠夫妇遭遇了前所未有的困境。道路崎岖不平，危险无处不在。当他们一行人到达五指山的冲口时，费孝通和王同惠选择在一块大石板上短暂休息。然而，向导唐兆民和其他队员没有等待他们，就先行离开了。这一决定，不幸地成为他们命运的转折点。

继续前行的夫妇俩，在名为潭清的岔路口不慎迷路，误入了幽深莫测的竹林。林中光线昏暗，每一步都充满了未知与危险。他们艰难地摸索前行，直至斗篷岭的石八之地。在那里，他们误以为眼前形似门户的装置是村落的入口，费孝通上前查看，却不料触发了瑶人盘公平为捕猎野兽而设的虎阱。瞬间，木石齐下，将费孝通重重压住。在这生死攸关之际，王同惠展现出了非凡的勇气与坚定，她不顾个人安危，奋力移开石块与木头，成功将费孝通救出，但费孝通仍因身体受伤而无法站立。王同惠迅速将丈夫移至安全地带后，孤身一人冲出竹林，试图寻求援助。

然而，王同惠的求救没有立即得到回应，费孝通不得不在荒芜的森林中独自面对漫长而寒冷的夜晚。第二天一早，尽管身受重伤，他还是强忍痛楚，艰难地向外爬行，直到遇到正在寻找丢失的牛的瑶族妇女盘妹暖。虽然他们之间语言不通，但费孝通通过手势和眼神成功传达了他的求救信息。虽然盘妹暖最初误解了情况，但她的警觉性最终促成了一支救援队伍的组建。经过一系列曲折的沟通和搜寻，费孝通被瑶族村民盘公全、盘公货等人救回，并在古陈尾赵如清家中通过纸笔交流，向他们透露了自己的身份以及他妻子失踪的情况。

得知王同惠失踪的消息后，整个古陈村乃至周边地区都动员起来,展开了大规模的搜救行动。连续六天,搜救队伍不懈地在崎岖的山地和湍急的河流中搜寻,直到在罗运乡鸡冲村的一处山涧中,发现了王同惠的遗体。"之子归穷泉,重壤永幽隔",这位与费孝通新婚燕尔,仅携手共度百日甜蜜时光的女子,就这样在青春年华之际,永远地离开了这个世界。

村民们对王同惠的离世深感悲痛,他们依照瑶族的风俗习惯,为王同惠举行了隆重的悼念仪式。在仪式上,费孝通在众人的搀扶下,悲痛地向他的挚爱诀别。随后,村民们精心安排,护送费孝通及王同惠的遗体离开了这片险峻的山区。王同惠的遗体被安葬在了梧州市西山公园,而费孝通则被送往广州的柔济医院接受治疗。

在这场不幸中,史禄国为费孝通特别定制的坚固皮靴发挥了至关重要的作用。在危急时刻,这双皮靴成为他身体的最后防线,虽然它们未能完全抵御灾难的侵袭,但在一定程度上减轻了伤害,保护了他的小腿和脚部免受更严重的损伤。然而,无情的山石仍旧以其不可抗拒的力量,给费孝通造成了严重的伤害。费孝通的脚部一根骨头被深深压入另一根之中,腰部也遭受了重创。剧烈的疼痛如潮水般涌来,几乎要将他淹没。

尽管身体遭受重创,费孝通的内心所承受的却远不止是肉体上的痛楚。他对逝去爱人的深切思念和对未竟事业的沉重忧虑交织在一起。新婚妻子的音容笑貌不断在他脑海中浮现,每一个共同度过的时刻,都如同璀璨的星辰,驱散了他心中的阴霾。王同惠的笑容,她对未来的憧憬和对学术的热爱,成了费孝通心中最温暖的慰藉。然而,这些美好的记忆同时也化作了最锋利的刀刃,刺痛着他那早已伤痕累累的心灵。

瑶山是他们实现学术抱负的试验田,充满了希望与憧憬。

在这片土地上,他们肩并肩,勇敢地面对自然的严峻考验和社会的复杂挑战,从未退缩。王同惠的端庄、和善、娴雅和智慧,在每一次的访谈和记录中都表现得淋漓尽致。她不仅是费孝通生活中的伴侣,更是他在学术探索中的坚强后盾。然而,命运的残酷转折让这对恩爱夫妻天人永隔,留下了深深的遗憾和无尽的悲痛。这场突如其来的灾难,不仅夺走了王同惠的生命,也给费孝通的心灵带来了无法愈合的创伤。

费孝通深知,将悲痛转化为前进的动力,继续完成他们共同追求的事业,是让王同惠在天之灵得以安息的唯一方式。因此,他在病榻与书案之间,开始了一段充满艰辛的康复与写作之旅。每一次他提起笔来,都是对往昔美好时光的深情回忆;每一次墨水落在纸上,都是对未来的深切期许。脚踝的伤痛如同不时敲响的警钟,提醒着他那段难以忘怀的经历,同时也激发了他更加坚定的意志。

在整理与撰写《花蓝瑶社会组织》的过程中,费孝通仿佛穿越时空,重返瑶山,与王同惠并肩而行。那些关于花蓝瑶社会组织的点点滴滴,都逐渐变得栩栩如生,构建出一幅幅充满生机的图景。这本书不仅是对瑶山社会结构的深刻解读,更是对王同惠深切怀念的深情寄托。它不仅凝聚了费孝通的心血和汗水,更是他对学术执着追求的见证。

尽管面临着艰苦的环境和复杂的心境,费孝通对学术的热爱与追求从未有过丝毫动摇。他深知,撰写出版《中国社会组织的各种型式》是一项艰巨的任务,它要求他投入更多的努力和牺牲。然而,正是对学术的不懈追求和对亡妻的深切缅怀,成为他不断前行的力量源泉。在逆境中,费孝通的学术探索如同一束光芒,玉成了他的人生理想,助推他对中国社会学的发展作出不可磨灭的贡献。

也许从走向瑶山那一天开始,费孝通日后的人生就注定将是"行行重行行"的漫漫羁旅。即使是心中载荷极度的悲痛,身上还留着虎阱遇险的外伤,他也是宿命般地处在颠簸动荡之途。在广州的病房中,费孝通只来得及写出《花蓝瑶社会组织》的前三章。在广州到上海的船上,在沪上亲戚的客房里,他写出了第四章和第五章。直到从上海回到北平,才把全书写完。

师友们的深情厚谊如同温暖的阳光,驱散了费孝通心中的阴霾,重新点燃了他对治学理想的热情与对人生信念的坚守。在经历了个人与事业的双重打击后,费孝通以一种超乎常人的坚忍与豁达,在《花蓝瑶社会组织》的"编后记"中留下了这段发人深省的话语。这不仅是对逝去爱人的深切缅怀,更是对未竟事业的庄严承诺,以及对后来者的殷切期望。

> 本来,任何事业不能不以勇敢者的生命来作基础的。传说烧一窑瓷器,也得抛一个小孩在里面。我妻的死,在我私人的立场之外来看,并不能作为一件太悲惨的事。人孰无死,尼采所谓,只怕死不以其时。同惠可以无愧此一生,我只是羡慕她。
>
> 我在此也得附带声明,瑶山并不都是陷阱,更不是一个可怕的地狱。瑶山是充满着友爱的桃源!我们的不幸,是我们自己的失误,所以希望我们这次不幸并不成为他人"前车之鉴"使大家裹足不前。我们只希望同情于我们的朋友能不住地在这道路上走,使中国文化

能得到一个正确的路径。①

在表达对瑶山的复杂情感时,费孝通强调:"瑶山是充满着友爱的桃源!"这一转变,既是对瑶山自然美景与人文风情的赞美,也是对之前误解与偏见的纠正。他希望通过自己的经历,告诉世人瑶山并非传说中的陷阱与地狱,而是一个值得探索与了解的多元文化宝库。同时,他也坦诚地指出,他们的不幸源于自身的失误,而非瑶山本身的问题,以此鼓励后来者勇敢前行,不被前人的挫折所羁绊,勇于开创属于自己的道路。

"使中国文化能得到一个正确的路径",这一命题不仅是费孝通学术实践的核心理念,更是他文化思想和人生追求的集中体现。费孝通深刻理解中国文化的博大精深,同时也认识到,要梳理和研究这一文化宝库,需要科学的态度和方法,以确保其发展的正确方向。在瑶山的每一天,费孝通都全身心投入对瑶族文化的深入探索中。无论是为瑶民绘制速写、积累人体数据,还是深入了解石牌制度、探究婚丧嫁娶等风俗习惯,这些工作虽然看似琐碎,却是他对中国文化深层次探索的具体实践。他坚信,通过这些细致而扎实的工作,可以逐步揭示中国文化的内在逻辑和发展规律,为中国文化的发展指明一条通往未来的正确路径。

---

① 费孝通.六上瑶山[M].北京:群言出版社,2015:131.

叁

归苏州

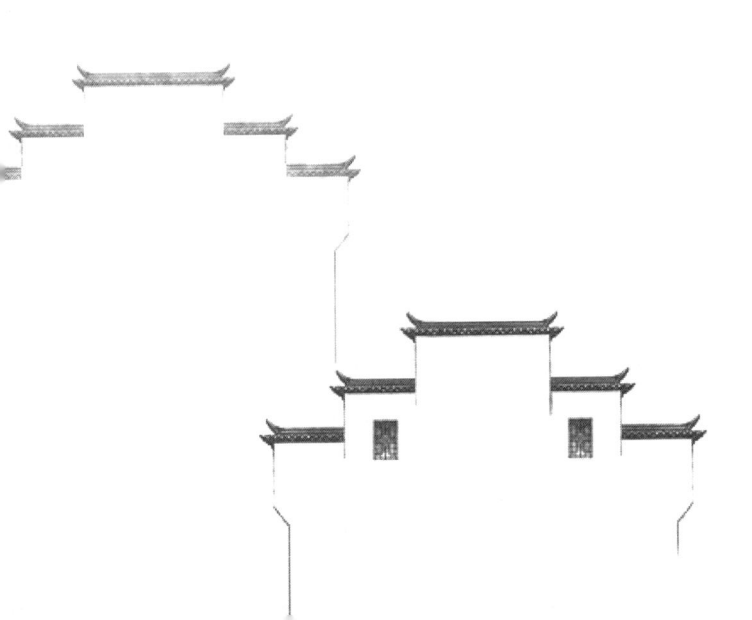

在历史和学术的长河中,费孝通对江村(今江苏省苏州市吴江区开弦弓村)的深入研究和深情关注以及拓荒之举,有着"筚路蓝缕,以启山林"的深刻意义。他的影响力跨越时空,深远而广泛,其意义之重大,对学者立业做人沦肌浃髓,对学界学风塑造电照风行。费孝通的工作不仅在于对一个具体村落的精细剖析,更在于对中国农村社会变迁的深刻洞察和理论建构。他的研究不仅为中国社会学研究提供了宝贵的视角和方法,也为世界社会学的发展贡献了独特的理论和实践。

费孝通与江村的深厚情缘始于1936年那个充满探索激情的夏天。初次踏入这片土地,他便被其独特的地理环境、丰富的农耕文化以及复杂的社会结构所吸引。从那时起,无论是战火纷飞的年代,还是和平建设的新时期,费老始终心系这片激发他无尽灵感的热土。他先后25次重返江村,每一次回访都伴随着新的视角、新的问题,以及对这片土地深沉而持久的爱。

随着党的十一届三中全会的召开,中国迎来了改革开放的春风,费孝通也将他的学术研究与国家的发展战略紧密结合。他深刻认识到,农村的稳定与发展是国家繁荣昌盛的基石。因此,他不遗余力地深入农村,与农民进行面对面的交流,深入了解他们的真实需求,并探讨适合当地发展的途径。费老不仅是学术领域的杰出学者,更是一位深切关怀农民、深情投入乡土的智者。他的每一次调研、指导和建议,都如同及时的春雨,滋润着江村这片充满生机的土地,促进了当地经济的蓬勃发展和社会面貌的全面更新。

在费孝通的笔下,江村被赋予了超越地理概念的深刻内涵,成为一个充满生命力的社会实体。他深入探讨了江村的经济、文化和社会结构等多个方面,揭示了中国农村社会在现代化进程中的复杂变迁和内在逻辑。费孝通的研究不仅深入,而且具有创新性,他提出的"差序格局"和"乡土社会"等理论观点,不仅丰富了中国社会学的理论体系,更为后人提供了理解和分析中国社会的有力工具。

更为重要的是,费孝通在江村的田野调查实践,为后来的学者树立了卓越的榜样。他以谦逊的态度、敏锐的观察力和扎实的理论功底,深入基层,洞察社会,不懈探索真理。费孝通的田野调查精神及其独特的方法论体系,已经成为当代社会学研究的核心组成部分,激励着一代又一代的学者以脚踏实地的方式去理解社会、贡献知识。

可以说,费孝通成就了江村,江村也成就了费孝通。

一、邂逅江村

（一）初访江村

　　1936年的初夏，阳光透过轻纱般的云层，温柔地洒向大地，万物生机勃勃。然而，对于刚从大瑶山调研归来、不慎受伤的费孝通而言，这份宁静与美好更多了几分疗愈的意味。他带着疲惫与伤痛，回到了久违的家乡，准备在夏末秋初之际，踏上前往英国留学的征途。此刻，他的心中既有对未来的憧憬，也有对过往经历的深沉反思。

　　就在这时，费孝通的姐姐费达生，一位蚕丝界的杰出教育者和改革者，向他发出了邀请。她了解费孝通对社会进步的深切关注及其对实际问题的敏锐洞察力，因此建议他到开弦弓村休养。这不仅是为了他的康复，更是希望他能亲身体验她多年努力的成果——开弦弓村缫丝厂，一个在中国现代史上具有标志性意义的农民自办工业典范。

　　费达生自幼对蚕丝事业充满热情。1917年，她以优异的成绩考入江苏省立女子蚕业学校，开启了她的学术生涯。她赴东京高等蚕丝学校深造，吸收了国际先进的制丝技术和管理理念。

回国后，她没有选择舒适的城市生活，而是回到母校，投身蚕业推广部，致力于教育与实践的结合，深入农村推广改良蚕种和养蚕新技术，致力于让传统蚕业焕发新生。

在她的不懈努力下，1929年，吴江县开弦弓村成立了生丝精制运销合作社，缫丝厂的建立标志着中国农民自主创办工业的新纪元。费达生不仅是一位技术革新者，也是一位社会改革者，她用自己的行动诠释了何为"心系苍生，志在富民"。

1936年对费达生而言，是一个充满挑战与机遇的年份。当年，吴江震丰丝厂因经营不善陷入困境。在这个关键时刻，费达生挺身而出，将其租赁并更名为震泽制丝所，亲自担任经理。这一举措不仅将震丰丝厂从危难之中拯救出来，更为费达生的丝业改革注入新的动力。

费孝通对于姐姐所从事的丝业改革事业始终抱有极大的兴趣和高度认同。早在1934年，当费达生在《大公报》副刊"乡村建设专版"发表《复兴丝业的先声》一文时，费孝通便在《北平晨报》"社会研究"专版以《宗教热忱》一文作出积极回应，表达了他对乡村建设及丝业复兴的深切关注与深入思考。

如今，瑶山之行的意外变故为费孝通提供了一段难得的"余暇"，使他能够暂时放下学术研究与留学准备，回到家乡与姐姐并肩作战。

当费孝通首次踏入江村，他可能没有完全预料到，这片土地将如何深刻塑造他的学术生涯，并成为中国农村现代化研究的关键窗口。江村，这个名字透露出古老与宁静的村落，实际上正在经历一场静悄悄的革命，这一切将在费孝通的笔下获得生动的描绘和深远的意义。

随着调研的深入，费孝通被江村的景象深深吸引。他看到农民们在合作社院子里，热烈讨论蚕丝业的前景；他参观缫丝厂，目睹了机器轰鸣中洁白的蚕丝缓缓产出，这是传统与现代的奇妙融合；他还走访农户，与村民深入交谈，聆听他们对生活、生产和改革的真实感受。

在江村的生动场景中，费孝通深刻体会到工业化给农村社会带来的深远影响。他认识到，这场变革不单是技术的更新，更是对农民生活、价值观乃至整个社会结构的深刻转变。他目睹农民在新挑战面前的困惑，同时也见证了他们在困境中勇于探索、不断创新的坚忍与智慧。

费孝通深知，作为社会学家，他肩负着记录这一历史性变迁的责任和使命，从而揭示其背后的深层逻辑与规律。因此，他利用自己深厚的学术积累和敏锐的洞察力，对江村进行了全面而深入的调研。他不满足于表面的观察与记录，而是深入探讨工业化进程中的社会问题，包括农村劳动力的流动、土地制度的变革，以及传统文化的传承与断裂等。

在调研过程中，费孝通注意到社会改革活动对江村乃至整个中国农村社会的深远影响。他见证了开弦弓村蚕丝业改革实验的勇气与决心，以及改革取得的成效和面临的挑战。他深刻认识到，社会改革是推动社会进步的关键，但也需要科学与智慧来引导和规范。

（二）调研初衷

费孝通偶然发现了深入了解乡村社会的机遇，于是顺应这一机缘，开始了探索之旅。1936 年 7 月 3 日，他满怀激情地在天津《益世报》的"社会研究"专栏发表了《江村通讯》,详细阐述了自己即将深入开弦弓村进行调查的初衷。

> 这次研究的动机有两个。一个是在我私人方面的。……我在广西没有死成,生命对于我自己已成了一个很重的负担。我觉得除了工作之外,再也得不到一些人生的乐趣。同惠为我而死,我是永难忘怀。但是我硬着心肠,忍着眼泪,还敢迈步入世,是为了我相信在工作上,我可赎我的罪。若是死后果能重逢,亦能絮道着我们别后的情形,不觉得亏心……
> 第二个动机是出于有些人觉得民族志的方法只能用于文化较简单的"野蛮"社区,不能用于我们自己本地的"文明"社区的误解。在我们看来这是一种错误的见解,因为事实的本身无所谓"野蛮"和"文明",这些名词不过是不同族团相互蔑视时的称呼罢了。在民族学中是不能成立的。但是我们却承认一点,就是研究者很不容易获得一个客观的态度来研究他们自己所生长于其中的文化。不容易确是不容易,但是并不是不可能的,而且一个有相当训练的研究者,在研究自己生长的地方时,亦有特别便宜之处,在语言上、访问及观察的机会上都比一个外地人方便。……
> 说话总没有事实强,我觉得要打破上述的成见,只有由我来用研究花蓝瑶时所用的方法,去研究一个本国的乡村。若是我能有相当的成绩,这成绩就可以证

明我们的方法是可以用来研究不同性质的社区。①

费孝通指出了此行的研究完全出于个人兴趣与学术追求，不受任何外部机构或资金的束缚与影响。在学术界，这种独立性极为珍贵。他强调，学者应将研究兴趣放在首位，将名利和经济资助视为辅助手段，而非学术生涯的终极目标。这种超然物外的态度，不仅体现了他对学术研究的无限热爱与矢志不渝的追求，也为学界树立了学术道德的光辉典范。

费孝通强调研究者应始终铭记，研究的真正目的不在于撰写报告或出版书籍，而是通过深入观察和细致调研来深化对人类社会的理解。他在与李景汉先生的交流中明确表示，实地研究者应摆脱结果导向的局限，让研究过程自然发展，防止急功近利的心态影响对真实世界的洞察。这一理念深刻地指出了社会研究的核心——它是一个持续而深入的探索过程，超越了单纯的数据收集与报告撰写。

费孝通进一步阐述了社会研究的特殊性：与那些成果可以迅速量化的工作不同，社会研究的成果往往需要较长时间才能显现。从研究设计到得出结论，整个过程可能耗时漫长。因此，他提醒研究者在面对时间压力或外界期望时，要保持冷静，避免因急于求成而损害研究的深度和质量。他强调，一个诚实的研究者应该勇于面对自己的局限，不勉强自己、不伪造数据，坚守学术诚信的底线。

为了避免被名利、经济等外在因素干扰，费孝通建议研究者要学会在研究中保持内心的宁静与自由。他将自己意外获得的

---

① 费孝通.费孝通文集:第 1 卷[M].北京:群言出版社,1999:369-370.

两个月"余暇"视为上天的恩赐,这份宁静使他能够全身心地投入对江村的深入研究中,不受外界干扰,专注于知识的积累与认识的深化。这种心态,不仅让他的研究成果更加可靠,也为后人树立了在复杂环境中坚守学术初心的榜样。

(三)"小先生"

费达生,这位在蚕丝业改革领域深耕的先驱者,她的名字成为开弦弓村乃至更广乡村地区变革的象征。她以科学的眼光审视传统,以无畏的勇气推动创新,使古老蚕丝技艺焕发新生,使无数蚕农生活得到实质性改善。这份福祉,像春雨般悄然滋润着土地,其恩泽深深渗透,于村民心田之中生根发芽。

村民们对费达生的感激之情溢于言表,他们用最朴素的方式——尊称她为"先生",来表达对她学识、贡献和人格魅力的深深敬意。这种尊敬和爱戴也自然地传递到了她的弟弟费孝通身上。每当"小先生"费孝通戴着眼镜,身穿长衫,拄着拐杖穿梭于村落之间时,村民们总是报以同样的热情与尊重。他们仿佛看到了费达生精神的延续,看到了一个同样心怀家国、脚踏实地的年轻学者,正在用自己的方式探索着这片土地的奥秘。

费孝通的到来,为开弦弓村带来了一股清新的学术之风。他深知,要真正理解这片土地上的生活,就必须深入生活,与村民同吃同住同劳动。在短短两个月的时间里,他走遍了村子的每一个角落。从狭窄的街巷到繁忙的田地,从轰鸣的工厂到喧嚣的商埠,都留下了他勤勉的身影和专注的目光。他细心观察,认真记录,每一个细节都不放过,因为他深知,这些看似平凡的日常，正是构成乡村社会复杂图景的基石。

村民们热烈欢迎费孝通，并给予极大的支持。他们被这位年轻学者的真诚与执着所感动，毫无保留地分享了自己的故事和经验。村长更是亲自上阵，为费孝通的调查工作提供便利。这种来自基层的深厚信任与支持，极大地促进了费孝通调查的顺利进行，提升了效率。他深刻领悟到，正是这些淳朴善良、满怀热情的村民的无私支持与信任，赋予他的研究源源不断的鲜活灵感与强大动力。

费达生作为费孝通的引路人，不仅在学术上给予他宝贵的指导，更在精神上为他树立了榜样。她那不畏艰难、勇于创新的精神，对费孝通产生了深远的影响。在她的激励下，费孝通逐渐形成了自己独特的学术理念和研究方法。他意识到，社会学研究应深植于社会实际，关注普通人的生活与命运。在开弦弓村的调查中，费孝通始终保持谦逊和敏锐，从村民的日常生活中汲取洞见，以丰富自己的学术思考。

在两个月的调查中，费孝通不仅积累了丰富的第一手资料，更对乡村社会的经济生活和社会制度有了深入的理解。他观察到，蚕丝业作为开弦弓村的经济支柱，其波动直接影响着村民们的生计。同时，他也发现了乡村社会中的诸多问题，如土地分配不均、职业分化加剧、资金流通困难等。费孝通的开弦弓村调查，看似偶然，其实是他长期关注国家和社会重大问题的自然结果。他明白作为学者，自己有责任探索真理、服务社会。因此，他始终怀着强烈的责任感和使命感，致力于学术上的突破与创新。

后来的费孝通如远行的游子，每次归来都让江村充满了节日般的欢腾。村民们以亲人般的热情迎接他、招待他。他笑容满面,洋溢着温暖。他步入村中,如同回到了自己的家,与邻里围坐,谈笑风生,互致问候,情深意切。一杯熏豆茶香气四溢,不仅温暖了身体,更温暖了心灵。他与农民兄弟畅谈农事,从田间地头到致富之道,言语中充满眷恋、关怀和智慧。费孝通二十余次访问江村,后来他将历次踏访江村的足迹和深情记录下来,编织成册,让这份关怀和智慧得以传承,成为江村永恒的记忆。

二、辗转盘桓

（一）重访江村

1957年春，费孝通带着对乡土的深厚情感和学术追求，再次踏上了回访江村的旅程。这次回访不仅是对旧地的重游，更是受到国际学术交流的推动。学术团队对中国农村的真实生活充满好奇，特别向周恩来总理表达了参访费孝通曾深入研究的江村的愿望。周总理的远见卓识与开放态度，促成了这次意义非凡的国际交流，葛迪斯博士随后撰写的《共产党领导下的中国农民生活》一书，向世界展示了中国农村的新面貌，也深深触动了费孝通。

于是，费孝通决定亲自回访江村，用他那敏锐的社会学眼光，重新审视这片土地自1936年至1956年间所经历的沧桑巨变。这次，他不再是孤身一人，而是与姐姐费达生女士、中国社会科学院经济研究所的同事，以及《新观察》杂志的记者一起，组成了一支多元化的调研队伍。他们的到来，为江村带来了一股清新的学术气息。

在江村的二十天里，费孝通和他的团队几乎不眠不休，通过召开小型座谈会、深入农户家中进行个别访谈、实地考察田间地头等多种方式,全面了解了江村的经济结构、社会变迁和家庭生活的真实情况。那些夜晚,灯火通明,焚膏继晷,费孝通伏案疾书,平均每晚消耗的灯油竟达0.5千克之多,足见其调研之深入与细致。

这次深入调查让费孝通敏锐地察觉到合作化过程中的一些问题:过分强调农业发展,忽视了副业和工业的重要性,导致村民的实际收入水平并未如预期般提升,反而有所下降。在那个极"左"思潮悄然抬头的年代,公开这样的发现无疑需要巨大的勇气与担当。然而,费孝通却选择站出来,他在《新观察》杂志上勇敢发表了《重访江村》一文,直面合作化中的缺陷,并提出了发展农村副业和乡村工业的建议,体现了他作为学者敢于直言、坚持真理的高尚品质。

在《重访江村》中,费孝通不仅揭示了农村工业化面临的矛盾与挑战,例如资金短缺、技术滞后、市场狭窄等,更提出了切实可行的解决方案和具体建议。他强调,解决农村问题不能仅仅依靠行政命令和单一的经济措施,而应采取综合措施,激发农民的内在动力,培养本土人才,并引入外部资源和技术支持,形成可持续发展的良性循环。

尤为值得一提的是,费孝通在文章中展现出的建设性批判精神,是他学术人格的重要组成部分。他勇于指出那些妨碍农村发展和损害农民利益的陈规陋习及官僚作风,同时,他还能提出具有前瞻性和可操作性的政策建议,为政府决策提供重要的参考。这种既揭示问题又提供解决方案的做法,不仅加深了社会各界对农村问题的理解,还为推动农村工业化进程注入了新的动力。

1957年,《人民日报》报道了费孝通重访江村的发现,他提出农业增产并未能有效提升农民收入,副业产值的下降也值得关注。这些见解虽切中肯綮,却因与当时的政策不符而变得敏感。随着政治形势的转变,《重访江村》连载被中断,费孝通也因指出副业减产问题而被错误地批评。

这一行为让费孝通付出了沉重的代价。在那个特定的历史时期,他不幸被错误定性为右派,遭受了长达二十多年的不公正对待。但历史是公正的,费孝通的学术贡献与人格魅力最终得到了广泛的认可与尊重,他也成为后世学者追求真理、勇于担当的榜样。

(二) 三访江村

1981年10月1日,国庆节之际,费孝通开启了他人生中的第三次江村之旅。这次回访,既是对个人学术生涯的一次重要总结,也是为即将前往英国皇家人类学会接受赫胥黎奖章作准备。经过24年的变迁,江村如同一幅徐徐展开的画卷,呈现在费孝通这位历史见证者面前,等待他的审视与记录。

在时任吴江市委领导的陪同下,费孝通及其团队抵达了开弦弓村。同行的有中国社会科学院经济研究所的吴承毅、张雨林、王康、林友苏等学者,他们组成了一支专业的调研队伍。尽管路途不便,需从震泽镇乘坐小轮船,历经一个多小时的颠簸方能抵达,但这一切并未减弱费孝通对调研的热情与期待。

费孝通抵达开弦弓村后,被眼前翻天覆地的变化深深震撼。昔日那个以农业为主的小村庄,如今已焕发出勃勃生机。他了解到，自十一届三中全会精神贯彻实施以来，农村经济结构经历了根本性转变，副业和乡村工业迅速兴起，显著提升了农民收入。数据显示，开弦弓村的全年人均收入已接近300元，不仅远超1978年的114元，更是全国领先，实现了质的飞跃。

费孝通深入田间地头，与村民亲切交谈，积极收集第一手资料，面带满意的笑容。他深刻认识到，改革开放的政策如同春风，吹散了束缚农村发展的障碍，赋予了这片古老土地新的活力。

随后，站在英国伦敦的讲台上，费孝通以《三访江村》为题发表了演讲。在演讲中，费孝通深情地回顾了自己与江村的不解之缘。自1936年首次访问以来，江村如同一面镜子，映照出中国农村社会的巨大变迁。他特别提到在第三次访问江村时，目睹农业、副业、工业三者之间经济比例的显著变化，以及农村居民职业结构的深刻调整。这些变化让他深感振奋，因为它们标志着他多年前提出的乡村工业化理念正在逐步成为现实。

费孝通坚信，中国这样一个具有浓厚乡土气息的国家，走工业下乡、工农结合的发展道路具有独特的优势。他指出，将工业生产扩展到农村地区，不仅可以减轻城市人口压力，促进经济均衡发展，还能维护农村社会的稳定与和谐，防止大量农民因失去土地而陷入困境。这种模式既契合中国国情，也顺应了时代发展的趋势。

在国际学术的讲坛上，费孝通以他作为学者的敏锐洞察力和远见，对中国农村工业化的未来进行了积极的展望。他回顾了此前中国在国际工业竞争中的挑战，指出那时的中国"未得其利，先蒙其弊"，处于两难境地。但随着改革开放的深入推进，中国已经成功摆脱了过去的困境，步入了农村工业化的快车道。

费孝通强调，农村工业化是经济发展的必然趋势，也是实现社会公平与和谐的关键途径。他坚信,在全体中国人民的共同努力下,中国的乡村工业将焕发出更加蓬勃的生命力,为工农融合、城乡一体化开辟出更加广阔的道路。这一观点不仅在当时引发广泛的共鸣,更在随后的历史发展中得到了充分的验证。

费孝通的英伦之旅不仅是一场汇聚智慧火花的学术盛宴,更是一次触及灵魂深处的个人心灵之旅。

费孝通通过自己的经历和深思熟虑的观点,向世界阐释了中国农村社会的深刻变化和巨大潜力。在此过程中,他展现了学者的谦逊和严谨,同时对中国的未来持有坚定的信念和美好的期望。他的讲话不仅是个人学术生涯的深情回顾与深刻总结,更是中国农村工业化波澜壮阔进程的鲜活注脚与生动记录。

(三)后续重访

1982年初,费孝通第四次访问江村。这次,他的团队更加庞大,汇聚了江苏省社科院社会学所的精英和来自天津、上海、北京等多地的年轻学者,他们共同热情地投入乡村工业发展的深入研究中。在当时的吴江县委领导的陪同下,费孝通深入考察了开弦弓村,细致分析了乡村工业在农村经济中的核心作用,并就收益分配等关键议题进行了深入讨论。相关调研成果被江苏省社科院整理成《江村信息》,成为学术界研究中国农村工业化的重要资料。访问期间,费孝通不仅亲自参与家乡建设,为开弦弓村丝织厂奠基,还书写了《忆江南》等古诗词赠予乡里,表达了他对这片土地深深的爱与期望。在乡镇工业座谈会上,他热情地肯定了"乡村工业"这一称谓:"乡村工业的叫法好,它承载着农民自强不息、勇于创新的精神,是农村经济中一股不可小觑的力量。"返回北京后,费孝通随即在中共中央、国务院春节团拜会上发表了题为《我国农民已经闯出了新路子》的讲话,用他在江村的调研成果,赞扬了党的十一届三中全会以来,农村改革所取得的辉煌成就,以及农民群众在探索新路、追求幸福生活中所展现出的智慧和勇气。

1982年10月,费孝通第五次访问江村。这次他与中国社科院社会学研究所的同事们一同前往,带着对"社会调查精益求精"的追求,他们深入挖掘江村的各个方面。他们细致考察了工业结构的优化和劳动力资源的合理配置,同时深入了解了文化教育的提升和农民生活的显著改善。在农民蒋云娥家中,费孝通亲身体验了传统的牵磨劳作,享受了乡村生活的淳朴乐趣。在打谷场上,他与村民们围坐讨论丰收的喜悦,那份亲切和融入令人感动。在于孟达县长的引领下,费孝通一行还走访了吴江地区的盛泽、震泽、松陵、平望四大名镇,见证了这些古镇在改革开放春风下的复苏。他感慨于往昔单一经济模式所笼罩的沉寂氛围,以及现在政策放开和经济多元化带来的勃勃生机与无限活力。深受触动的费孝通决心将小城镇的发展研究作为自己学术生涯的重要篇章,致力于探索农民致富的新路径,用实际行动回馈社会,助力乡村振兴的伟大事业。

1983年5月,费孝通第六次访问江村。此时,他提倡的小城镇研究已在全国范围内引起广泛关注,并成为推动社会经济发展的关键议题。在这次考察中,他亲自带领一支由社会学、经济学、地理学等领域专家组成的跨学科团队,深入吴江地区,对多个具有代表性的小镇进行了详尽的调研。在为期数周的调研期间,费孝通投入大量时间深入了解小城镇的实际情况,与当地居民深入交流，关注从日常生活到经济发展、从文化传承到社会变迁的每一个细节。特别是在盛泽镇，他深入分析人口数据波动背后的小城镇转型与复兴之路，强调人口聚集和功能多元化对小城镇持续发展的重要性。同年9月，在"江苏省小城镇研究讨论会"上，费孝通以"小城镇、大问题"为题发表了演讲，全面深刻地分析了小城镇在中国现代化进程中的地位和作用，并提出了具有前瞻性和指导意义的理论观点。这些见解不仅丰富了学术界的思考，更为政府制定和实施城镇化政策提供了重要的参考依据，对中国城镇化道路的探索与实践产生了深远的影响。

1983年10月3日至8日，费孝通第七次访问江村。这次，他不仅审视了村庄的发展变迁，还积极探索了城乡工业合作的新模式。他首先考察了村丝织厂等乡村工业，见证了改革开放带来的活力。接着，他深入震泽、梅堰等地，调研了工业化和城镇化的经验与挑战。在庙港，费孝通促成了城乡企业间的横向联营座谈，就技术交流和资源共享等议题进行了热烈讨论，并以其独到的见解与睿智的引导为座谈提供了指引。他强调合作对于技术升级、提供就业机会以及城乡经济共赢的重要性。此外，他还出席了吴江县小城镇研究会成立大会，担任了名誉会长，并发表了讲话。在讲话中，他对小城镇作为城乡桥梁的角色给予了高度评价，并认为其研究与发展对推动城乡一体化具有重要意义。此次访问，费孝通不仅深化了对小城镇发展的理解，更为城乡工业合作的深化与城镇化进程的加速推进贡献了宝贵智慧与力量。

1984年深秋，费孝通第八次访问江村，专注乡镇工业与城乡经济的紧密结合。他深入吴江，走访乡镇企业和农业生产现场，目睹了传统丝绸技艺与现代工业技术在开弦弓丝织厂的融合,以及蜜饯厂展示的农产品深加工促进农民增收。与老友聚首,交流生产生活的变迁,为他的研究成果提供了丰富的第一手资料。费孝通还将研究视野扩展到宁、镇、扬地区,考察了小城镇与乡镇工业的互动,揭示了一条农民自我探索、政府引导的工业化道路。这条道路不仅帮助农民率先致富,还促进了城乡经济的良性互动与协调发展,为中国农村现代化提供了宝贵经验。在吴江松陵镇,费孝通向家乡人民发表了激情洋溢的演讲,他深情地分享了自己深入调研的丰硕成果,字字句句饱含着对这片土地深沉的爱与期望。在演讲中,他言辞恳切地鼓励大家摒弃陈规旧习,积极拥抱改革,以开放的心态和敏锐的洞察力推动小城镇和城乡经济的繁荣发展。此次访问的成果被总结在《小城镇、新开拓》一文中,它不仅记录了江村的变迁,也深刻探索并展望了中国农村现代化的道路。

1985年7月,费孝通第九次访问江村,为撰写《江村五十周年》进行深入调研。在为期两周的考察中,他详细调研了开弦弓村及其周边地区的乡镇工业和农业发展情况。在庙港,他利用村党支部书记会议的机会即兴发言,强调了爱家乡与爱国的联系,并鼓励大家抓住机遇,利用本地资源发展乡村工业,为国家建设打下坚实基础。费孝通还向县乡干部作了报告,分享了他的调研心得。他提出乡镇工业应该追求高效益和质量,摒弃粗放型增长模式,加强科学管理,向现代企业转型。他对吴江"以工补农、以工建农"的政策给予了高度评价,并认为乡镇工业对农业的反哺是实现社会经济协调发展的关键。回到北京后,费孝通根据在吴江的实地调研撰写了《九访江村》,坚定支持乡镇工业的发展,并反驳了外界的质疑。他强调乡镇工业的快速发展是基于农民长期的集体积累和辛勤劳动,具有坚实的基础。

他深情地将乡镇工业比作"草根工业",赞扬其顽强的生命力和广泛的适应性。费老的这一比喻,生动诠释了乡镇工业在中国农村现代化进程中的重要地位与积极作用。

1985年10月12日至18日,费孝通第十次访问江村,为纪念访问江村五十周年做准备。在当时的省委领导与县委领导的陪同下,费老漫步于村间,看到新楼林立,心中充满了欣慰和喜悦。在老村长周富林家中,一场关于乡村变迁与发展的座谈热烈进行,全家人的欢声笑语中洋溢着对未来的美好期待。接下来的几天,费孝通接连访问了庙港、梅堰等镇,每到一地,他都细致地了解当地的经济发展和民生改善情况。在吴江档案馆,他缓步于档案史料陈列室前,凝视着那些承载着岁月沧桑的珍贵资料。每一份文献、每一张图片,带领他重温往昔,感受历史的厚重与深远。在这一刻,过去的记忆与现实的思考交织在一起,不仅让他更加深刻地理解了江村乃至整个中国农村的历史变迁,更在心灵深处坚定了对江村乃至中国农村现代化进程的信心。

1986年5月16日,费孝通第十一次访问江村。这次他邀请了日本东京大学教授中根千枝和美国康奈尔大学教授巴乃特,一同见证开弦弓村的繁荣。在村民周文昌家中,三位学者与主人回忆往事,共享家常美食,气氛温馨融洽。午后,一行人前往桃源乡,深入湖笔厂、丝织厂、服装厂,亲身体验乡村工业的发展成果。数月后,费孝通随中央领导出访西欧,在英国伦敦政治经济学院,他发表了《江村五十年》的演讲,深情回顾了江村半个世纪的沧桑巨变,并展望其作为中国农村发展缩影的广阔前景。他坚信,江村的故事是中国农村共同命运的缩影,其发展轨迹映射出国家的历史进程和未来希望。费孝通以学者的敏锐与热情,持续追踪并记录下这一历史长河中的波澜壮阔,为后人留下了宝贵的知识财富。

1987年5月31日,费孝通第十二次访问江村。在开弦弓村,他深入田间地头,与乡村干部深入交流,详细了解村庄近年来翻天覆地的变化,特别是庙港乡在农业、工业及服务业三业并举发展上的积极探索与成就。费老凭借其敏锐的洞察力,对乡村企业的发展前景进行了深入而透彻的分析。他的话语中充满了对创新精神的崇尚,激励在场的每一个人要敢于突破传统束缚,勇于在时代的浪潮中乘风破浪,紧紧把握住时代发展的脉搏。次日,费孝通在吴江县机关领导干部大会上发表了激情洋溢的演讲,聚焦乡镇企业发展问题。他提出,乡镇工业要持续繁荣,需要两个关键因素:一是加强技术改造,提升企业管理效能和产品质量,增强核心竞争力;二是灵活应对市场变化,优化销售策略,利用地区性消费需求的季节性和时间差,提前布局,确保产品始终满足市场需求。此番讲话,不仅为吴江县乃至全国的乡镇企业发展指明了方向,也激励着在场的每一位领导干部深思与行动。陪同访问的江苏省委研究室主任朱通华、吴江县委书记孙中浩等领导对费老的见解深以为然,并承诺将积极落实相关建议,推动地方经济再上新台阶。

1987年9月4日,费孝通第十三次访问江村。他深入开弦弓村,细致听取了关于村庄发展与社会变迁的详细汇报。费孝通走访了陈耀祥、徐林宝两家农户,与村民们促膝长谈,深入了解他们的日常生活、家庭收入及面临的困难,体现了他对农民生活状况的深切关怀。北京科教电影制片厂的摄影师随行,以镜头细腻记录下这一温馨而意义深远的场景,将中国乡村的真实面貌呈现给更多人。在同里镇的退思园内,费孝通还与日本日中小城镇研究会代表团就城乡关系这一全球性议题展开了深入的学术交流,促进了中日两国在城镇发展领域的相互理解和合作。此外,费孝通还特别邀请了苏州市属四县两市的14位镇长,就小城镇建设中的挑战与机遇进行了座谈,广泛听取基层声音。访问结束后,费孝通撰写了《镇长们的苦恼》一文,深刻分析了古镇保护与开发之间的扞格,为后世留下了宝贵的思考与启示。

1990年4月,费孝通第十四次访问江村。作为民盟中央主席,他向中共中央提交了一份具有前瞻性的建议,提出以上海为中心,联合江浙两省共同打造一个推动长江流域经济发展的新开发区。这一构想意在通过区域协同,激发长江流域的经济潜力,促进国家经济的繁荣。原计划中,费孝通打算前往江苏南通进行实地调研,但行程尚未开始,他就接到了时任中共中央总书记江泽民的紧急召见。这次会面不仅加深了交流,更为共商长江三角洲开发蓝图提供了重要契机。费孝通和民盟负责同志与江泽民同志深入讨论了长江三角洲区域发展的战略意义。受谈话启发,费孝通调整了行程,于4月初开始探访南京、杭州、上海等地,实地考察长江三角洲的经济活力。在吴江,他特别关注开弦弓村的发展,参观了东方丝绸市场和吴江新民丝织厂,见证了传统丝绸产业与现代科技的结合。在庙港缫丝厂,他对企业的创新精神和精益求精的态度表示赞赏,并题写"严、细、实、创"四字,寄予厚望。访问归来,费孝通满怀激情地撰写了《长江三角洲之行》一文,表达了对家乡的深情和对区域发展的深刻洞察。他特别提到吴江县在农业、工业、副业之间构建的良性循环发展模式,通过紧密联结种植、养殖、加工、出口,成功打造了多条产业链,实现了经济与社会效益的双赢,为长江三角洲乃至全国的农村经济发展提供了宝贵经验。

1991年4月14日至21日，费孝通第十五次访问江村。正值他第三次探访江村十年后，费孝通在县人大常委会主任于孟达的陪同下，再次深入开弦弓村及北库、庙港、盛泽等乡镇。历经十年的沧桑变迁，家乡焕然一新，昔日简陋的草房已变成鳞次栉比的瓦房和错落有致的别墅式小楼，乡村工厂的兴起带来了蓬勃的生机。更令他感到欣慰的是，新一代青年农民企业家凭借灵活的头脑和开阔的视野，正推动着乡村经济的快速增长。这些变化仿佛将费孝通早年的构想变为现实，让他感到无比的欣慰和自豪。返回北京后，他满怀激情地撰写了《吴江行》一文，高度评价了吴江经济发展的成就，并特别强调了其"左右开弓，两个市场并重"的方略，以及"农业稳定、副业兴旺、创汇力强"的独特发展路径，为吴江乃至全国农村地区的经济发展提供了宝贵的经验与启示。

　　1993年10月14日，费孝通在第十六次访问江村时，带领"第四届现代化与中国文化研讨会"的47位代表，在苏州市委副书记周治华的引领下，亲临吴江"江村"进行实地考察。在开弦弓村，他们不仅聆听了镇村领导的汇报，还走访了多家农户，通过面对面交流与观察，亲身体验乡村日新月异的嬗变。费孝通对开弦弓村的巨大变化给予了高度评价，他感慨道："家乡父老乡亲紧跟党的十一届三中全会以来的政策步伐，用他们的聪明才智和不懈奋斗，让这片土地焕发出前所未有的生机与活力。我坚信，在党的富民政策激励下，家乡的明天定将更加繁荣昌盛，人民的生活也将迈向更加美好的富裕之路。"

　　1994年10月13日至15日，费孝通第十七次访问江村。这一次，他不仅带着了解家乡最新变化的任务，还以学者的严谨和深情，参与拍摄《行行重行行》专题片，记录中国农村现代化的实践。当日,吴江市委书记和市长详细介绍了吴江在经济和社会发展上的成就,让费孝通对家乡的快速发展备感欣慰。10月13日,费孝通再次走进开弦弓村,与村民姚凤金一家亲切交谈,询问他们的生活状况,感受乡村生活的变化。在老房东周文昌家共享午餐,重温旧时光。他还访问了村办小学,鼓励孩子们努力学习,成为国家的栋梁。费孝通还考察了庙港镇缫丝厂,了解传统产业的现代化转型。第二天,他与姐姐费达生一起,回忆在开弦弓生丝精制运销合作社的岁月。之后,他前往盛泽镇,考察东方丝绸市场和丝织企业,对盛泽镇丝绸产业的发展给予高度评价。在吴江期间,费孝通还回访了童年时的母校——雷震殿小学(今吴江市实验小学)。在校园中回忆童年,他兴致勃勃为那口古井、那棵树赋诗一首,表达对过去岁月的怀念和对今日成就的喜悦。

1995年5月18日,费孝通第十八次访问江村。明媚的阳光洒在刚刚落成的江村小学和焕然一新的农贸市场上,映照出一派欣欣向荣的景象。费老漫步其间,目睹曾经普通的桑田如今变得面目一新,不禁发出由衷的赞叹:"这里原是一片普通的桑地,现在建设得不认识了。"这份惊异与喜悦,正是对家乡快速发展最真挚的感慨。在村口偶遇老友邱计珍,更为这次访问增添了几分温情。在吴江期间,费孝通认真听取了吴江市委、市政府主要领导关于"五大战略"及全市基本现代化发展规划的汇报。这些规划蓝图展现了吴江未来发展的宏伟愿景,深深打动了费孝通的心。他对此表示高度肯定,并寄予厚望,相信在党和政府的领导下,吴江的经济将更加繁荣,人民的生活将更加美好。

1996年4月4日,费孝通第十九次访问江村。在农户徐林宝家中,费孝通与主人促膝长谈,详细询问家庭收入情况,并鼓励他们在致富的道路上继续前行,为家乡的发展做贡献。这种来自学者的鼓励与关怀,极大提振了当地农民的士气与信心。费孝通还考察了太湖的开发情况,对利用东太湖围网养蟹这一创新举措给予了高度评价。他认为,这一做法不仅促进农民增收,还有效保护了生态环境,实现了经济效益与生态效益的双赢。

1996年9月19日,费孝通第二十次访问江村,"费孝通学术活动六十周年研讨会暨欢聚会"在吴江宾馆隆重举行。国内外的领导、嘉宾及学者齐聚一堂,共同庆祝这一学术盛事。费孝通在会上发表主题演讲,回顾了自己六十年来为人民服务的坚定信念和丰富的学术经历。会后,费孝通重返开弦弓村,向庙港中心小学捐赠了包括《爱我家乡》在内的书籍,以实际行动激励师生们热爱祖国、热爱家乡。

1997年4月8日,费孝通第二十一次访问江村。这次访问不仅承载着他个人的情感,更体现了他对这片土地深沉的爱与关怀。在市老领导于孟达的陪同下,费孝通首先前往庙港太湖边,那里安息着他深爱的亡妻,他们在静默中共同缅怀,表达哀思。费孝通深入村庄,走访了周根泉和徐云夫两家农户,对他们的淳朴与勤劳给予了高度评价,并详细询问了他们的生产生活情况,镜头记录下这些温馨的场景,以此教育后代要珍惜粮食,体会"谁知盘中餐,粒粒皆辛苦"的深意。其间,费孝通不仅关注农户,还考察了太湖的旖旎风光和庙港、七都两镇的发展。江苏省委常委、苏州市委书记杨晓堂的专程看望,显示了对费孝通学术贡献的认可与尊重。吴江市委书记沈荣法一行的工作汇报,让费老对当地农村经济和乡镇工业的发展有了更全面的了解,他鼓励地方政府继续探索创新,推动乡村振兴。

1998年4月2日,费孝通在第二十二次访问江村时,特别关注了农村家庭工业的发展。他访问了周玉官户的家庭电子线路板厂，目睹了科技给农村带来的变革。此外，费孝通还回访了由他姐姐费达生培养的第一代缫丝女工蒋云娜，见到她通过羊毛衫织机实现自给自足，深感欣慰。他深刻认识到，乡镇工业要想在激烈的市场竞争中立于不败之地，不仅要稳固"草根工业"的基础，还要借助科技的力量，推动产业转型升级。

1999年4月13日，费孝通第二十三次访问江村，同时也是他首次访问江村60周年的纪念。费老与海外友人及家人一同参观了纪念图片展览，共同回顾往昔不平凡的岁月，同时满怀憧憬地展望未来的无限可能。在走访十九组周文官户时，家庭工业的繁荣发展给他留下深刻印象。吴江市领导的热情接待和对当地经济发展成就的工作汇报，赢得了费老的高度赞扬。特别是开发区的规模化建设以及对民间和外资的积极吸引，展现出吴江未来发展的巨大潜力。此外，费孝通还实地考察了平望土地复垦、除尘设备厂等多个项目，对吴江在环境保护与产业升级方面的努力称道不已。

2000年4月1日，费孝通第二十四次访问江村。在市老领导于孟达同志的亲切陪同下，费老一行深入了解江村的各个层面，认真听取了村干部关于村庄发展和民生改善的汇报，并与当地干部群众合影，留下了意义深远的纪念。随后，费老特意走访了邱纪珍保姆的家，用温馨的话语细细询问着一家人的近况，传递了脉脉温情。他还拜访了投身于缫丝行业的第一代女工蒋云娜、蒋文娥等，与她们共话往昔岁月，感受时代变迁中女性力量的坚忍与不息。最令人感动的是，费老还津津有味地品尝了家乡独有的熏青豆茶，那份熟悉的味道勾起了他无尽的乡愁，同时也不忘向家乡父老传授茶文化的深厚底蕴，希望这一传统能在年轻一代中传承下去。

2000年9月4日,费孝通第二十五次访问江村。在市镇两级领导的陪同下,费老参观了镇办缫丝厂,目睹了传统产业如何实现转型升级和现代化发展。他对镇村领导的新思路、新观念以及推动的新发展给予了高度评价。此外,费孝通特意拜访曾在新中国成立初期担任开弦乡指导员的姚佰生同志。两位老人促膝长谈,回忆往昔峥嵘岁月,共话未来美好愿景,并留下了珍贵的合影。

2002年9月29日,费孝通第二十六次访问江村。这次,他受到了市委书记朱建胜及多位市领导的热情接待。在于孟达同志的陪同下,费老重返江村,看望了邱纪珍老保姆及其家人,以及与江村有着不解之缘的老房东周文昌一家。在亲切的交流中,费老不仅关心他们的日常生活,更对江村的发展变化表示由衷的欣慰。得知周文昌的大儿子是开弦弓小学的优秀教师时,费老鼓励他带领学生一起合影,并深情地对孩子们说:"你们是祖国的花朵,未来的希望!要热爱祖国、热爱家乡,努力学习,将来成为现代化建设的有用人才。"这番话语,不仅体现出对孩子们的殷殷期待,更是对江村乃至整个国家未来的美好祝愿。

(四)从实求知和实地调查

"从实求知"是费孝通学术生涯的核心理念,体现了他深入实际、注重实践的学术追求。费孝通批判性地吸收功能主义的精华,并在社会研究的广阔领域中不断探索和创新,形成了一套既深植于本土文化又具备国际视野的研究方法论。通过《伦市寄言》等著作,费孝通深刻反思了海外经验,而在《亦谈社会调查》中,他细致探讨了社会调查方法。他的后续作品,涉及民族社会学调查、问题发现、调查技巧和自我反思,系统地展示了他的研究方法和心得。这些著作内容丰富,各具特色,不仅展现了费孝通严谨的学术态度和创新精神,也为后来的学者提供了丰富的思想资源和方法论指导。

社会学重建中,编写教材是一项关键任务。费孝通强调教材编写必须遵循的基本原则:"我们在编写教材时,首先要实事求是,从中国的实际出发,以认识中国社会为目的,写出符合我国国情的,具有中国特点的教材。要达到这一要求,编写者必须走向社会,进行社会调查。中国的社会学离不开对中国社会的调查。离开了生动、丰富的中国社会现实,社会学的内容就必然空洞无物,从根本上说也就失去了存在的意义。"[1]在费孝通的倡导和带领下,实地调查成为社会学重建工作的重要组成部分。费孝通说:"从1982年开始,我们的力量便向社会调查方向转移。"[2]这一转变标志着费孝通进入新的研究阶段。早期,他致力于社会学重建的基础工作;随后,他专注于实地调查,这是社会学重建的实践基础。费孝通的学术成就,源于他对实地调查方法的坚持和深入研究。通过一系列深入细致的实地调查,费孝通不仅掌握了大量珍贵的第一手资料,更为我们描绘了一幅幅生动鲜活的中国农村社会图景。

---

[1] 费孝通.社会调查自白:怎样做社会研究[M].上海:上海人民出版社,2009:62.

[2] 费孝通.社会调查自白:怎样做社会研究[M].上海:上海人民出版社,2009:62.

费孝通的实地调查研究成果体现在《江村经济》《禄村农田》《生育制度》和《乡土中国》等经典著作中。这些作品深刻揭示了农村经济、社会结构、生育文化及乡土社会的特性，并表达了他对农民生活的深切关怀及对社会变迁的敏锐观察。在《江村经济》中，他详细记录开弦弓村的经济生活，分析蚕丝业对当地社会经济的影响，揭示农民在传统与现代交织中的生存智慧；在《乡土中国》中，他则以深邃的笔触，勾勒出了中国乡土社会的独特面貌，提出了"差序格局""礼俗社会"等概念，为理解中国农村社会结构提供了全新的视角。

步入晚年的费孝通，真积力久，其学术生命焕发出新的光芒，他始终不渝坚守实地调查这一探索社会真相、解决现实问题的关键方法。他坚信，只有深入基层，才能真正理解人民群众的需求与困境，才能找到推动社会进步的要诀。因此，他不断走访各地的农村，用敏锐的观察力捕捉时代脉动，记录农村的变迁。他的研究不局限于经济发展，更深入探讨了社会结构和文化传统的演变及其影响，致力于在纷繁复杂的社会现象中寻找规律性，为社会发展提供深刻的洞见。

在实地调查中，费孝通始终坚持"从实求知"的原则，认为理解人们的行为逻辑和社会结构必须从他们的实际生活出发。他注重细节，采用访谈、观察和参与等手段，积累了大量翔实的数据和生动的案例。通过严谨的科学分析，他提炼出具有广泛意义的结论和理论。这种将理论与实践紧密结合的研究方法，让费孝通的著作不仅学术价值大，而且对现实问题有着明确的指导作用。

费孝通的研究方法和严谨态度催生了一系列具有前瞻性和创新性的理论观点，如"小城镇，大问题""小商品，大市场""边区开发""区域发展""人文生态失调""草根工业""庭院经济"等。这些概念不仅丰富了社会学的理论宝库,也为中国农村的发展提供了行之有效的思路和建议。他的研究成果赢得了学界的广泛认可,并在政策制定和社会实践中产生了显著影响。

在为费孝通《小城镇四记》撰写的序言中,著名经济学家杜润生对其治学方法给予了极高的评价。杜润生赞扬费孝通摒弃了仅在书斋中演绎理论、闭门造车的传统方式,坚持走向现场、深入实践的研究态度。他认为费孝通那种勇于探索、敢于实践的精神,是我们每个人都应该学习和继承的宝贵品质。尽管费孝通的学术生涯已经落幕,但他留给我们的精神遗产和方法论,将持续指引我们探索的旅程。

费孝通深谙中国社会之根在农村,他的社区研究始终聚焦于农村,视其为理解整个中国社会的基石与路径。他坚信,唯有深入剖析农村社会的基本特点与发展趋势,才能把握中国社会的全貌与未来走向。他在《重读〈江村经济〉序言》一文中曾提道:"农村研究实在是了解中国国情的基础工作,只从80%以上的中国人住在农村里这一事物就足够作为这句话的根据了,而且还可以说即是那小部分不住在农村里的人,他们的基本社会结构和生活方式大部分还是等同于农民或是从农民的形式中发展起来的。"①中国作为一个历史悠久的农业大国,其基础深深植根于广阔的农村与辛勤耕耘的农民之中。尽管现代社会结构发生了巨大变化,但农民社会的本质尚未发生根本性转变。如果大多数农民不能摆脱传统的小农经济,实现职业和生活方式

---

① 费孝通.费孝通全集:第15卷[M].呼和浩特:内蒙古人民出版社,2009:264.

的转变，中国的发展道路可能会面临许多挑战。农村的繁荣直接关系到中国社会的整体进步和社会主义现代化的实现。因此，深入理解农村社会，对于把握中国社会的脉搏和推动其发展至关重要。

费孝通在《社会调查自白》中写道："要认识中国社会，认识中国人，不认识农民生活，不认识农村经济是不行的。"[1]费孝通的学术生涯专注于两个核心领域即农民问题和少数民族研究，这反映了他对农村社会经济发展的深入分析。通过仔细观察不同群体的生活变化，他敏锐地洞察了农村社会的发展趋势和关键问题，并积极寻找有效的解决策略。费孝通的研究不仅提出了对农村社会发展的深刻见解，而且为中国农村的现代化提供了丰富的思想资源和指导。

从1978年到2003年，费孝通几乎走遍了祖国的大江南北，除了西藏和台湾，他的足迹遍布260多个县市，深入基层，紧密联系民生。他不仅是一个倾听者，更是智慧的传播者，他认真记录干部群众的实践经验和创新精神，为农村社会的发展提供了精准的指导和建议。同时，费孝通也为学术界的年轻一代提供支持和引导，利用他深厚的学术积累和前瞻性视野，为他们提供方法指导，解决难题，体现了一位资深学者的高尚风范和深沉的社会责任感。

---

[1] 费孝通.费孝通文集：第10卷[M].北京：群言出版社，1999：32.

三、推拓畛域

费孝通将自己毕生的学术工作归纳为两篇重要文章，均始于 20 世纪 30 年代，第一篇是《少数民族的社会调查》，起始于广西大瑶山的实地考察；第二篇是《中国农村经济的发展》，则以江村为起点。[①] 对江村的深入考察不仅是他研究的起点，也是他审视中国农村经济发展的参照系。随着中国社会变革的不断深入，费孝通的研究视野也日益扩大。他的研究从乡村出发，逐渐扩展到小城镇，细致记录了这些地区的演变。自 80 年代中期开始，他更是将注意力投向区域经济发展，以深刻的洞察分析了其背后的逻辑和影响，为中国区域经济的均衡发展建言献策。他记述说：

> 1984 年我结束了对江苏的初步调查后，除了继续在江苏各地跟踪观察外，我的研究重点跳出了江苏。一路是沿海南下，经浙江、福建到两广；一路是进入边区，从东北过内蒙古入甘肃、青海，并访问了新疆和宁夏。此外还在沿海和边区之间中部地区的河南、湖南和陕西了解一些情况。到 1988 年底的足足 4 年多里，我

[①] 费孝通. 学术自述与反思[M]. 北京：生活·读书·新知三联书店，1996：88.

东西穿梭,南北奔走,使我的思路得以开拓和提高。①

(一)《江村经济》

1936年秋,费孝通乘坐"白公爵号"邮轮赴英留学。在穿越大海的旅途中,他全神贯注地整理开弦弓村的田野调查资料,心中充满了对家乡的深情和对学术的向往。当他到达伦敦政治经济学院时,带来了《花篮瑶社会组织》和江村的调查报告,两份扎实的实地研究成果。费孝通的江村调查初稿很快吸引了雷蒙德·弗思博士的注意,并迅速得到了他的导师马林诺夫斯基的认可。在马林诺夫斯基的指导下,费孝通应用功能主义理论深入分析江村的经济生活,并完成了他的博士论文《开弦弓:一个中国农村的经济生活》。1986年,这篇论文以《江村经济》为名在国内出版,成为观察中国农村社会不变的重要著作。

《江村经济》作为费孝通学术生涯的辉煌开端,不仅奠定了他作为社会学家的初步地位,更是他深入探索中国农村社会与文化奥秘的起点。这部著作以其独特的视角和深邃的分析,展现了费孝通对于村庄社区作为研究单位的重视,揭示了中国农村在土地权益、人口压力、经济发展、社会变迁等多方面的复杂性。

在《江村经济》中,费孝通深入分析江村这一具体案例,并将其置于更广阔的社会经济背景下,探讨乡村工业复兴、农民生计改善、社会制度变革等重要议题。这些议题不仅触及当时中国

---

① 费孝通.行行重行行:1983—1996[M].北京:生活·读书·新知三联书店,2021:447.

农村发展的痛点,也为后续经济社会学研究提供了理论框架和实证基础。

《江村经济》的重要意义在于,它首次将社区研究方法与中国农村社区的实地调查紧密结合,为中国乃至世界的社会科学研究提供了范例。这部作品不仅揭示了中国农村社会的独特性,也增进了国际学术界对中国农村问题的认识和理解。

尽管史禄国教授对《江村经济》提出了批评,认为其在全面揭示中国社会方面存在局限,且未充分借鉴既有研究成果,但费孝通此作的真正价值在于其学术上的创新。费孝通不仅细腻描绘了江村农民的生活图景,更重要的是,他跨越了传统人类学研究的"文野界限",将"文明"社区纳入研究视野,为中国乃至世界的人类学研究开辟了新领域。在《江村经济》中,费孝通对中国人口众多而土地有限的现实问题,提出了独到的见解,并探索了农民生存与发展的可行途径。这种具有前瞻性的思考,确保了该书在学术史上的独特地位,其影响不仅限于对农村生活的描述,更具有推动社会学和人类学发展的典范价值。

作为费孝通的导师,马林诺夫斯基对《江村经济》的赞誉不仅限于对学生学术成就的认可,更体现了对这部作品在人类学领域创新性贡献的深刻理解。在序言中,他不仅突出了该书在实地调查与理论结合方面举足轻重的地位,而且深入阐述了自我民族研究的重要性和挑战。马林诺夫斯基认为,费孝通勇于深入探索并剖析自己民族的社会文化,这一成就在实地调查领域极为珍贵和难得。

在《费孝通传》中,阿古什的评述进一步证实了《江村经济》在国际学术界的重要影响力和地位。这部作品被列为人类学的经典之作,与马林诺夫斯基关于特罗布里恩德岛土人的研究、拉德克利夫·布朗对安达曼群岛人的研究等人类学巨著比肩，一同成为人类学史上的辉煌篇章。这种并列不仅凸显了费孝通研究的深度与广度，也展现了中国农村社区研究在国际学术界所具有的独特价值和显著地位。

西方社会人类学大师对费孝通这位初出茅庐的中国青年学者的《江村经济》给予了高度评价，这背后有着深刻的学术和时代原因。20世纪中叶，人类学正经历着重要的转型和拓展。随着全球视野的扩大，学者们开始认识到，仅关注非洲、大洋洲和北美的原始部落是不够的，世界的各组成部分"痛痒相关，休戚相系"，要全面理解人类社会的多样性和复杂性，还需要关注其他地区。因此，一个新兴的研究趋势悄然兴起——将研究目光转向那些处于"文明社区"边缘的亚洲和拉丁美洲地区，特别是那些生活方式复杂的农民社群。

费孝通的《江村经济》恰逢其时，填补了研究上的空白。通过深入细致的观察与调研，费孝通不仅生动描绘了江村农民的生活画卷，更通过功能主义理论框架，对江村的经济结构、社会关系、文化习俗等进行了全面而深刻的分析，揭示了特定历史条件下中国农村社会的运行逻辑与变迁轨迹。这种从"文明社区"内部出发的研究视角，为西方学者提供了一个全新的、理解中国乃至亚洲农村社会文化的窗口，因此引起了广泛的关注与赞誉。

此外，费孝通的研究还体现了对农民生计问题的关注。在《重访江村》中，他直面农民生活的困境，提出了在原料产地发展乡村工业和副业的策略，这不仅是对当时中国农村实际情况的精准把握，也是对未来农村发展路径的深刻洞察与远见卓识。费孝通的这一主张不仅反映了他作为学者的社会责任感，也显示了他的学术研究具有的实践意义。

随着时间的推移，费孝通的学术成就得到了国际学术界的广泛认可。他先后荣获马林诺夫斯基纪念奖和赫胥黎纪念奖，这些荣誉既是对他个人学术成就的肯定，也是中国社会学、人类学研究成果在国际舞台上的一次重要展示。

《江村经济》标志着费孝通学术生涯的重要起点，它不仅奠定了他后续学术探索的基础，也为中国乃至全球的社会学和人类学领域贡献了重要的学术成果。从"无心插柳柳成荫"到"有意栽花花满园"，《江村经济》及其后续研究不仅记录了费孝通个人学术成长的轨迹，也映射出中国农村社会的发展历程和未来趋势。

（二）小城镇大问题

1957年，费孝通第二次访问江村，进行了一次深入的社会经济考察。他目睹了农民面临的矛盾现象：尽管餐桌上食物丰富，经济上却十分拮据，这主要是由于乡村副业和市场经济在集体化浪潮中受到压制。在当时"百家争鸣"的思想解放氛围中，费孝通以学者的责任感和勇气，揭示了江村经济的深层问题。然而，费孝通对现实的直面和批判，却被曲解为对政策的挑战，这不仅给他的学术生涯带来了不利影响，甚至成为他被错误地定为右派的原因之一。

与此同时，在广袤的苏南大地上，勤劳智慧的人们并未在计划经济的严格管控下失去活力。他们依靠世代传承的乡土智慧，使体制的缝隙中顽强地生长出社队工业这一新芽。《江村经济》深刻地记录了苏南地区家庭手工业的丰富历史和社会基础，这些曾是经济繁荣的基石。但在农业合作化运动中，家庭手工业和市场网络遭受严重打击,农民生活面临新的困境。历史的车轮滚滚向前,进入20世纪70年代,苏南人民再次展现出惊人的创造力与团结精神。他们将个体的家庭副业汇集起来,社队工业如雨后春笋般涌现,为农民开辟了新的收入来源,逐渐改变了乡村的经济格局。

在第三、四次访问江村的过程中,费孝通发现吴江县的小城镇已经复兴。他敏锐地意识到,小城镇的发展不仅是农村经济问题的延伸,更代表了中国现代化道路上一个关键的新领域,值得深入研究。于是,他倾注大量心血,推动"江苏小城镇研究"成为国家社会科学"六五"规划的重点项目,旨在通过苏南小城镇的个案研究,为中国乃至世界的城镇化道路提供宝贵的经验与启示。

1983年秋,"江苏省小城镇研讨会"在南京举行。费孝通在会上发表了题为"小城镇大问题"的演讲。他深刻剖析了小城镇的类别、层次、兴衰规律、空间布局及发展趋势。这篇演讲如同一股强劲的东风,迅速在全国范围内引发了对小城镇发展的广泛讨论与深刻反思,为中国波澜壮阔的城镇化进程注入了新的活力与智慧。

费孝通深入探讨城镇与乡村间的复杂互动,并以吴江县震泽镇为案例,生动地展现了一幅城乡共生的图景。震泽镇,这个位于江南水乡的小城镇,不仅是地理上的坐标,更是经济、社会与文化交织的枢纽。它凭借独特的地理位置和丰富的经济功能,成为连接乡村与更广阔市场的桥梁。

费孝通形象地说明了小城镇与乡村、城镇经济与乡村经济之间的关系:"震泽通过航船与其周围一定区域的农村连成了一片。……这几百条航线的一头都落在震泽镇这一点上,另一头则牵着周围一片农村。当地人把这一片滋养着震泽镇同时又受到震泽镇反哺的农村称之为'乡脚'。没有乡脚,镇的经济就会因营养无源而枯竭,没有镇,乡脚经济也会因流通阻塞而僵死。两者之间的关系好比是细胞核与细胞质,相辅相成,结合成为同一个细胞体。"[1]震泽镇与周边乡村的紧密联系通过众多蜿蜒的航线得到体现。这些航线不仅是物质交流的通道,更是情感与信息传递的纽带。费孝通将这种区域性的相互依存和共生关系形象地称为"乡脚",准确概括了它们之间的关系。在这片土地上,农村为城镇提供丰富的农副产品和劳动力资源,成为城镇经济增长的坚实基础;城镇则以其相对完善的市场体系和较高的消费水平,促进了乡村的农产品加工和手工业发展,甚至对乡村的生活方式和社会习俗产生了影响。这种关系,正如细胞核与细胞质,彼此依存,共同维系着整个经济生态的活力与平衡。

  费孝通又对吴江县的小城镇做了类型学分析,从而揭示了不同城镇在地域经济社会中的差异化角色。震泽镇作为商品集散型的小城镇,凭借其地理位置优势,成为农副产品和工业品的交换中心,促进了区域经济的繁荣。盛泽镇则以其专业化的工业发展闻名,展现了小城镇在工业化进程中的独特贡献。松陵镇作为政治中心,承担着行政管理、政策制定等职能,是区域稳定与发展的基石。同里镇以其消费、休闲特色吸引游客,促进了旅游业与服务业的兴起。平望镇则依托其交通枢纽地位,加强了区域间的经济联系与互动。

  费孝通的独到见解,犹如一把钥匙,精准地解锁了苏南地区社队工业与小城镇繁荣背后的历史逻辑,为中国现代化道路的

---

[1] 费孝通.费孝通文集:第9卷[M].北京:群言出版社,1999:201.

探索提供了独特视角。他强调,面对庞大的人口基数,中国现代化进程必须创造性地走出一条符合国情的发展道路。在这一过程中,小城镇作为连接城市与乡村的桥梁,其重要性不言而喻。它们不仅是缓解大城市人口压力的"蓄水库",更是促进农村经济结构转型、实现城乡一体化发展的关键节点。同时,费孝通提出发展"资本周期短、体力劳动比重大、直接生产生活资料的轻工业"策略,有效地满足农村剩余劳动力的需求,为农民在本地提供就业机会,提高他们的收入和生活质量。这一战略不仅推动了农村经济的多样化,也增强了农村社会活力,为中国现代化进程中的社会稳定与和谐打下了坚实基础。因此,费孝通的理论为中国特色的现代化提供了丰富的思想资源和实践指导,特别是在人口众多、资源有限的条件下,是"一种具有工农结合、城乡结合独特形式的中国式的现代化"理论。①

《小城镇大问题》是费孝通对中国现代化路径深刻思考的成果,不仅扩展了"小城镇"这一概念的内涵,更在中国由计划经济向市场经济转型这一宏大历史背景下,突显了小城镇在中国经济社会发展变革中的关键作用,它们如同桥梁与纽带,连接着传统与现代,驱动着国家整体向前迈进的步伐。该文章如同一颗投入深潭的石子,激起的涟漪层层推荡,引发了广泛而深远的影响,激发了社会各界对小城镇和乡镇工业问题的极大关注和深入讨论,为中国特色城镇化发展奠定了坚实基础。

在改革开放初期,当市场与计划的边界尚未完全清晰时,《小城镇大问题》凭借敏锐的洞察力和前瞻性的视角,预见了小城镇在转移农村剩余劳动力、缓解大城市压力、推动农村经济结

———————————
① 费孝通.费孝通文集:第8卷[M].北京:群言出版社,1999:25.

构转型等方面的重要作用。

随着1978年十一届三中全会的召开,中国开启了改革开放的新时期。尽管市场经济与社会主义制度如何兼容仍是理论界争论的焦点,但实践中的探索已悄然展开。乡镇企业,这一在中国大地上迅速崛起的经济力量,以其灵活的经营机制、敏锐的市场嗅觉,成为中国市场化进程中一股不可忽视的力量。它们不仅为农村带来了前所未有的经济活力,也深刻改变了农村的社会结构和经济结构,对传统的经济社会体系发起了挑战与革新,引领着乡村的广泛变迁。

然而,乡镇企业的快速发展也带来了一系列问题。随着规模的扩大,一些经济犯罪活动开始出现并蔓延,这严重扰乱了市场秩序,影响了经济的健康发展。邓小平同志针对打击经济犯罪发表的讲话,既是对当时经济领域混乱现象的严肃警告,也是对建立市场经济规则的强烈呼吁。在这样的背景下,规范乡镇企业的行为并引导它们健康有序发展,成为中国面临的一项重要任务。

费孝通准确把握了时代脉搏,在《小城镇再探索》中深入论述了发展小城镇和乡镇工业的重要性与迫切性,并提出了具有地域特色的"苏南模式"。这一模式以集体经济为特点,通过发挥地区资源优势和集体所有制,动员农民参与非农产业,成功推动了农村经济的快速增长和农民收入的大幅提升。苏南模式有效应对了农村剩余劳动力的就业难题,同时加速了农村工业化和城镇化的步伐,为中国特色的城镇化道路贡献了重要的实践经验。

随着市场经济体制的不断完善,苏南模式面临的挑战也日益明显,如政企不分和产权不明确等问题开始制约乡镇企业的进一步成长。到了20世纪90年代中期,苏南地区着手进行产权制度改革，引入现代企业制度，推动乡镇企业向股份制、民营化方向转型。这一过程中虽然伴随着阵痛和挑战，但也为苏南经济带来新的生机，使其在新的时代背景下焕发出更加耀眼的光芒。

回顾苏南模式的发展历程，我们认识到它不仅是中国农村工业化、城镇化进程中的重要里程碑，也反映了中国改革开放的历史轨迹。它启示我们，在推进现代化建设的道路上，必须始终坚持实事求是的原则，立足实际，尊重规律，勇于创新。同时，我们也要清醒地认识到，任何一种发展模式都不是一成不变的，必须随着时代的变化和实践的发展而不断调整和完善。只有这样，我们才能持续推动中国特色社会主义事业向前发展。

（三）聚焦"区域"

费孝通的研究轨迹深刻反映了中国社会转型与经济发展宏伟壮丽的篇章，展现了时代变迁的深刻脉络与无限可能。在对东部沿海地区的深入调研中，费孝通敏锐地捕捉到乡镇企业崛起的浪潮与小城镇蓬勃发展的生机，进而提出了一系列富有前瞻性的经济社会发展模式。这些模式虽然源自特定区域的研究，但它们已经为"区域发展"这一更广泛的概念奠定了基础。

起初，费孝通的研究聚焦于具体地域的经济社会现象，通过细致入微的观察与分析，揭示了乡镇企业如何成为农村经济发展的新引擎，以及小城镇如何作为城乡之间的桥梁，促进资源流动与人口聚集。然而，随着研究的深入，他逐渐意识到，这些发展现象并非孤立的，而是休戚相关，共同构成了一个更为复杂的区域经济系统。

1987年，费孝通基于对甘肃与青海交界地区——河州故地的实地考察，向中共中央提出建立临夏—海东经济协作区的建议。这一建议不仅彰显了他对区域经济合作重要性的深刻认识与独到见解，也标志着他正式迈入区域发展研究的新阶段，开启了其学术生涯中一段新的旅程。他意识到，区域发展不仅仅是单一地域的经济增长，更是多地区、多要素间的协调与整合，其关键是实现资源优化配置、促进经济均衡发展。

此后，费孝通的研究视角进一步拓宽，他不再局限于特定区域或领域，而是站在全国战略的高度，提出设立多个经济开发区的构想。这些构想打破了传统行政区划的限制，强调通过跨区域的经济合作与协调发展，推动整个国家经济的持续繁荣。

在费孝通的论著中，区域经济、经济区域与区域发展等概念得到深入阐释。他提出，一个经济区域应是一个完整的系统，其中心城市起着"心脏"的作用，为区域提供动力和支持；腹地则相当于"肚子"，包含着广阔的农村和市镇，是经济发展的基础和源泉；交通网络则像"脉络"，连接中心城市和腹地，保证资源、信息与产品的顺畅流通。此外，经济圈或经济带作为区域发展的延扩形式，代表了城乡协调发展的高级阶段，它们通过更加紧密的经济联系与空间布局，促进了区域整体竞争力的提升。

费孝通对长江三角洲的发展抱有浓厚的兴趣，这片地区既是他的故乡，也是他"江村经济"研究的起点。他多次向国家决策层提交关于长江三角洲区域发展的重要报告，如《长江三角洲经济开发区构建设想初探》《长三角经济协作区构建纪实：与江浙沪领导共谋发展》《上海经济振兴策略集思广益》及《昆山开发区设立之必要性倡议》等。费孝通深刻理解区域经济的动态，特别强调上海和南京两大经济区的发展与协作。

在费孝通的精心规划下,江苏被划分为苏南、苏中、苏北三大经济板块,其中,苏南区域不仅囊括传统意义上的江南富庶之地——苏州、无锡、常州,还创造性地纳入南通,这一战略布局加强了苏南与上海经济区的联系,共绘发展蓝图。在苏南与苏北之间,费孝通巧妙设计出一个苏中经济区,整合了扬州沿江地区、镇江、南京以及南通的部分地区,这不仅为南京经济区提供了坚实的支撑,也促进了区域经济的均衡发展。

特别值得一提的是,费孝通对长江下游的"银三角"地带——南京、镇江、扬州三城所在的区域抱有极高的期望。他相信,宁镇扬城市群,与上海引领的苏锡常通城市群相辅相成,能够共同绘制出区域经济繁荣的宏伟图景。费孝通强调,长江三角洲作为中国经济的璀璨明珠,唯有得到国家层面的高度重视与大力扶持,方能充分释放其潜能,实现跨越式发展。它的经济辐射力将带动周边乃至全国经济的蓬勃发展。

对上海浦东的开发,费孝通指出:"如果上海浦东仍像深圳那样吸引外资,以建设工厂为主,哪怕是包括兴建一些高技术的产业,它的扩散能力和辐射能力都将受到很大限制,并可能在市场、产业结构等方面与江浙,甚至沿江城市发生矛盾。即便上海能起到窗口的作用,也无法起到龙头的作用。上海应该更上一层楼,在更高层次上成为全国的贸易、金融、信息、运输、科技的中心。"[①]

1990年第七届全国人大三次会议后,费孝通通过民盟中央这一重要渠道,向中共中央郑重提交了《关于建立长江三角洲开

---

① 费孝通.费孝通全集:第13卷[M].呼和浩特:内蒙古人民出版社,2009:332.

发区的初步设想》。这一建议迅速引起了国家最高层的高度关注。同年4月10日，时任国家主席江泽民特意安排时间，组织了一场会议，专门听取费孝通关于其设想的介绍。中央统战部与国家计委等领导也悉数到场，共同见证了这一历史性的时刻。费孝通以饱满的热情和翔实的资料，深入分析了长江三角洲地区作为全国经济发展的重要增长极的潜力和前景。他特别指出，上海作为历史上的远东经济中心，在新时期应发挥其新活力，成为连接国内外市场的关键桥梁和纽带，承担起"大陆的中国香港"这一新的历史角色。会谈中，费孝通进一步详细勾画了长江三角洲经济协作开发区的宏伟蓝图，提出了以上海为龙头，江浙为两翼，辐射长江流域，乃至通过陇海铁路与西北、三线地区紧密联动的战略构想。这一构想不仅诠释了区域经济一体化的深刻内涵与深远意义，也展现了对国家整体发展布局的深思熟虑与前瞻视野。江泽民同志全程认真聆听，不时点头表示赞同，并在笔记本上仔细记录着每一个要点。会谈结束后，费孝通深感振奋，他深知自己的建议得到了国家领导人的认可与支持。于是，费孝通再次踏上前往江浙沪地区的考察之旅。这次，他带着更加坚定的信念和清晰的目标，深入基层进行调研，致力于为长江三角洲开发区的建设贡献自己的智慧和力量。

1999年深秋，上海大学校园内洋溢着一种前所未有的活力与期待，随着上海社会发展研究中心揭牌仪式隆重举行，费孝通以其对时代风气的洞察和前瞻性的考量，为这座国际大都市乃至整个长江三角洲地区的发展锚定方向。站在新世纪的门槛上，费孝通的话语如同春风化雨，不仅温暖了在场每一个人的心田，更在长三角乃至全国范围内激起了层层涟漪，引领着区域经济发展的新航向。

在揭牌仪式的致辞中,费孝通向上海乃至整个长三角发出了振聋发聩的呼吁:"上海要真正成为中国的一个经济中心,不能只靠自身的力量,还必须联合其周围的苏州、无锡、常州、南通、杭州、嘉兴、湖州、宁波这八员大将。"①他的话语中透露出对长三角区域一体化发展的深切期望,以及对上海作为该区域龙头城市应发挥引领作用的深刻认识。费孝通指出,上海应拓展其视野,展现更宽广与博大的胸襟,无私地将先进的技术、丰富的资源和发展机遇分享给邻近城市,以促进区域内的良性互动与协同合作,实现共同繁荣。他形象地比喻道,上海应该把眼光放得远一些,帮助身旁的八员大将发财,水涨船高,上海的地位会因此更加提高。反之,若一味追求自身的利益最大化,无异于回到了"小渔村"的封闭状态,终将错失时代发展的良机。②

费孝通的这番话并非无的放矢。在那个特定时代背景下,他敏锐地观察到长三角地区经济发展中的一些问题与障碍。尽管上海与周边城市一衣带水,但在经济交流与合作方面却存在诸多壁垒和限制。以昆山为例,这座与上海接壤的城市曾积极寻求与上海的合作,希望借助上海的资源实现自身经济质的飞跃。然而,当时的上海却因"肥水不流外人田"的保守观念,出台一系列限制性政策,制约了两地的交流。费孝通对此深感忧虑,他认为这种短视行为不仅阻碍长三角地区的整体发展,也让上海错失扩大影响力、增强辐射力的宝贵机遇。他强调,经济的发展需要一种超越界限的大区域观念,经济中心不仅要致力于自身繁荣,更要为其腹地提供强有力的支持,这样的深度互动与紧

---

① 费孝通.费孝通文集:第15卷[M].北京:群言出版社,2001:101.
② 费孝通.费孝通文集:第15卷[M].北京:群言出版社,2001:101.

密融合才能真正实现双赢乃至多赢。

时光荏苒,转眼间来到2010年,费孝通的远见卓识终于得到实践的验证。2010年5月,国务院正式批准实施《长江三角洲地区区域规划》,这一规划具有划时代的意义,它不仅标志着长三角地区发展进入新的历史阶段,也充分证明费孝通当年倡议的正确性与前瞻性。规划中明确长三角地区的发展目标、空间布局和重点任务,提出要着力推进经济结构战略性调整、增强自主创新能力、促进城乡区域协调发展等一系列战略举措。这一系列规划的实施,无疑为长三角地区的全面崛起注入了强劲的动力。

尤为值得一提的是,《长江三角洲地区区域规划》将上海及江苏、浙江两省的多个城市纳入核心区,实现了两省一市的协同发展,并对泛长三角地区产生了积极的辐射效应。这一布局不仅打破了行政壁垒的限制,促进了区域间的资源共享与优势互补,更为长三角地区实现更高水平的一体化发展奠定了坚实的基础。同时,江苏沿江开发战略的获批实施以及上海国际金融中心和国际航运中心的建设等重大项目的推进,为长三角地区的经济腾飞注入了新动能。

回顾过去,费孝通对长三角地区的发展厥功至伟。他不仅首倡其议,更是身体力行,奔走呼吁,其身影仿佛仍历历在目。今日长三角的繁荣景象正是对费孝通昨日期盼的最好回应与诠释。展望未来,长三角地区的发展依然任重道远。然而,我们有充分的理由相信,在党中央坚强领导,各级政府共同努力,以及广大人民群众积极参与下,长三角地区一定能够继续发扬团结协作、锐意进取的精神。我们期待它不断开创区域经济社会发展的新局面,并为实现中华民族伟大复兴贡献更大的力量。

肆

出苏州

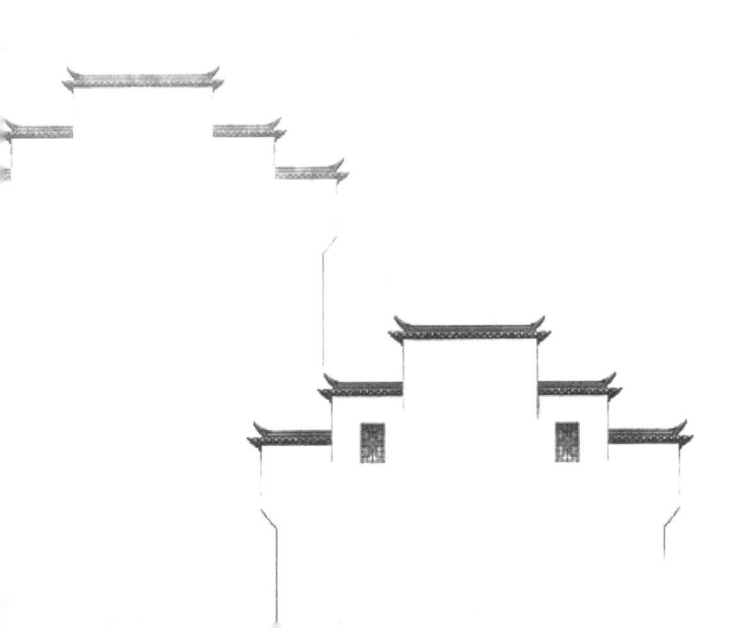

在费孝通丰富多彩、跌宕起伏的人生历程中,每一次重要选择都体现出他对知识的如饥似渴、对国家的满腔热忱以及对社会的强烈责任感。从出国留学到执教云南,从参加民盟到加入清华,每一个阶段无不彰显他不懈的学术追求和坚定的爱国情怀。

伦敦政治经济学院学术氛围浓郁、名人大家荟萃,能够在此校学习,本身就证明实力非凡。留学英伦期间,费孝通在国际学术舞台上崭露头角,其博士论文《中国农民的生活》不仅为他赢得了国际声誉,也为中国人类学的发展开辟了新的路径。这段经历不仅拓宽了他的学术视野,更坚定了他回国服务、报效国家的决心。

在云南执教期间,费孝通学以致用,深入农村进行社会调查,通过对中国农村现状的分析,他犀利地指出了其中的问题。他的著作和丰硕的研究成果不仅为学术界提供了宝贵的资料,也有重要的资政作用。

加入民盟后,费孝通继续将个人的智慧和力量融入国家的建设和发展中。他拥护中国共产党的领导,紧密围绕国家的中心任务,积极参政议政,为国家的经济建设和社会发展贡献了自己的力量。

进入鼎新开拓、行胜于言的清华大学,对于费孝通来说,既是学术生涯的延续,也是教育事业的新起点。在清华的执教和管理工作中,他不仅传承了自己的精神与智慧,更为祖国培育了一批又一批优秀的社会学和人类学人才。

德国著名诗人海涅说过,"谁不属于自己的祖国,他就不属于人类"。爱国情怀与社会责任感是费孝通一生重要的精神支柱,他始终将个人的成长与国家的命运紧密联系在一起。他的这些经历，不仅是他个人成长的点滴，更是中国社会学和人类学发展史上浓墨重彩的一笔。通过这些经历，我们不仅能够更深入地理解费孝通的学术思想、爱国情怀和社会责任感，更能深刻地体会到他对中国社会学和人类学事业的卓越贡献。

一、负笈英伦

20世纪30年代,我在大学里念书时,周围所接触的青年中,可以说都把留学作为最理想的出路。这种思想正反映了当时半封建半殖民地的旧中国青年们的苦闷,毕业就是失业的威胁越来越严重。单靠一张大学的文凭,到社会上去,生活职业都没有保障。要向上爬到生活比较优裕和稳定的那个阶层里去,出了大学的门还得更上一层楼,那就是到外国去跑一趟。不管你在外国出过多少洋相,跑一趟回来,别人也就刮目相视,声价十倍了。留学已多少成了变相的科举。[1]

费孝通在《留英记》中的这段回忆,深刻揭示了20世纪30年代中国青年的普遍心态与社会现实之间根深蒂固的矛盾。在那个年代,中国正处于半殖民地半封建社会的状态,这使得青年学子们面临着前所未有的就业压力和生活上的不确定性。随着毕业即失业的现象愈演愈烈,大学文凭的"含金量"已不足以确保他们在社会上立足。因此,留学被视为一种能够打破阶层壁垒、提升个人价值的有效途径。

---

[1] 费孝通.重访英论[M].长沙:湖南人民出版社,2022:2.

留学热潮背后的动机远比单纯的求知欲和对外界的好奇更为复杂。它深刻地体现了当时青年在社会转型期的困惑与挣扎，以及他们对于改善生活条件的强烈渴望。"天下熙熙，皆为利来；天下攘攘，皆为利往"，留学不仅仅是一种教育追求，更被寄予了改变个人命运和社会地位的厚望，几乎演变成了一种现代版的"科举制度"。在这种趋势下，许多青年选择海外留学不再是一种求知求学的价值追求，而更多的是一种随波逐流的功利性行为。

这种现象同样映射出当时社会的不平等和制度的不足。它揭示了一个残酷的现实：在那个复杂多变的社会环境中，单靠个人的努力和天赋往往难以取得成功。虽然留学为部分人提供了新的机会，打开了通往更广阔世界的大门，但它同时也凸显了社会阶层的固化和向上流动的困难。许多人感受到了上升通道的狭窄和机会的参差不齐。因此，这段话捕捉了一个时代青年的心态，不仅是他们面对社会转型时迷茫和挣扎的反映，也是对当时社会结构和制度安排的深刻批判。

（一）伦敦求学

在燕京大学社会学系的往昔岁月中，吴文藻倡导的"社会学中国化"运动蔚然成风，其中，"社区研究"如同一股强劲的浪潮，而费孝通则是这股浪潮中的中流砥柱。彼时，"社区研究"犹如一块初露锋芒的新招牌，其背后承载着中国社会学从萌芽到发展，从社会服务实践到学科建设的历史变迁。简而言之，社会服务运动滥觞于19世纪末的英国伦敦，随后迅速波及西欧多国及亚洲部分地区。1922年,伦敦举办的国际社会服务工作会议,标志着这一运动的成熟与深化。青年会作为基督教会的一项事业,通过提供浴室、运动场、娱乐设施、电影院、儿童教养、业余补习及生活救济等社会服务,进行基督教义的传播。这一过程中,对社会问题的深入了解成为社会调查的重要方面,而救济款的发放、教养所与补习学校的创办等,则构成了社会工作的主要内容。

燕京大学社会学系初建之时,教学重心偏向于社会服务的实用性,而基础理论与学术研究则相对被忽视。初期开设的课程,多围绕宗教服务、社会工作及社会调查等领域,实习场所则主要集中于青年会、医院、慈幼院等社会福利机构。彼时,社会学系虽已成形,但在学术层面的积淀尚显薄弱。

费孝通踏入这一领域后,对于仅侧重于社会服务的教学现状表示不满,更不愿将自己局限于青年会式的社会工作之中。与他志同道合的师生们,同样渴望理论的滋养,在"社会学中国化"理念的激励下,他们更进一步萌生了构建中国社会学理论的愿望。恰在此时,美国芝加哥学派的杰出代表帕克走进了他们的课堂,如同一股清风,带来了人类学的社区研究方法,引领费孝通及其同仁踏上了社区研究的学术征途。

吴文藻深刻洞察到,社区研究方法或可成为实现"社会学中国化"的有效途径。他一方面致力于长远规划,鼓励、指导并帮助有志于此的学生尽快涉足并深入这一领域,如林耀华对福州义序宗族组织的考察、郑安仑对福建侨民问题的调研、李有义对山西徐沟社会组织的探索、黄迪对北平清河村镇结构的调查、黄华节对河北定县礼俗与社会组织的考察、徐雍舜对北平通县乡村领袖冲突问题的研究,以及费孝通对广西瑶山及后来江苏江村的深入调查等。谢冰心女士在《我的老伴——吴文藻》一文中回忆道："那时，常有数位学生来我家讨论，他们分赴全国各地进行此类工作。"另一方面，吴文藻亦着眼于人才培养的长远大计，精心策划学生赴英美人类学重镇深造的蓝图，对每个学生的留学国家、学校及导师选择都进行了周密的安排。例如，他安排李安宅先赴美国加利福尼亚大学伯克利分校跟随博阿斯学派的重要学者克娄伯和罗维学习，后转至耶鲁大学师从著名人类学家兼语言学家萨丕尔；派遣林耀华前往哈佛大学人类学系攻读博士学位；将费孝通推荐给英国伦敦政治经济学院人类学系的功能学派大师马林诺夫斯基作为弟子；送黄迪前往芝加哥大学深造；并将瞿同祖和冯家界推荐给著名学者魏特福等。《吴文藻纪念文集》记载，吴文藻在派遣学生时，甚至考虑了师生间的性格契合度，其用心之深，可见一斑。

吴文藻在中国人类学与社会学界被誉为功能学派的代表人物，他曾撰写《功能学派人类学的由来与现状》一文，赞誉功能学派为社会人类学中最先进、学术界中最有力的学派。在实现"社会学中国化"的理想过程中，他肩负起了社会学角度的国情调查与人才培养的重任，尤其重视费孝通的培养，将其送至功能学派的奠基人、社区研究的先驱马林诺夫斯基门下深造，这充分体现了他对费孝通的厚望与器重。费孝通在燕京大学社会学系毕业之际，吴文藻先将他送往当时国内唯一提供人类学训练的清华大学研究院，师从史禄国教授，这或许正是吴文藻培养费孝通宏伟计划中的一环。

在清华大学史禄国教授的悉心指导下，费孝通开启了他的学术旅程。六年的学术训练计划，如同一份精心绘制的蓝图，不仅明晰了他的学术发展路径，也激发了他对知识探索的渴求和对未来的深远期待。然而,历史的车轮往往不会按照人们的预期轨迹转动,史禄国先生的回国决定,为这段师生关系带来了一些难以预料的转折。面对这一变故,史禄国教授展现了一位学者的宽广胸怀和远见卓识。他没有让个人的决定影响到费孝通的学术追求,反而鼓励他在完成清华大学的学业后,勇毅地迈向更广阔的国际学术舞台——伦敦政治经济学院。

史禄国教授虽然放手让费孝通远赴英国深造,但这并不意味着他对费孝通的学术成长没有牵挂。他深知实地调查在学术研究中举足轻重的地位,因此,他坚持要求费孝通在出国前必须在国内进行至少一年的深入田野调查。这一要求不仅是对费孝通学术能力的严格考验,也是为了确保他能够带着丰富的第一手资料和深刻的本土理解,踏上留学之路。史禄国的这份坚持,体现了他对学术研究严谨性的坚守不渝,同时也是对费孝通未来能够在国际学术界获得认可和尊重的殷切期望。

于是,费孝通与王同惠共同踏上了瑶山的田野调查之旅,这是一段充满挑战与新发现的学术探索。他们深入瑶山,期望通过实地调研来丰富自己的学术研究和人生体验。然而,他们最为专注和投入的时刻,等待他们的却是灭顶之灾。在瑶山之行中,王同惠不幸遇难,这场突如其来的悲剧不仅夺走了一位年轻学者的生命,也让费孝通陷入了深深的悲痛。这对他来说不仅仅是失去了一位亲密的伴侣和学术上的同路人,更是一种身体和心灵上的双重创伤,让他在一段时间内几乎无法继续思考和准备出国深造的事宜。

但正是在这段艰难的时光里,开弦弓村成了费孝通心灵的避风港。在疗伤和恢复期间,他深入观察了家乡的社会生活,这种细致的观察并非出于学术研究的初衷,却意外地为他积累了丰富的第一手学术资料。这些资料不仅为他的学术研究提供了坚实的基础,而且在无形中加深了他对社会学理论的理解。正是在开弦弓村的这段经历,使费孝通在学术上获得成长和自信,他的学术视野和研究能力也得到显著提升。这些收获最终使他有幸成为著名人类学家马林诺夫斯基教授的得意门生,开启了他学术生涯的新篇章。这段经历,无疑是"失之东隅,收之桑榆"的最佳诠释。

1936年9月初,费孝通站在家乡的码头上,心中充满了复杂的情感。他即将开始前往英国的求学之旅,心中既有对未知世界的好奇和向往,也有对父母之邦的深深眷恋。奶妈给予的灶台泥土,这份充满深情的礼物,被他珍重地放在行李箱的底部,象征着他与家乡之间割舍不断的联系。无论他走到哪里,这份来自家乡的泥土总能给他带来温暖和慰藉,时刻提醒他不忘本源。同时,怀揣着王同惠的未尽之愿,费孝通在求学之路上始终不会感到孤单。这份遗愿不仅是对已故挚爱的纪念,也是他个人学术追求的一份温情的动力。

随着"白公爵号"邮轮缓缓驶离港口,费孝通的留学之旅正式启程。尽管航程漫长且孤独,费孝通却没有虚掷光阴,他充分利用这段时间,系统地整理了在瑶山和开弦弓村的田野调查资料并进行了深度思考。在开弦弓村的调查中,费孝通深刻感受到了乡村生活的质朴与真实。这种深刻的体验激发了他的灵感,他决定赋予这个村庄一个具有学术意义的名字——"江村"。这个名字不仅致敬了那片深情的土地,也标志着他将以此为基础,继续深入研究中国的社会结构和乡村生活,探索解决社会问题的有效途径。

经过半个多月的海上漂泊,费孝通终于抵达了英国,站在了世界著名学府、哲学社会科学重镇——伦敦政治经济学院的门口。路边的那些茶馆看似平平无奇,在他眼中却显得格外亲切,唤起了他对上海弄堂大学的回忆。学院那种接地气、重实践的氛围,让他感到一种熟悉的温暖和学术上的归属感。尽管伦敦政治经济学院的大门并不显眼,但它所蕴含的学术光辉却是无法掩盖的。学院虽小,却人才济济,尤其是人类学专业,在诸如马林诺夫斯基这样大师级教授的带领下,已经成为欧洲乃至世界学术界的高地。

伦敦政治经济学院,作为伦敦大学体系中璀璨夺目的明珠,自其成立之日起,就以深厚的学术底蕴和严谨的学风在世界范围内享有崇高赞誉。这所学院不仅承载着丰富的历史遗产,更是在不断变化的时代潮流中积极推行着创新和发展,为来自世界各地的求学者提供了一个探索真知、追求卓越的广阔舞台。

费孝通在伦敦大学百年校庆之际,踏入了伦敦政治经济学院这座群星闪烁的学术殿堂,成为哲学博士学位待位生。在这里,他切身体会到学院对学术质量的严格要求和对学术高度的不懈追求,特别是注册过程中的两项重要规定:一是学生必须至少经历两年的深入学习和研究,这不仅是对学生获得充分积累的保障,更是对其学术耐力与毅力的磨炼;二是提交一篇高质量的学位论文,并成功答辩,这一方面是对学生学术能力的全面检验,另一方面也是对其独立思考与创新能力的重要培养手段。学院实行类似于中国传统师徒制度的学术指导模式,为每位新生分配的一位导师,通常是讲师或更高级别的 Reader(高级讲师),他们传道解惑,在学生们的学术道路上扮演着引路人的角色。这种制度不仅建立了师生间紧密的学术联系,更在无形中传承了学术的精髓与智慧。同时,学院尊重师生双方的意愿与选择，允许通过正当程序提出更换导师的请求，保证学术指导的对应性，促进学术资源的优化配置。对于那些展现出卓越学术才能与潜力的学生，学院还提供由更高级别的教授亲自指导等灵活的培养手段。这种"升级"机制，不仅是对学生学术成就的认可，更是对他们未来学术道路的一种期许与激励。

（二）巨擘引路

费孝通踏入伦敦政治经济学院的大门，心中充满了对未来学术生涯的憧憬与期待。作为全球人类学研究的重镇，这所学院汇聚了来自世界各地的学者，他们在这里集思广益，碰撞智慧，共同拓展着人类学的边界。对于费孝通而言，这里不仅是一个学习新知识的学堂，更是实现他学术梦想的舞台。

注册入学手续的顺利完成，标志着费孝通正式成为人类学系的一员。人类学系为他精心挑选的业师——弗思博士（Raymond Firth），为他的学术旅程扬起了风帆。弗思博士，这位来自新西兰的杰出学者，不仅是马林诺夫斯基学术体系下的首位博士毕业生，更在整个世界人类学领域内都受到高度认可，在该领域处于权威地位。作为英国大学中的 Reader，弗思博士不仅学识渊博，更以其敏锐的洞察力和开放的学术态度著称。初见费孝通这位来自东方的学子时，弗思博士便对他充满了好奇与期待，尤其渴望了解他在中国深厚的学术背景与实践经历。

在与弗思博士的多次深入交谈中，费孝通逐渐展开了他在中国求知的丰富画卷。他从燕京大学吴文藻先生的严谨治学谈起，讲述了清华研究院史禄国教授的独特视角，以及自己亲身参与的瑶山调查。费孝通详细叙述了瑶山调查中的坎坷荆棘和意外发现，尤其是那些关于"原始社区"的第一手资料，这些资料让他对人类学的理解更加深刻。在瑶山的日子里，他与当地居民共同生活、工作，深入了解他们的生活方式、社会结构和文化传统。这种田野调查不仅锻炼了他的实地研究能力，而且加深了他对人类社会多样性的认识。

出乎费孝通意料的是，他随口提及的关于家乡农村——江村的调查片段，竟然深深引起了弗思博士的兴趣。在描述江村的过程中，费孝通不仅流露出对家乡深沉的爱，更对农民的生活洞若观火。这些细节不仅让弗思博士感受到了费孝通对本土文化的真挚情感，更重要的是，他看到了费孝通在学术研究中所展现的独特视角和潜力。

弗思博士以其深厚的学术素养，敏锐地捕捉到了江村调查背后所蕴含的巨大价值。他认为，江村作为中国农村的一个缩影，其在经济、社会、文化等方面的发展和变迁，为大众提供了一扇窗口，透过它可以理解中国农民的生活状态以及整个中国社会的动态变化，窥一斑而知全豹，这些变迁是全面把握和理解中国社会复杂性的关键。这一洞见为费孝通的学术探索指明了新的方向。弗思博士鼓励费孝通进一步深入挖掘江村的社会结构、经济模式和文化传统，通过细致入微的田野调查，自下而上地揭示出中国农村社会的真实面貌。

经过一系列深入的讨论与交流，弗思博士最终帮费孝通确定了博士论文的题目——《中国农民的生活》。这一决定，不仅是对费孝通个人学术兴趣的尊重，也反映了对江村调查潜在学术价值的深刻体认。在弗思博士的悉心指导下，费孝通开始系统化整理江村调查的资料，将零散的田野笔记转化为严谨的学术文本。他深入分析了江村的经济结构、社会关系和文化传统，利用丰富的数据和生动的案例，展现了中国农村社会的真实面貌。

《中国农民的生活》不仅作为费孝通的博士论文完成了其学术研究的重要一步，更是在中国乃至世界人类学领域产生了广泛而深远的影响。这部作品以其独特的视角深入探讨了中国农村社会的复杂性和多样性，提供了丰富的第一手资料和别具一格的分析，更是泽被学林，为后续研究者开辟了新的研究路径。这部著作不仅体现了他在学术研究上的高才卓识，而且其对中国农村社会深刻而真实的描绘，为人类学领域贡献了重要的理论和实证研究成果。它是费孝通崇高学术声誉的奠基之作，并为中国乃至全球的人类学研究提供了宝贵的参考和启发。

开学后不久，人类学界的泰斗——马林诺夫斯基回到了伦敦政治经济学院。此时，费孝通虽已对人类学有了一定程度的见解，并在故土深入的田野研究中积累了丰富的第一手材料，但面对这位学术巨擘，他内心仍既充满期待又带有敬畏。因为马林诺夫斯基的理论在当时国内学术界尚未被广泛接受，要追随他的脚步，不仅需要坚实的学术功底，更需要迈向未知领域的热情和勇气。

当费孝通在学术旅途上孜孜不辍时，机遇悄然而至。吴文藻教授，作为中西学术交流的纽带，凭借其敏锐的洞察力和广泛的国际联系，为费孝通铺就了一条通往更高层次学术领域的道路。在哈佛大学300周年庆典上，吴文藻不仅展现了中国学者的风采，还巧妙地将费孝通及其研究成果介绍给了马林诺夫斯基。这次会晤对费孝通而言，是其学术生涯的一个关键节点。他怀着紧张而期待的心情，向马林诺夫斯基详细阐述了自己在江村的调查工作及其发现。马林诺夫斯基在聆听之后,立刻被费孝通独到的见解和深刻的分析所打动。他认识到,这位年轻学者身上有着巨大的潜力和广阔的发展空间。

在一场轻松而又不失深度的对话中,马林诺夫斯基不仅了解了费孝通在校的学习状况,更直接感受到了他对于学术的热爱与执着。他对费孝通的学术实力和研究潜力给予了极高的评价,并表达了愿意亲自指导他的学术工作的意愿。对费孝通而言,这不仅是一份巨大的荣誉,也是一次难得的机会。一个简短而有力的肯定答复后,费孝通从弗思的指导转向马林诺夫斯基的门下,师生遇合,成就了日后的学林佳话。

在马林诺夫斯基的指导下,费孝通的学术研究更加深入和系统化。他不仅继续深化对江村的研究,还开始涉足更广泛的人类学领域。马林诺夫斯基鼓励他不仅要关注中国农村的社会现象,还要将其置于全球人类学的视野中进行比较和分析。这种跨文化的视角极大地拓宽了费孝通的学术视野,使他的研究更加全面和深入。

在马林诺夫斯基的悉心指导下,费孝通的学术成果不胜枚举。他发表的一系列关于中国农村社会的论文和著作,不仅在中国人类学领域产生了重要影响,也引起了国际学术界的广泛关注,为全球人类学的发展增添了一份中国色彩。

这段师生因缘不仅让费孝通在学术上取得了显著成就,还为他的人生带来了丰富的经验和深刻的启示。马林诺夫斯基的严谨态度、敏锐学术洞察力以及开放包容的学术精神,都深刻影响了费孝通。他学会了如何以更加博大的胸襟去理解不同的学术观点和文化传统,也具备了在纷繁复杂的社会现象中抓住本质和规律的慧眼。

在伦敦政治经济学院的学习生涯中,费孝通不仅获得了丰富的学术知识和宝贵的实践经验,还结识了一批志同道合的学者和朋友。他们共同交流思想、探讨学术问题、分享人生经验。这段经历也成为他人生中最宝贵的财富之一。

(三)人类学前沿

在两年的海外求学生涯里,费孝通深刻领悟了学术探索的精髓。他的核心学习方式是积极参与每周五由马林诺夫斯基亲自主持的"席明纳(Seminar)"研讨会。这种学术盛宴,广义上可译为"今日人类学",它不仅是对彼时人类学研究成果的集中展示,更是对未来研究方向的预测与展望。费孝通在各类学术场合提及此盛会时,虽也沿用了"今日人类学"这一经典译法,但他内心更倾向于将其解读为"人类学的前沿阵地",或是"与时代并进的人类学",这种独特的表述方式精准捕捉到了马林诺夫斯基希望通过这一平台推动人类学更新迭代、紧跟时代步伐的深远用意。费孝通对"席明纳"有过这样的记述:

> 席明纳是欧洲传统的一种教学组织,也是一种教学方法,在欧洲各大学里指导高年级学生时常被采用的。英国大学里教师们怎样去教他们的功课,完全由他们自己作主,他们愿意怎样教就怎样教,很有点八仙过海各显神通的味道。以我自己接触到的来说,大家熟悉的罗素也在伦敦经济政治学院开过课,他是登台念讲稿,一字不漏,讲完一个课程就出一本书。……马

林诺夫斯基不喜登台讲课而善于搞席明纳,当然搞席明纳的不止他一人,但是他的席明纳有它的特点,而且在伦敦经济政治学院里相当有名,当时人类学界里也是为大家所推崇的。①

在伦敦大学,马林诺夫斯基高居社会人类学教授席位,不仅奠定了学科的基础,更成为思想的灯塔,引领着那个时代乃至后世的社会人类学进行更广阔而深刻的探索。他不仅开启了关于"今日人类学"的深刻讨论,更引发了一场关于人类自我认知与社会文化多样性理解的革命。位于伦敦政治经济学院一角的马林诺夫斯基教授室,那间标志性的大房间,几乎成了社会人类学的圣地。房间内,知识的气息弥漫在每一个角落,书籍、杂志、文稿浩如烟海,却井然有序,它们如同无声的导师,静静等待着与求知者的对话。沙发、板凳、靠椅等各式座椅,在这知识的海洋中错落有致地摆放,为每一位到访的学者提供了思考与交流的座席。每周五下午,伴随着夕阳的余晖洒满房间,一场场思想的盛会便在这里悄然开幕。

"今日人类学"这一席明纳主题,是马林诺夫斯基对学科发展深刻洞察的体现。他认识到,在快速变化的社会环境中,人类学需要与时俱进,超越传统的理论框架与案例分析,勇于探索那些尚未被触及的领域,不断开辟人类学新纪元。因此,每学年的新讨论题目,都是对学科边界的拓宽,对未知领域的一往无前。他提出的"文化表格"和"三项法"等议题,不仅激发了学生们的好奇心与求知欲,而且推动了整个学术界对人类社会的复杂性

---

① 费孝通.重访英伦[M].长沙:湖南人民出版社,2022:26-27.

与多样性的深入发掘。

每周五下午,来自世界各地的学者、学生汇聚一堂,他们带着各自的文化背景、学术观点和实践经验,共同参与到这场跨文化的对话中。在这里,国界的限制和等级的束缚被打破,唯有对知识的渴望和对真理的共同追求。马林诺夫斯基以他开放包容的学术态度,鼓励每一个人发声,无论是资深的人类学家还是初出茅庐的新人,都有展示自己观点的机会,如此形成了多元化多维度的激烈思想碰撞,他们在马林诺夫斯基的引领下携手书写着世界人类学的新篇章。

席明纳之所以具有独特的魅力,很大程度上是因为它强调实地调查的实践性。参与者们带来了他们在世界各地田野实地勘察到的各种真实问题,这些鲜活的第一手资料,为讨论注入了无限的活力与灵感。从非洲部落的仪式习俗到亚洲村落的社会结构,从北美印第安人的文化传承到南美雨林中的原始部落,每一个案例都展现了人类社会的丰富多样性。通过这些案例的分享和讨论,席明纳不仅解决了许多实际问题,更促进了理论创新与方法论的进步。

尽管室内烟雾缭绕,但这并未影响讨论的热情与深度。相反,这种略带混沌的氛围似乎更能激发人们的创造力与想象力。马林诺夫斯基的内心正如窗外的伦敦大雾一般深邃而广阔。他耐心地倾听每一个人的发言,时而点头赞同,时而提出疑问,积极引导着讨论向更加深入的方向发展。在这样的氛围中,每一位参与者都能感受到自己被重视和尊重,这激励他们更加积极地投入思考和交流中。

作为马林诺夫斯基的学生之一,费孝通在两个学年的学习过程中,深刻体会到了"今日人类学"所蕴含的力量与价值。他不仅积累了厚实的学术功底,习得了严谨求是的治学态度,更学会了以高度开放的姿态去拥抱这个多彩的世界。在日后的学术生涯中,费孝通将所学所得融会贯通,有针对性地应用于中国的社会研究,为中国的社会学与人类学发展作出了重要贡献。他的成就,无疑是对马林诺夫斯基教育理念与学术精神的最好传承与发扬。

马林诺夫斯基的席明纳不仅是学术交流的平台,更是思想碰撞的盛会。在这里,学者们相互延伸、相互交融的观点与思考,为学科的发展注入了源源不断的动力。时至今日,"今日人类学"这一主题依然激励着无数人类学者勇往直前,不断开拓新的研究领域与视角。这一切的起点,正是那个充满烟雾与智慧的伦敦大房间,那场场汹涌澎湃的讨论与对话。

马林诺夫斯基对费孝通的栽培,不仅限于学术殿堂席明纳之内的学科教学,而是跨越了生活、情感与学术的边界。在那个时代,师徒关系往往超越了单纯的知识传授,成为精神与文化传承的重要纽带。作为人类学领域的泰斗,马林诺夫斯基以其深厚的学术造诣引领着费孝通在学术的领域里升堂入室,究其阃奥,但在生活的细微之处,他更像是一位慈父,用他独特的方式悉心塑造着这位年轻学者的世界观与人生观。

当马林诺夫斯基决定接纳费孝通这位远离故土、初到异国他乡的新弟子时,他深知良好的环境对于他未来的生活和学习至关重要。因此,他亲自为费孝通挑选了一处充满文化氛围的住所——位于伦敦下栖道的一位朋友家中。这个地区不仅是文化艺术家的聚集地,也是东西方文化交流的重要桥梁。居住在这样的环境中,费孝通不仅能够体验到英国中上层社会的独特氛围,而且能通过与印度学者及尼赫鲁家族的接触,拓宽他的国际视野,对不同文化的理解和尊重也与日俱增,这为他日后综合全面地理解和把握人类学打下了坚实的基础。

尽管寄宿家庭中条件优渥,但费孝通的心却常常向往马林诺夫斯基的住所。在那里,学术摆脱了冰冷的文字和数据,变成了充满温度的生活实践。

马林诺夫斯基的家是一个弥漫着探索与求知的学术实验室,他的工作方式,尤其是口述记录法,不仅体现了其独特的学术风格,也深深启发了费孝通。这种边思考边讲述,再由他人记录整理的方式,让费孝通学会了如何在思维的碰撞中捕捉灵感,还教会了他如何在语言的流动中构建理论。马林诺夫斯基将对学术的执着都转化为一腔热情倾注在了学生身上。费孝通的出现无疑为他单调的生活增添了一抹亮色。在日复一日的相处中,师徒二人逐渐建立起了超越师生关系的深厚情谊,相处如同家人。费孝通不仅在学术上是他最得力的助手,在生活中也为老师做饭、整理家务。这种相互扶持、共同成长的经历,成为费孝通人生中宝贵的财富。

席明纳作为马林诺夫斯基指导学生的主要平台,其重要性不言而喻。但更难能可贵的是,在席明纳之外,他还能为弟子们提供更为个性化和深入的学习机会。在马林诺夫斯基的家中,费孝通能够直接参与到老师的著述工作中,通过实际操作和亲身体验,他对人类学的理论与方法更添了一份独到的见解。这种"做中学"的方式极大提升了费孝通的学术素养和实践能力。

马林诺夫斯基的书房看似杂乱无章,实际上却是创造力的源泉。那些纷乱的稿纸,记录了他思想火花的迸发;而那些被拿起、放下,不断修改的稿本,反映了他追求真理和精益求精的学术态度。在这样的环境中,费孝通不仅学会了如何在纷繁复杂的信息中提炼出有价值的观点,更体会到了学术研究的艰辛与乐趣。这种经历,无疑为他日后形成自己严密且独特的学术思想体系奠定了坚实的基础。

(四) 潜心出佳作

自1936年9月抵达雾都伦敦,费孝通的生活节奏虽紧张,却异常充实,每一刻都充满了对知识的渴望与对未来的憧憬。每周五的下午,是他最为期待的时刻。他会准时参加"席明纳"。

费孝通平日里保持着严谨而自律的生活习惯。每天清晨,他都会手捧《泰晤士报》,专注地阅读议会辩论的内容。这种做法不仅是提高英语水平的有效途径,也是了解英国社会政治生态的重要窗口。通过对文章的深入分析与思考,费孝通逐渐对西方社会的运作机制有了更为深刻的理解。到了傍晚,费孝通则会选择沿着泰晤士河散步,这成为他一天中放松身心的时刻。在这里,他可以暂时忘却学术的压力,让思绪随着河水流淌,享受宁静与自由。这种身心的放松不仅有助于缓解一天的疲劳,也为他接下来的研究工作注入了新的活力。

费孝通的主要精力集中在撰写博士论文上。为此,他几乎将图书馆视为自己的第二个家。在那个开架式的图书馆中,他如饥似渴地吸收着知识,从社会学、经济学到人类学、地理学等,他涉猎范围广泛,努力实现知识的融会贯通。每当夜幕降临,图书馆内只剩下他一人时,他对学术的执着和热爱便显得尤为珍贵。

每当费孝通完成博士论文的一章初稿,他总是迫不及待地将其拿给导师审阅。尽管马林诺夫斯基常常以一种看似随意的方式——躺在床上，用白布蒙住眼睛——倾听，但他的点评总是一针见血。费孝通从导师那里学到的，不仅仅是学术上的知识与方法，更有对学术严谨的态度和对真理不懈追求的精神。

经过无数次的讨论、修改与重写，费孝通的博士论文《中国农民的生活》(后译为《江村经济》)终于在1938年夏末完成。这部作品不仅凝聚了他个人的心血与智慧，更体现了他对中国农民和乡村的深情厚谊。在论文中，他以江村为蓝本，深入剖析了中国农村的社会结构、经济状况和人文地理等方面的问题，提出了许多高瞻远瞩的见解和建议。费孝通认为，要从根本上改变中国农民的生活状况并推动中国走向工业化，关键在于实施科技下乡、工业下乡等策略。

这部作品的完成，不仅标志着费孝通在学术上的一次重要突破，更为他日后的学术生涯奠定了坚实的基础。这个曾经寂寂无闻的小村庄——江村，因此而名声远扬，成为中国社会学和人类学研究的一个重要里程碑。在这段求学与研究的经历中，费孝通也逐渐成长为一位具有国际视野和深厚学术底蕴的杰出学者。

费孝通随后参加了一场别具一格的论文答辩。这场答辩不仅地点独特——在马林诺夫斯基温馨的家中举行，而且氛围异常轻松，充满了喜剧色彩。答辩委员会由马林诺夫斯基教授和享有盛誉的东方学者丹尼森·罗斯爵士组成。这使得这场答辩更像是一场朋友间松弛自然的学术交流，而非传统意义上的严肃考核。

门铃轻响，费孝通带着一丝紧张与期待踏入屋内，迎接他的是两位考官轻松自在的姿态。桌上摆着的几瓶佳酿，预示着这场答辩将非同寻常。在轻松的氛围中,评委们边品酒边讨论论文。丹尼森·罗斯爵士告诉费孝通,他夫人细读了整篇论文,而且一气呵成地读完,这足以证明论文多么流畅和引人入胜。

在轻松愉快的交谈中,两位考官不时举杯相庆,场面更像是在庆祝一次成功的聚会,而非传统意义上的严谨学术答辩。直到马林诺夫斯基教授轻声提醒,罗斯爵士才收敛起几分松弛,神情认真地迅速在费孝通的博士论文上签下了自己的名字。随后,两位评委再次举杯,共同庆祝这场别开生面的答辩圆满结束。

当天晚上,马林诺夫斯基教授热情地邀请费孝通留下共进晚餐,庆祝他学术生涯中取得的重要成就。在愉快的晚餐过程中,教授不仅对费孝通的论文给予了高度评价,还通过电话直接向伦敦著名的 Routledge 出版社(劳特利奇出版社)推荐了这部作品,并欣然接受了为该书作序的邀请。在序文中,马林诺夫斯基写道:

> 我敢于预言费孝通博士的《中国农民的生活》一书将被认为是人类学实地调查和理论工作发展中的一个里程碑。此书有一些杰出的优点,每一点都标志着一个新的发展。本书让我们注意的并不是一个小小的微不足道的部落,而是一个世界上最伟大的国家。作者并不是一个外来人,在异国的土地上猎奇而写作的;本书的内容包含一个公民对自己民族的人民进行观察的结果。……是一个实地调查工作者最珍贵的成就。此书的某些段落确实可以被看作是应用社会学和人类学的宪章。
>
> ……我怀着十分钦佩的心情阅读了费博士那明确

的令人信服的论点和生动翔实的描写,时感令人嫉妒。他在书中所表露的很多箴言和原则,也是我过去在相当长一段时间里所主张和宣扬的,但可惜我自己却没有机会去实践它们……

费博士著作中的原理和内容,向我们揭示了现代中国社会学派的方法论基础是多么结实可靠。……对农村生活、农民生活资料、村民的典型职业的描述以及完美的节气农历和土地占有的准确定义等都为读者提供了一种深入的确实的资料,这在任何有关的中国文献中都是十分罕见的……

作者的一切观察所具有的特征是,态度严谨、超脱,没有偏见。当今一个中国人对西方文明和西方国家的政治有反感,这是可以理解的。但本书中未发现这种迹象。事实上,通过我个人同费博士和他的同事的交往,我不得不羡慕他们不持民族偏见和民族仇恨——我们欧洲人能够从这样一种道德态度上学到大量的东西。[1]

当把"里程碑"这一词汇赋予费孝通的学术著作时,它不仅象征着个人学术生涯的辉煌成就,更代表着中华民族智慧在全球学术界中的历史性时刻。这部作品所获得的广泛赞誉与殊荣,是费孝通多年笔耕不辍与深刻洞察的结果,它不仅彰显了中国人类学对世界学术领域的重大意义,也体现了中华民族在现

---

[1] 费孝通.江村经济[M].戴可景,译.北京:生活·读书·新知三联书店,2021:序.

代化进程中对自身文化进行的深刻反思和独特见解。

传统人类学常常专注于探索"异域"和"原始文化",力图在遥远且陌生的地方寻找人类文明的起源与差异。费孝通却以其独特的勇气和智慧,将研究视线从这些遥远的"异域"拉回到我们熟悉的"本土",从抽象的"原始文化"深入具体的"经济生活"。这一转变不仅代表了对人类学研究对象和方法的革旧图新,也是对全球化背景下本土文化价值的重新评估的呼声。通过《中国农民的生活》一书,费孝通向世界展示了中国乡村社会的真实面貌,揭示了农民在经济生活变迁中所面临的挑战与适应方式,以及这些变化对中国社会整体结构的深远影响。这项研究不仅丰富了人类学的理论,而且为全球学者提供了一个令人耳目一新的视角,将中国社会乃至整个东方社会文化引入了世界舞台。

"白公爵"航程不仅是商贸纽带,更是文化交流与学术碰撞的桥梁。费孝通先生跨越地理与学术界限,其江村调查在中国社会人类学领域生根发芽,逐渐壮大。负笈英伦的经历,如同春雨般为学术种子提供养分与广阔天地。在英国,费孝通深入学习国际社会人类学理论与方法,与国际知名学者深入交流,视野与思路得以拓展。面对国内战乱,他毅然回国,将学术追求融入国家救亡图存事业,彰显学者的责任感与使命感,以及深厚的爱国情怀。他坚信科学价值在于服务人类,面对国难,以笔为剑,以学为舟,致力于民族复兴。

归国后,费孝通将国际社会人类学先进理念与中国实际结合,为中国社会人类学初期成长注入活力。其卓越的学术贡献,不仅体现在对中国社会人类学的深入研究上,更在于对国际社会人类学中心讲坛的积极参与,展现了学术无国界、文化可交融的真谛。

二、执教滇南

1938年,费孝通荣获英国伦敦政治经济学院的哲学博士学位。当时的中国战火纷飞,他本可凭自己的学历和学术声望像其他人一样在国外安稳度完一生,但那份赤诚的爱国之心始终牵引着他,最终他仍毫不犹豫地决定回国。在他的心中,解救同胞于苦难中,远重于个人的学术成就。

于是,费孝通经由越南西贡回国,最终抵达了云南昆明,一个相对安全的后方地区。然而,他并没有因为环境的安全而掉以轻心。他持续关注前线的战事,并深思中国未来的发展方向,认为抗战胜利虽然是迫切的目标,但胜利后的长远规划更为关键。这种深远的思考激发了他一个强烈的愿望:运用科学的方法深入理解中国社会,为战后重建一个繁荣强大的国家做好准备。

费孝通坚信真正适合中国国情的发展道路必须建立在对中国社会结构、文化传统和民众需求的深刻理解之上。因此,他投身于社会调查和研究工作,致力于探索解决国家面临的问题的关键途径。同时,他也积极倡导政治民主和民族团结的理念,坚信这些是推动国家向前发展的核心动力。

在那个动荡的时代,众多知识分子怀抱着救国的热忱理想,费孝通就是他们的一个缩影。他深切地关注着国家的命运和前途。面对国民党政权显现出的种种问题,费孝通没有选择缄默不语,而是勇敢地站出来,公开发表自己的见解。他积极呼吁变革,以期为塑造国家的未来贡献自己的一份力量。

(一)实地调查工作站

在那个硝烟弥漫的年代,费孝通在英国的学术殿堂里取得了博士学位,荣耀与责任在他的心头交织。祖国的苦难像沉重的枷锁,始终牵动着他的心。尽管马林诺夫斯基教授深情挽留,英国的学术环境也极为优越,但费孝通心中只有一个坚定的念头——返回祖国,与同胞勠力同心,共克时艰。他的选择,是家国情怀的深刻体现,也是对学者责任的矢志坚守。

由俭入奢易,由奢入俭难,但费孝通在踏上归途的那一刻,便放弃了舒适的头等舱,转而购买了最便宜的统舱票。这一选择不仅是出于经济上的考虑,更是因为他希望通过更朴实的生活方式,更深入地了解和接触普通民众。在逼仄且简朴的环境中,他与来自不同社会阶层的旅客共处一室,认真聆听他们的故事,体验他们的日常生活,感受他们的喜怒哀乐。在此过程中,费孝通汲取着质朴又丰富的多元文化,他的表情也随着不同的故事时而微笑时而悲伤、时而欢声笑语时而沉默叹息。这次旅行对费孝通来说,是一次意义深远的社会实践活动。它不仅加深了费孝通对底层民众生活状态的理解,而且为他日后进行农村社会调查提供了坚实的第一手经验。

当轮船在越南西贡靠岸时,国内战局的不利消息如同晴天霹雳,迫使费孝通不得不调整原定的行程。但这丝毫没有使费孝通产生畏难情绪，他历经辗转，最终抵达了抗战时期的后方重镇——云南昆明。这里是中国知识分子的避风港，也是费孝通学术生涯新的启航港。

昆明这片土地因燕京大学、清华大学、南开大学等高等学府的汇聚而焕发出浓厚的学术氛围和矢志不屈的民族精神。费孝通的恩师吴文藻先生，早已在昆明扎根，他不仅开设了社会人类学讲座，还建立了社会学系，并亲自担任系主任。在那个战火纷飞的年代，吴文藻先生深知知识的力量，尤其是社会学研究对于国家和民族存亡继绝的重大意义。因此，他积极推动与燕京大学合作，成立了实地调查工作站，致力于通过深入的社会调查，为国家的抗战与建设提供有力的理论支持。

抵达昆明后，费孝通迅速融入了这个学术精英云集的新环境。在云南大学和燕京大学联合设立的社会学研究室中，他不仅主持日常的研究工作，还担任两所学府的助理教授，肩负起培养未来学术人才的重任。

费孝通全身心投入"实地调查工作站"的工作中，这是他与恩师吴文藻共同推动的关键项目。他们坚信，只有深入田野，才能真切感受到社会的脉动，揭示那些在书本上无法完全理解的深层次真相。因此，费孝通经常深入云南的乡村，与当地农民同吃同住，深入交流，认真倾听和随时记录下他们的真实想法，细致观察他们的生活习俗，力求从日常生活的细微之处捕捉到社会变迁的轨迹。

中国社会的复杂性不是一朝一夕就能完全理解的。但他坚信，从基层做起，从农村着手，可以逐步揭开这个古老国度神秘的面纱。在费孝通看来，农村是中国社会的缩影，它不仅承载着千百年来农民的智慧与汗水，也反映出中国社会的不断变迁。

因此，他将研究的重点放在农村，希望通过深入了解农民的生活状态，来探索中国社会的本质与展望未来。

正当费孝通为调查地点一筹莫展之际，命运为他安排了一次邂逅。在昆明的街头，他偶遇了同窗好友王武科。王武科不仅在昆明工作，而且其老家禄丰正是一个具有典型农村特征的地区，这对于费孝通来说是个难得的机会。王武科的倾情相助，让费孝通得以顺利进入禄丰进行研究，他还通过自己的亲戚关系为费孝通安排了一个温馨的住所。这个家庭信奉基督教，与费孝通的一位同样信基督教的姨母杨季威有着深厚的渊源。这种双重关系，迅速拉近了费孝通与当地村民的距离，使他能够迅速融入这个陌生的环境，并得到村民们的信任与接纳。

在禄丰的日子里，费孝通仿佛找到了一片学术的沃土。他逐渐认识到要全面了解中国社会，必须从最基层的农村入手，而农村社会的核心则是土地问题，这是理解农村社会结构和动态的关键。因此，他将研究的焦点放在土地集中和不在地主（即不住在农村里经营农业的地主）制的问题上，希望通过比较研究，揭示出不同地区农村社会的异同，探索其背后的经济逻辑，以此为脉络把握整体社会结构和社会问题。

在禄村的首次实地调查中，费孝通切身体验了长达40天的农村生活。在这段时间里，他的足迹遍布了村子的每一个角落，与村民们进行了深入交流，倾听他们的心声，细致观察他们的日常生活。他注意到，禄村与江村在土地制度上存在着显著的差异。禄村的土地主要由小土地所有者控制，他们通过雇佣劳动力来耕种土地。这种经营方式为村民提供了相对稳定的生活来源。相比之下，江村则因手工业的衰退而面临借贷和土地集中的问题，这在禄村并未出现。费孝通深刻认识到，土地制度的形态并非孤立存在，而是与经济处境、社会结构等多种因素息息相关。

随着调查的深入，费孝通开始将禄村的实际情况与在江村的研究进行对比分析。他意识到，要构建一个全面的理论框架来解释中国农村的土地制度和社会变迁，不仅需要进行广泛的田野调查，还需要多维度多层次的比较分析。于是，在授课之余，他着手整理禄村的调查材料，增强对比性材料的总结归纳，并虚心向师友请教，以不断完善自己的研究。

为了进一步验证和深化自己的研究，费孝通决定对禄村进行第二次实地调查。这一次，他带领了一支研究团队，共同投入这项艰巨而充满挑战的工作。他们不仅复核了已有的数据和论据，还深入考察了禄村经济在一年内的变迁情况。通过实地观察和反复校订，费孝通最终完成了《禄村农田》一书。这本书不仅详细记录了禄村的土地制度、经济结构和社会生活，还深入剖析了这些因素之间的内在联系和相互影响，为中国农村社会学的研究提供了宝贵资料。

费孝通在1939年10月15日完成了对禄村的第二次实地调查后，并未就此止步。他怀着对更广阔农村世界的深深好奇与责任感，踏上了新的征程。禄村的调查虽已让他对以农田经济为主导的农村社会有了深刻的理解，但他清楚地认识到，中国农村的多样性远不止于此。为了更全面地把握中国农村社会的全貌，费孝通迫切需要找到一个手工业较为发达的村落，与禄村形成对比，通过比较研究揭示不同类型农村社区之间的异同。于是，在禄村调查结束仅三天后，费孝通与助手张之毅便满怀激情地从昆明出发，踏上了寻找新调查点的征程。

费孝通和他的团队穿越了崎岖的山路，跨过了湍急的河流，经过六天的艰苦跋涉,最终抵达了一个名为"易门"的偏远村落。这个村落,宛如一颗被时间遗忘的珍珠,静静地镶嵌在群山的怀抱之中,鲜有外人问津。遵循费孝通的命名习惯,他们亲切地称这个村落为"易村"。与禄村的调查不同,易村的探索从一开始就充满了未知和挑战。没有先前的私人关系作为桥梁,也没有现成的资料作为参考,他们只能依靠自己的双脚和双眼去进行探索和发现。

在易村的调研过程中,费孝通与张之毅经历了前所未有的困难。从昆明到易村,只有一小段路程可以通汽车,其余的路途必须依靠骑马或步行完成。这段长达六天的旅程不仅考验着他们的体力与毅力,还让他们深刻体会到了中国农村交通的闭塞与不便。这让他们对中国农村的社会问题又添了几分其他维度的理解。

尽管如此,他们依然能甘之如饴,发现生活中的美好。在滇池边的寨子里,费孝通和张之毅因找不到合适的住宿,只得在一座破庙的菩萨脚下搭铺过夜。月光如清泉般静静流淌,洒在菩萨的身上,周围一片宁静,只有远处偶尔传来的虫鸣声,为夜晚的静谧增添了几分生意。在柔和的月光下,他们心中涌动着一种特殊的情感,即使身处陋劣的环境,也始终憧憬着那洒满月光的前路。在另一所村子的小学借宿时,两位之前未曾相识的女教师,不顾他们的婉拒,执意送给他们一篮鸡蛋作为旅途中的补给。这份朴素而真挚的热情深深触动了费孝通和张之毅,更加坚定了他们深入农村、贴近农民生活的决心。

初到易村,费孝通与张之毅面临着巨大的挑战。这个偏远的小山村对外来者既充满好奇也带有戒备。甚至有些村民传言,这两个外来者可能会干扰他们的生活。面对这样的困境,费孝通与张之毅没有退缩,而是选择了主动出击。

他们开始与村民拉家常,耐心地解释自己此行的目的,并承诺不会干扰村民的正常生活。通过一次次热情亲切的交流与沟通,村民们逐渐放下了戒备心理,开始与他们接触。从最初的勉强敷衍几句,到深夜的促膝长谈,村民们向他们敞开了心扉,分享了村里的真实情况和许多不为人知的秘密。这一转变,是费孝通和张之毅孜孜不倦和辛勤工作的结果。

在易村,费孝通和张之毅通过亲身参与田间劳作和手工艺制作,与村民共同生活,深入了解了该村的经济特征、土地状况和社会构成。他们注意到,易村的手工业非常繁荣,与以农业为主的禄村形成鲜明对比。经济模式的多样性不仅改变了村民的生产和生活方式,也塑造了易村独有的社会结构。

费孝通意识到易村研究对中国农村社会多样性的理解至关重要。他采用比较方法,将易村与禄村、江村等不同经济背景下的农村社区进行对比,以揭示农村社区模式的共性与差异。通过这一过程,他发展了自己的类型比较研究法,为中国农村社会学研究方式的改进与发展提供了宝贵经验。

(二) 战火中的爱情

在那战火纷飞的日子里,费孝通与孟吟的结合,无疑是乱世中的一抹温柔,给彼此带来了无尽的慰藉与希望。他们的爱情,如同雪山深谷里的一簇篝火,点亮了他们的生命,也温暖了彼此的心房。

孟吟,一位性格坚忍的女性,她的出现为费孝通枯燥的科研生活带来了丰富多彩的桥段,并在精神层面为他提供了强大的支持。尽管她自己也曾面临重重艰难险阻,从荷属苏门答腊的流亡到在昆明重新建立家园,但她的眼中始终燃烧着对生活的热爱和对美好未来的心驰神往。她那乐观和坚强的精神,极大地鼓舞和勉励了费孝通,使他在繁忙的学术探索和动荡的社会背景中,仍能保持一颗平和而坚定的心。

婚后生活虽简朴,却温馨而有序。作为费孝通人生道路上最重要的伴侣,她独当一面,为费孝通阻挡了一切学术以外的纷扰。她的贤惠和细心让家庭生活井井有条。每当费孝通结束一天的忙碌归来,总能看到妻子那温柔的笑容和桌上热腾腾的饭菜,这一切都让他感到无比幸福与满足。然而,幸福的时光总是短暂的,随着战火的蔓延,昆明也未能幸免于难。频繁的轰炸让这座城市笼罩在惶恐不安之中,孟吟更是时刻担忧着腹中胎儿的安全。

在那次惊心动魄的轰炸中,费孝通与怀孕八个月的孟吟流离失所。被炸毁的家园,处处充满了无奈与悲凉。然而,孟吟的坚忍不拔再次显现,她没有抱怨,没有哭泣,而是默默地接受现实,与费孝通共克时艰。在简陋的农户家中借宿的日子里,孟吟依然保持着那份对生活的热爱与希望,她的笑容和勤劳成为这个简朴的家最宝贵的财富。然而,由于孟吟临产,费孝通夫妇不得不根据当地习俗搬到呈贡县城一个姓李的保长家中居住。尽管那里环境简陋,但毕竟提供了一个相对安定的场所来迎接新生命的到来。1940年12月12日,随着一声清脆的啼哭,他们亲爱的女儿来到了这个世界。她的到来,不仅为这个小家带来了新的希望与活力,也使得费孝通与孟吟的爱情更加牢不可破。

为了纪念已故的发妻王同惠,在征得孟吟的同意后,费孝通为女儿取名费宗惠。这个名字不仅寄托了对瑶山那段峥嵘岁月的怀念，也表达了对未来生活的期许。费孝通深知无论世事如何变迁，家庭的温暖与亲情的力量都将是他最坚实的后盾。

在那段艰难困苦的岁月里，费孝通一家人的生活被一层浓重的阴霾所笼罩。新生命的到来无疑为家中带来了喜悦与希望的光芒，但严峻的现实却依旧向这个在风雨中飘摇的家庭发难。作为一位博学多识的大学教授，费孝通在讲台上神采飞扬，引导学生们深入知识的宝库，但回到家中，他面临着一个迫切的问题——如何用他那微薄的工资，支撑起这个三口之家。

物价的飞涨使得本已拮据的生活更加艰难。费孝通每月领取的工资，对于基本的生活开支都只是杯水车薪，只一瞬间就被米粮、柴火等生活必需品消耗殆尽。因此，他不得不精打细算，甚至到了必须当日有米当日买的地步，担心迟一天，手中的钱就会因贬值而所剩无几。即便如此，家中的米缸也经常见底，小惠那稚嫩的哭声，成了家中最令人心痛的声音。奶粉，这个对婴儿至关重要的营养品，在费孝通家却成了难以企及的奢侈品。每当夜深人静，小惠因饥饿而啼哭，费孝通的心就如刀割一般，那份作为父亲的无能为力几乎让他窒息。

为了缓解家庭的经济压力，费孝通不得不将更多的精力投入写作中。云南大学附近的茶馆，成了他临时的"卖文摊位"。他不再是沉浸在书海中的学者，而是转变成一位"茶馆作家"。尽管周围环境嘈杂纷扰，他仍能迅速静下心来，文思泉涌，迅速成文。在这些茶馆的角落里，他撰写了关于农村、土地、劳动力和社会结构的深刻分析。《禄村农田》《农村土地权的外流》等作品，体现了他对当时社会现实的洞若观火，更折射出他对国家命运的深切关怀。

孟吟是费孝通最坚实的后盾。她用自己的双手,将简陋的居所打理得井井有条,用爱营造了一个温馨的避风港。面对丈夫的辛劳与疲惫,她总是默默支持,从不抱怨。她深知丈夫肩负重任,而她所能做的就是让这个家充满温暖和光明,在丈夫的身后撑起半边天。每当夜深人静,费孝通停笔休息时,总能在孟吟温柔的目光中感受到理解与疼爱,那目光中也蕴含着对未来的希望与憧憬。

在孟吟的支持与陪伴下,费孝通并未被生活的重压击垮,反而更加坚定了自己的信念与追求。他深知,只有努力与奋斗,才能为家人带来更好的生活。于是,他更加勤奋地投身于学术研究之中,用一篇又一篇文章,记录和剖析着乡村的变迁与农民的疾苦。他的《禄村农田》《易村手工业》《玉村农业和商业》等作品,为他赢得了更多的稿费与声誉。

然而,对于费孝通来说,无论外界的成就和荣誉多么耀眼,都不如家人的幸福和健康来得重要。每当看到小惠在母亲的怀抱中安然入睡,每当看到孟吟那满足而幸福的笑容,他便觉得所有的付出和辛苦都不值一提。他明白,正是家人的坚定支持和温暖陪伴,让他在逆境中得以坚持,在绝望中寻找到希望的曙光。

那段日子虽然充满了艰难困苦,但正是这些经历让费孝通更加珍惜眼前的一切。他深知,家庭的温暖与亲情的力量是任何物质财富都无法替代的。在未来的日子里,无论遇到怎样的风云变幻,他都将与孟吟携手共进,共同守护这个充满爱与希望的小家。

（三）"魁星阁"岁月

在烽火连天的岁月里，1940年，位于中国西南边陲的昆明，这座历史悠久的城市正面临前所未有的考验。随着日军步步紧逼，战争的阴霾笼罩在每一位中国人心头。然而，正是在这片风雨飘摇的土地上，云南大学与燕京大学联合设立的社会学实地调查工作站，在费孝通等学者的努力下，于乱世中焕发出耀眼的光芒。这里汇聚了一群怀揣共同理想与信念的青年学者，他们跨越了学科与地域的界限，共同探索中国社会的奥秘。他们之中，有人专注于农村经济，有人深入城市社区，有人则聚焦于民族文化……这些研究方向紧密相连，共同织就了一幅关于中国社会的多维画卷。

费孝通彼时正担任云南大学社会学系的助理教授，他肩负着吴文藻教授的重托和期望。随着日军轰炸的日益加剧，原本设在昆明的社会学实地调查工作站不得不另寻安身之所。经过一番考量，他们最终选择了呈贡老城墙村的一座古老庙宇——"魁星阁"作为新的基地。

魁星阁，这座饱含深厚文化底蕴的古建筑，以其独特的阁亭形态屹立于黄龙山南麓，显得格外庄重而神秘。金色的屋顶在阳光下熠熠生辉，仿佛预示着这里即将成为一座学术殿堂。但是当工作站成员们踏入这座古庙时，迎接他们的却是截然不同的景象：内部设施陈旧不堪，木板松动，墙缝中时有小虫出没。

要在魁星阁继续进行研究工作，必须对其进行改造。经过讨论，费孝通等人决定将一层改作厨房和餐厅，二层用作办公区域,三层则作为居住空间。尽管条件艰苦,大家依然热情高涨地投入改造工作中,每个人的脸上都洋溢着对未来的希冀。

在魁星阁的日子里,费孝通与同事们共同经历了无数艰辛与挑战。夜晚,他们依靠微弱的油灯照明,进行案头工作;白天则深入田间地头,开展实地调查。尽管生活和工作条件极为艰苦,但他们没有抱怨。相反,大家相互扶持、共同进步,在困境中找到了自己的乐趣和动力。

每一天的魁星阁都闪耀着思想火花。每当夜幕降临,二层办公区灯火通明,费孝通和同事们围坐在饭桌旁,一边品茶,一边探讨各自的研究课题。偶尔因观点分歧而争得面红耳赤,但正是这种激烈的学术碰撞,使他们的研究更加深入和全面。他们不仅关注社会变迁和发展,还致力于将学术研究应用于实际问题的解决中。

随着工作站的启用,魁星阁迅速成为学术的温床。费孝通,这位自谦为"小头头"或"大服务员"的学者,以其独特的领导风格和深厚的学术造诣,带领着一群满怀激情与理想的青年学者,在这个简陋却充满学术氛围的阁楼里,展开了一场场别开生面的学术探索。

不同于传统的"填鸭式"教学,费孝通深受其导师马林诺夫斯基"席明纳"模式的影响,倡导一种开放、互动的学习方式。在这里,没有固定的讲台与听众,也没有地位高低和师生之别,每个人都是参与者,是贡献者,也是受教者。他们根据自己的兴趣与专长选定研究课题,或深入农村田野,或走进工厂车间,用双脚丈量土地,用双眼观察社会,用心灵感受时代脉搏。这种从实践中来到实践中去的研究方法,不仅激发了每个人的创造力与探索欲,也让他们的研究成果更加扎实,具有深远的社会意义。

费孝通不仅是一位杰出的学者,更是一位卓越的团队领袖和先驱者。他以敏锐的洞察力、不懈的创新精神和突出的人格魅力,赢得了团队成员的尊敬与爱戴。每当遇到难题,他总是第一个站出来,用他那充满激情的言辞鼓舞大家,用富有智慧的建议指引方向。他也非常注重团队内部的沟通与协作,鼓励大家畅所欲言,共同解决问题。

研究团队逐渐壮大,魁星阁形成了一支由十余人组成的小型而精悍的研究队伍。每个人都有自己的专攻领域,但他们之间又紧密协作。张之毅的《易村手工业》《玉村土地与商业》和《洱村小农经济》,如同三部曲,深刻剖析了中国农村经济的多元面貌;史国衡的《昆厂劳工》和《个旧矿工》揭示了工业领域劳动者的生存状态与抗争;谷苞的《化城镇的基层政权》与田汝康的《芒市边民的摆》和《内地女工》从行政管理与边疆民族、女工权益等不同角度,展现了复杂的社会结构;胡庆钧的《呈贡基层权力结构》更为地方治理的微观分析提供了宝贵资料。这些研究成果不仅填补了学术空白,也为后人理解那个时代的社会提供了丰富的资料库。

面对物质的极度匮乏,费孝通和他的团队展现出了惊人的毅力和创造力。为了及时传播研究成果,他们亲手刻制蜡版,操作油印机,将一篇篇饱含心血的文章转化为铅字。这份对学术的执着与热忱令人动容。同时,他们还积极准备英文材料,努力将中国学者的声音传向世界。这一举动不仅赢得了国内学者的关注与赞誉,还在国际上产生了广泛影响,形成了"墙内开花墙外香"的独特景观。

在魁星阁的日子里,费孝通与伙伴们之间建立了深厚的情谊与默契。他们相互激励、相互学习,在共同的学术追求中不断成长。费孝通以其渊博的学识、敏锐的洞察力和无私的奉献精神，成为团队的精神支柱和学术带头人。伙伴们的青春活力、创新思维和扎实的研究成果，也反过来回馈给费孝通源源不断的灵感和动力。他们共同营造了朝气蓬勃的学术环境，在中国社会学发展史上留下了浓墨重彩的一笔。

"魁星阁"的独特之处在于，它将学者的个人学术追求与国家的命运紧密结合，同时巧妙地融合了实地调查的科学方法和"席明纳"的研讨方式。这种融合不仅使学术研究更贴近现实、更具针对性，而且极大地激发了学者们的创造力和探索精神。在"魁星阁"的讨论中，思想的火花频繁碰撞，新观点层出不穷，为中国社会学的发展提供了持续的动力。

难能可贵的是，在极端艰苦的条件下，"魁星阁"的学者们依然保持着对学术的热爱和对国家的忠诚。他们以实际行动展现了真正的学者风范和爱国情怀。当讨论中国的社会人类学、人才培养，以及融合科学精神与人文关怀时，"魁星阁精神"无疑是我们学习的典范。它向我们展示了真正的学术追求不仅在于对知识的渴求与探索，更包含对社会的责任与担当；真正的学者不仅是知识的传承者，更是时代的引领者和国家的建设者。我们应继续弘扬"魁星阁精神"，将个人的学术追求与国家的命运紧密结合，运用科学的方法认识和改造社会，为实现中华民族伟大复兴贡献力量。

三、民盟参政

尽管身处抗战的后方,费孝通始终密切关注着前线的战事。他坚信,通过科学的方法深入理解中国社会,有助于更好地服务国家的未来。因此,他投身于社会调查与研究,致力于寻找解决问题的关键。他忧虑国家的命运,并对国家的前途牵肠挂肚。面对国民党政权的种种问题,他仗义执言,呼吁变革,为国家的未来而奋斗。他将"国家兴亡,匹夫有责"作为自己一生的座右铭。

(一) 傲骨嶙峋

在战火纷飞的年代,物资如同沙漠中的水源,珍贵且难以寻觅。昆明的街头巷尾,物价失控,短时间内竟攀升了三百余倍。西南联大教授们的薪资增长却远远跟不上这飙升的物价,仅仅增长了五倍,他们的生活因此陷入了前所未有的困境。

尽管生活条件艰苦,费孝通的学术热情却丝毫未减。他将几乎所有精力投入社会学研究中,期望自己的学识能够启迪人心,影响社会,进而改变国家的命运。他的作品不仅数量丰富,质量亦属上乘,每一篇都体现了他对社会问题的深刻洞察和对国家未来的热切期望。

在这一时期，费孝通亲历了中国社会的深刻变革。在英国留学期间，他虽接触过《资本论》并对马克思主义有所了解，但当时尚未能深入领悟其核心要义。回国之后，他目睹了全国人民在抗日战场上的英勇斗争，以及国民党与共产党之间的激烈较量，这促使他开始重新审视自己的思想和信仰。他清晰地看到了民主与独裁、光明与黑暗之间的对立，同时深刻感受到了马克思主义在中国这片土地上所具有的强大生命力和现实意义。

在动荡的1943年，费孝通站在了人生重要抉择的十字路口。那一年，他收到了美国国务院的邀请，成为被选中的十位教授之一，去美国进行为期一年的学术访问。但是根据当时的政策，他必须在出国前加入国民党中央训练团接受培训。

费孝通最初对这一规定持拒绝态度。他全身心投入学术研究，并对政治时局持有独到见解，不愿受到任何意识形态的制约而曲学阿世。但在经过一系列协商后，他以不参与常规团员活动和不接受军事训练及课程为条件，在团内逗留了大约两周。对费孝通而言，这段时间更多是一种形式上的委曲求全，而非内心的认同。

训练结束后，蒋介石与每位团员会面。在与费孝通的会见中，蒋介石询问他阅读了哪些古籍。费孝通回答说，他读的是与自己研究领域相关的书籍，而非古籍。蒋介石听后建议他多阅读古籍。费孝通后来回忆这段对话时坦言，他对蒋介石的回应是有意为之，因为他认为蒋介石行为"下作"，并不希望被对方"抬举"。

一年后，费孝通结束了在美国的访问，重返昆明。然而，他惊讶地发现昆明已经经历了翻天覆地的变化。此前他专注于学术研究，对周围的政治局势并未过多关注。如今周围发生的一切让他感到深深的忧伤，仿佛心中有难以消除的块垒。他渴望飞翔,却感觉被无形的束缚所限制;渴望奔跑,却感到肩负沉重的责任。他的同事和朋友大多也有着类似的感受,他们对时局的洞察和对国家未来的思考也都因此发生了新的转变。

闻一多先生是抗战初期对国民党及其政府抱有极大期望的典型代表。尽管抗战初期遭遇了一些挫折,但他仍然对国民政府和抗战的胜利充满信心,甚至准备随时响应征召。但随着时间的推移,国民党的消极抗战态度、对民主进步力量的残酷镇压,以及政治腐败、官场黑暗、民不聊生的现状,让闻一多先生万念俱灰。他不再对政府抱有任何幻想,他的观点和态度也发生了彻底的变化。

当闻一多再次与费孝通会面时,他直截了当地指出了费孝通一年前思想的不足。闻一多认为,那种思想反映了知识分子在面对现实的无奈时所做出的一种选择,但它并不能实质性地解决问题。他强调,明哲保身并不能改变国家的腐败、落后和反动现状。因此,他们不能再袖手旁观,任由国民党反动派肆意妄为。

费孝通归国后的种种经历和观察,深刻映射了那个时代知识分子所面临的困境与逐步觉醒的心路历程。他们逐渐认识到,知识分子消极逃避、作壁上观并不能真正解决问题。相反,知识分子需要更积极地投身于社会变革之中,利用自己的学识和专长去促进社会的发展和进步。这种认识成为费孝通等知识分子继续努力的新方向,也是他们行动的动力源泉。

(二) 加入民盟

费孝通周围聚集了一批志同道合的杰出人士,包括潘光旦、曾昭抡、吴晗等，他们不仅是学术探索的伙伴，更是在爱国民主运动中并肩作战的同志。同仁们的坚定信念和积极行动，如同一股汹涌澎湃的潮流，极大地激发了费孝通的共鸣。他深刻地认识到，虽然个人之力有限，但当这些力量汇聚起来，便能成为推动社会前行的强大力量。因此，"榜样的力量是无穷的"这一信念在他心中深深扎根，并在 1945 年促使他毅然加入中国民主同盟（简称民盟）。自此，他更加积极地投身于争取民主、反对独裁的斗争，以实际行动体现自己的爱国情怀和对民主理想的追求。

新生的民盟在中国近代史的长河中是一股举足轻重的力量，它在时代风云变幻中留下了深刻的烙印。1941 年，抗日战争正处于相持阶段，国内局势错综复杂，国共合作面临严峻的考验。"皖南事变"的爆发，更是让抗日民族统一战线的稳定性受到了严重威胁。在这样的背景下，一批坚持抗日救亡、民主团结信念的政党和爱国人士，为了共同的目标走到了一起，于同年 3 月 19 日在重庆秘密成立了"中国民主政团同盟"。

民盟的成立是历史必然的选择。在国民党顽固派的倒行逆施和抗日民族统一战线面临危机的背景下，那些既不愿向独裁统治妥协又期望国家统一和民族复兴的党派和团体迫切需要寻求一个能够统一意志、共商国是的平台。凭借"统一建国同志会"的坚实基础，中国民主政团同盟应运而生，它整合了中国青年党、国家社会党（后更名为民主社会党）、中华民族解放行动委员会（后更名为中国农工民主党）等多个政党的力量，以及中华职业教育社、乡村建设协会等社会团体的成员，形成了一股不容小觑的政治力量。

黄炎培先生作为民盟初期的核心领导者，凭借其卓越的领导力和深沉的爱国情感,引导民盟在动荡不安的时代中渐成气候。随着时代潮流的变迁,黄炎培先生由于种种原因辞去了主席的职位。随后,张澜先生毅然接过了领导的重担,继续引领民盟在追求民主的征途上长风破浪。

自成立伊始,民盟就有着明确的政治主张:"贯彻抗日主张,实践民主精神,加强国内团结。"在抗日战争的硝烟中,民盟盟员积极投身于国统区的民主宪政运动,致力于推动国内政治改革,保障人民的基本权利。同时,民盟也热情响应中国共产党关于建立民主联合政府的倡议,为打造一个更公正、更合理的国家制度体系,贡献了自己的智慧和力量。

抗战胜利后,国内政治局势发生了深刻变化。面对国民党反动派的独裁统治和内战威胁,民盟于1945年10月明确提出"反对独裁,要求民主;反对内战,要求和平"的政治主张,成为广大人民群众反对独裁统治、争取民主权利的坚强后盾。随后,民盟不仅积极参与政治协商会议、国共两党和谈等关键历史事件,与中共代表团密切配合,共同推动了和平建国进程,还广泛参与和支持学生民主运动,以及广大人民群众反内战、反饥饿、反迫害的斗争。在这些斗争中,民盟盟员以无畏的勇气和不屈的信念,展现了他们作为民主斗士的崇高形象。他们的行动不仅为中国的民主事业注入了新的活力,也为后人留下了弥足珍贵的精神财富。

在费孝通的人生历程中,决定加入中国民主同盟是一个具有里程碑意义的选择。在国内政治动荡和各派势力的龙争虎斗中,他深切体会到个人力量的渺小与无力,同时也认识到知识分子在推动社会变革中所承担的责任和使命。民盟作为一个坚持团结、倡导民主、反对独裁和内战的政治组织,其理念与费孝通内心的信念高度契合,成为他投身政治活动的理想舞台。

"德不孤,必有邻。"加入民盟后,费孝通仿佛找到了一片精神的家园,周围汇聚着同样怀抱民主理想的志同道合者。这份归属感让他更加坚定地参与到民盟的各项活动中。他不仅积极参与政治讨论,还通过文章和行动表达对时局的深刻洞察和对民主事业的执着追求。他的文章开始更加深入地探讨社会现实,有力地批判了独裁统治,并为民主与和平发声,彰显了一位知识分子应有的社会责任感和历史使命感。

与此同时,民盟的集体智慧和力量显著增强了费孝通的政治洞察力。在这个大家庭里,他掌握了全面而深刻的政治形势分析方法,并学会了如何更有效地运用自己的知识和影响力,为民主事业贡献自己的力量。

(三)心向安宁

当日本无条件投降的喜讯如春风般吹遍中华大地,民众还沉浸在抗战胜利的浓郁喜悦中时,国民党政府却悄然布下了内战的阴霾,企图破坏来之不易的和平曙光。这一倒行逆施的行为迅速激起了全国范围内强烈的反战情绪,人民对和平的渴望如烈火燃烧,对战争的厌恶如幽渊深邃。

在这至关重要的时刻,费孝通与众多民盟盟员并肩作战,他们不仅是学术界的杰出代表,更是时代良知的化身。为响应民盟总部的号召,费孝通毅然决然地投身于反内战、反饥饿、反迫害的正义斗争之中,用自己的行动彰显了知识分子的责任感和使命感。

在历史的长河中，总有一些声音如同清泉般涌现，激荡着人们的心灵。费孝通先生以独特的视角和深邃的思考，记录了那个动荡年代的悲欢离合。在《告国际友人书》与《昆明各界人士为庆祝胜利及和平建设新中国通电》等重要文献上，费孝通先生以笔为剑，毅然署名，向世界宣告中国人民对和平的寤寐求之与对内战的坚决抵制。他挥毫泼墨，于《复仇非勇》中深刻剖析，于《平民世纪在望》里殷切呼唤，以文为刃，剖解内战之荒谬，揭示其祸国殃民之实，倡导以理性之光，照亮和平之路。在《美国你不该这样——致美国人民的公开信》中，费孝通更是直接向国际社会发声，其言辞如炬，揭露了国民党政府企图借外力煽动内战的阴谋，表达了对美国等外部势力干涉中国内政的深切忧虑与严正警告。

1945年深秋的一个傍晚，云南大学的广场上聚集着一群怀揣梦想的人。尽管夜色渐浓，但人们的热情如同熊熊烈火点燃了整个广场。他们的心中充满对和平的渴望与对内战的厌恶。在由西南联大、云南大学、中法大学、英语专科学校共同主办的"反内战时事报告会"上，空气中弥漫着紧张与期待，每个人都在思考着：如何才能结束这场无休止的战争？如何才能实现心中那份对和平的向往？

深邃的天空中星光初现，四位德高望重的教授——费孝通、钱端升、伍启元、潘大逵依次登台，宛如灯塔在黑暗中散发着智慧的光芒。他们的演讲铿锵有力，字字如同黄钟大吕，直抵人心。在这一刻，理想与信念交织共鸣，正义的号角声在会场内外激荡。然而，这份对正义的呼唤并未能平息即将到来的风暴。就在光辉与希望的语言交织之际，国民党政府的军警正如同阴影般悄然逼近，一场预谋的镇压行动在暗中进行，阴影笼罩着即将来临的光明。

  费孝通教授站在讲台上,以他深厚的学识和敏锐的见解深入剖析"美国与中国内战之关系"这一主题,他的思维在历史的洪流中游弋,将家国蒙难、兵连祸结的现实图景还原到观众眼前。然而,正当他的声音激荡在会场之际,场外却惊闻密集的枪声,令人惊恐的子弹划破了夜空,迅速将这场学术交流的氛围撕破。这一道道尖锐的声响,不仅是弹药的威胁,更是恐惧的象征,试图将人们的理性与思辨淹没在混乱与绝望之中。在这骇人的瞬间,费孝通教授表现出异于常人的勇气和非凡的镇定。他的眼中闪烁着坚定的光芒,犹如心中那团不灭的火焰。他以更加振奋人心的声音高呼:"不但在黑暗中我们要呼吁和平,在枪声中我们还要呼吁和平!我们要用正义的呼声压倒枪声!"①他的声音穿透了枪林弹雨,成为在场每一个人心中的灯塔。这句话不是简单的呐喊,而是凝聚了人性光辉的呼喊。在那种危难时刻,每个字都仿佛带着剧烈的震撼,穿越了生与死的恐惧,深入每一颗充满希望的心。

  与此同时,群众的心并未被恐惧所吞噬,恰恰相反,反战歌曲如春风化雨般在心间飘荡,众人齐声高歌,用歌声回应费孝通教授的激昂呼喊,用团结的力量对抗着无情的暴行。尽管集会因突如其来的枪声而被迫提前结束,但它所激发的反内战斗志却如同野火燎原,迅速蔓延至全国各地。这次事件不仅是对国民党政府独裁统治的有力控诉,更是中国人民追求和平、民主、自由的坚定宣言,他们以共同的信仰,凝聚出一种无畏的力量。

---

① 章剑华.世纪江村:小康之路三部曲[M].南京:江苏人民出版社,2020:227.

报告会的余音尚未消散，昆明的天空却已布满了阴霾。仅仅五天之后，一场更加血腥的暴行——"一二·一"惨案，如同晴天霹雳般，震惊了整座城市。反动当局肆无忌惮地出动军警与武装特务，对西南联大、云南大学等高等学府的爱国师生进行了残酷的袭击。木棍的猛击、刺刀的冷光、手榴弹的轰炸，构成了一幕令人痛心的场景；无辜的师生在血泊中倒下，造成四人死亡，数十人受伤的惨重损失。这座城市一时间被浓厚的"白色恐怖"所笼罩，自由与正义的呼声似乎被无尽的黑暗所吞噬。昆明的冬日仿佛因这场惨案而显得格外寒冷。

此后，国民党特务并未收敛其嚣张气焰，反而变本加厉地迫害民主力量。进步刊物被迫匿迹，消失在那片令人窒息的荒原之中，世间的呐喊逐渐沉寂，取而代之的是万马齐喑的静默。那些勇敢的进步人士更是在森严的监视之下，生活如同走在刀剑上，人身安全时时刻刻受到严重威胁。然而，历史的进程并不能被反动的力量所左右。即便是在如此黑暗的境遇之中，民主的火种依然不屈不挠地燃烧着，它如同地下深埋的根系，顽强地向上延伸，寻求阳光与空气的滋养。勇敢的思想始终在激荡，继续传递希望的曙光。

1946年7月，历史的车轮在中国大地上缓缓转动，战火的阴影依然笼罩着曾经繁荣的国度。在这个动荡的年代，民盟总部决定派遣李公朴先生前往昆明，组织发起一场反内战运动，旨在唤醒更多民众对和平的渴望与对独裁的反抗。李公朴先生与闻一多、潘光旦、楚图南、潘大逵、冯素陶以及费孝通等七位知名人士携手，共同召开了一场新闻招待会。会上，李公朴与闻一多先生慷慨陈词，单刀直入地表达了民盟反对内战、追求和平的坚定立场。他们的声音如同春雷，震撼着每一个聆听者的心。这场会议不仅是对内战的控诉,更是对和平的呼唤。正如李公朴先生所言:"我们是要用和平手段争取和平。"①然而,即便是在这样的公开场合,特务们依旧从中作梗,企图扼杀正义的声音。

李公朴先生以其坚定的立场和激昂的言辞,为追求民主和自由的事业作出了不可磨灭的贡献。然而,命运对这位英雄却是如此刻毒。在他勇敢发声之后不久,竟在青云街学院坡的街道上遭到特务的残忍杀害,他那伟岸的身躯倒在了血泊之中。这一悲剧如同重锤一般,深深击中了每一个渴望民主与自由的灵魂。随之而来的,是闻一多先生的不幸,在为李公朴先生举行的悼念会结束后,在归家途中与其子一同惨遭特务暗杀。李公朴和闻一多两位先生的相继遇害,不仅是在以生命向压迫与暴行宣战,更是在以追求真理与公义的灵魂之声呐喊。这些事件激发了费孝通胸中的愤懑,使他无法缄默不语。他在一篇悼念李公朴先生的短文中写道:

> 这是结束的开始。公朴先生的血在中国人民争取民主的历史上划出一条新的界限,这界限无疑地已接近了光明。我哀悼公朴先生不能看到这光明的来临,但是他的血本身创造了光明!
>
> "无耻",这是他临终时对杀害他的黑暗势力的最后的斥责。可是,让我们告慰死者,无耻到这种地步,已表明了快到结束。信赖人民,他们会继续奋斗!②

---

① 费孝通.费孝通全集:第4卷[M].呼和浩特:内蒙古人民出版社,2009:483.
② 费孝通.费孝通全集:第4卷[M].呼和浩特:内蒙古人民出版社,2009:485.

闻一多先生《最后一次讲演》中说:"正义是杀不完的,因为真理永远存在!"费孝通的这两段话,无疑是其生动注脚。

四、智启清华

（一）驻足北平

李公朴的遇刺事件，宛如一颗重磅炸弹，在昆明乃至全国的知识分子中引发了巨大的震动。费孝通作为学术界享有崇高声誉的学者，因他坚定不移的民主立场和积极投身于反内战运动，不幸被纳入暗杀的黑名单。自此，他的生活陷入了一片深重的阴霾，特务的跟踪和监视成了他日常生活的阴影。

在云南大学和西南联合大学教员宿舍周围，开始聚集一些形迹可疑的人物，让这片土地笼罩上了一层浓重的暗影。这些人如同潜伏的豺狼，目光中闪烁着不祥的寒光，似乎随时准备对那些勇于发声的民主斗士发起攻击。费孝通教授的周边环境更是令人担忧，附近一堵原本用作防护的短墙，也被悄无声息地拆除了，这无疑为特务们的潜入提供了便利。每当夜幕降临，四周寂静无声时，费孝通常感到一种难以言喻的压迫感，这份沉重让他寝食难安。他深知此时此刻的沉默不仅仅是外在环境的静谧，更是一种对言论自由的压制，一种对思想解放的威胁。

1946年的那个晚上，昆明城的空气中弥漫着一种难以名状的悲伤与愤怒。闻一多，一位追求真理与理想的诗人，在这一夜遭遇了惨烈的命运，他的生命在暴力与阴暗中戛然而止。而在这令人心碎的历史瞬间，费孝通也深知自己处于危险之中，只得匆忙躲避至云南大学校长熊庆来先生的家中。

一位美国领事馆的朋友及时伸出援手，将他转移到一个更为安全的地点。就在他们匆匆离开熊庆来先生家不久，国民党的特务狼奔豕突，冲入庇护所进行了一番彻底的搜查，费孝通留在熊先生家的一个包裹成为他们的目标，企图抓住反对派的任何线索。国难当头，知识分子们如同大海里的孤舟，随时可能被暴风骤雨吞噬。费孝通在躲避过程中，心中交织着对未来的忧虑与对理想的执着。他在思考——这一切究竟是为了什么？为了一个理想中的社会，还是为了人性最基本的尊严与自由？在凶险的逃亡之路上，他知道自己不仅是要逃避迫害，更是要为中国的未来发声。

与费孝通一样，潘光旦、潘大逵、张奚若、尚钺、冯素陶、赵沨等民主教授，作为经常出现在公众视野中的人物，同样承受着严峻的威胁。作为民盟的骨干成员，他们因积极投身于反内战运动而被视为国民党特务的眼中钉。为了保障这些民主教授的安全，他们被紧急接入美国领事馆。

在这风云突变之际，云南警备总司令部无耻地向美国领事馆提出交涉，强硬要求交出这些"政治犯"。然而，领事馆一方却似铜墙铁壁，不为所动，坚决拒绝了这一荒诞无稽的要求，两股力量间的冲突一触即发，并迅速演变成一场引人注目的"外交争端"。此事件很快引起了国民政府外交部的关注。在美方的积极斡旋下，一场旨在平息风波、共筑和平的谈判悄然拉开序幕。云南省政府与民盟负责人在历史见证下进行了会谈，智慧的火花在交锋中迸发,最终达成了一份沉甸甸的协议:在确保那些以笔为剑、以思想为刃的民主教授们人身安全的前提下,由大洋彼岸伸出援手,协助他们安全撤离被阴霾笼罩的昆明。

回到故乡的费孝通,心中却充满了对未来的担忧。面对日益动荡的时局和不断加剧的政治迫害风险,他决定寻求一条改变现状的道路。在友人的深切关怀与周密安排下,他接受了一个英国文化团体的邀请,于1946年11月前往英国访问。这一决定不仅是为了逃避政治迫害,也是他"别求新声于异邦"的重要一步。

在英国访问的三个月期间,费孝通深刻体验了异国文化,并在学术领域吸收新知。费孝通开始思考如何将西方的学术理论与中国实际情况相结合,进而为中国的社会发展提供新思路。1947年2月,他带着丰富的学术成果和见识回国,重返清华大学的讲台,他深知自己的使命不仅是教授知识,更是培养学生的独立思考能力和学术素养。在这段相对宁静的时间里,他期望将多年的学术思考整理成文,为后世留下丰厚的精神财富。

然而,国内政治风云突变,战争硝烟弥漫。在战场上,国民党军队连连败退。在国统区,"反内战、反饥饿、反迫害"的学生运动如火如荼地进行,民主的力量在困境中顽强挣扎。为了维护其摇摇欲坠的统治,国民党政府开始对民主力量进行残酷的镇压,宣布中国民主同盟为"非法团体",并强行解散。同时,一场针对进步学生的大规模逮捕行动在南京、天津、成都、重庆、上海等地悄然展开。北平的特种刑事法庭也蠢蠢欲动,发出了对各大学里民运积极分子的"传讯、拘留、提审"命令。一时之间,山雨欲来风满楼,清华园也不再是昔日的宁静学府。

据当时清华大学学生代表大会副主席裴毓苏回忆,1947年

8月,她接到了共产党地下组织的通知,告知她处境危险需要立即撤离清华大学。准备离校时,她发现各路口已被军警把守,便衣特务在校园内进行搜查。在那危机四伏的暮色中,她怀揣着忐忑和希望步履匆匆地朝教授住宅区胜因院走去,希望那里的警戒较为松懈。然而,军警的巡逻犹如无形的网,将这片静谧之地也笼罩在阴影之下。

绝望之际,命运的转机悄然降临。裴毓苏无意间驻足于费孝通教授家门前,随即轻叩了那扇古朴的大门,仿佛是向命运发出了无声的求救。费孝通教授毫不犹豫地将她藏匿在自己家中,并在当晚冒险前往燕京大学,如同一位孤胆英雄,只为寻找那能够穿透封锁线的自由之舟。次日清晨,费家门口出现了可疑的便衣人员,显示此处已不安全。费孝通教授果断将她安全转移到冯友兰教授家中。第三日,在吴泽教授的巧妙安排下,她在同学们勇敢的协助下于半夜翻越清华园的围墙,成功脱险。

面对反动派的嚣张气焰,费孝通再一次坚定地站在爱国学生一边。他坚信爱国学生的每一次抗争背后都蕴含着历史的回响,抵抗反动势力不仅是对当下的反击,更是对未来的负责。

反动派的高压政策无法改变他们失败的命运。1948年12月18日,解放军进驻清华园。国民党派出一架飞机,专门运送包括享有盛名的清华大学校长梅贻琦在内的一批知识分子离开。在这众多选择离开的身影中,费孝通选择留下则尤为引人注目。在那个动荡不安的年代,选择留下意味着承担更多的责任与压力,而不是追求个人的安逸。美国教授阿古什曾说:"他不喜欢国民党,他不会跟着他们去台湾的。但他完全可以像1946年考虑的那样,去英国或美国。他懂英文,有博士头衔,在英美人类学家中有点名气,在这两个国家他有许多学术界的朋友,在美国大学中谋一个适当的职务是不成为问题的。但是,他终于留下了。"①

费孝通曾在其学术生涯中迎来多个出国任教的机会。1947年,当他再次访问英国时,他的导师弗思教授极力劝说他留在母校任教。尽管费孝通婉拒了这一提议,弗思教授还是写了一封推荐信给香港大学的校长,希望能将他留在中国香港。1948年11月,随着解放军逼近北平,费正清教授急忙发来电报,告知哈佛大学已决定邀请他担任客座教授,并催促他尽快前往美国。费孝通并未接受这一邀请,也没有回复电报。他的每一个决定都蕴含着对国家、民族以及学术界的深刻考量。

美国大使馆的官员访问了清华园,询问费孝通和潘光旦教授在北平即将解放之际有何打算。当得知他们都没有离开北平的计划时,这位美国官员做出了一个手势,似乎暗示在共产党政权下他们的生命会受到威胁。对此,费孝通坚定地回应说:不会这样的。他认为"最好是同人民一起度过黑暗时期""在国内有许多事可做,培养学生,研究中国"。他对一位劝他离开的美国朋友郑重地表示无论结果如何,都不会离开中国。

费孝通选择留在北平,静候黎明的曙光。他坚信,只有与人民共同经历那段腥风血雨,才能真正见到希望的曙光。他决心将自己的余生投入这一崇高的事业中,为实现这一目标而不遗余力。

---

① 阿古什.费孝通传[M].董天民,译.北京:时事出版社,1985:164.

（二）选择坚守

1947年3月，费孝通开始在清华大学社会学系任教，这一刻不仅标志着他的学术生涯开启了新的篇章，同时也是思想探索与社会变革的交汇点。

时代的风云变幻并未因他的学术追求而有所停歇。1948年冬天，解放军包围北平，并迅速解放了郊区。一时间，人心惶惶，许多人匆忙南下，离开这座古都，以逃避尚未揭晓的未来。费孝通却做出了不同的选择——坚守。他没有离开北平，而是以一种坚定的姿态迎接未来的日新月异。

在那段风云际会的日子里，费孝通热情地接待了来华访问的美国人类学家罗伯特·雷德斐尔德夫妇。据雷德斐尔德（Robert Redfield）回忆，费孝通如同大多数知识分子一样，对国民政府的腐败和暴行深恶痛绝。他期待着中国共产党的到来，他心中有一缕不灭的火焰，为即将到来的中国共产党所点燃，坚信他们的到来将为这片古老而又多难的土地带来前所未有的生机和希望。他并不认为将来中国共产党人会完全模仿斯大林主义下的苏联模式，相反，他认为中国共产党人像他一样，根植于这片土地汲取中华民族的历史和文化养分。因此，他愿意继续为新中国的建设贡献自己的力量。作为爱国民主人士，费孝通渴望成为新政府"忠实的对立面"，用自己的知识和智慧为国家的繁荣发展贡献力量。

1949年1月中旬，张东荪为推动北平和平解放事宜，前往西柏坡进行联络。费孝通与严景耀、雷洁琼夫妇一同加入了这次重要的访问。他们一行人受到了毛泽东、周恩来等中央领导人的热情接待和亲切接见。在这次会见中,毛泽东表达了对未来的展望:革命胜利后,将召开新政协会议,宣告中华人民共和国的成立。他期望民主党派能够站在人民大众的立场上,与中国共产党保持一致的步伐,真诚合作,共同推进国家的发展。毛泽东强调,不应在关键时刻分道扬镳,更不应建立所谓的"反对派"或"走中间路线"。这次会见在费孝通心中留下了深刻的烙印。他不仅亲身感受到了毛泽东的个人魅力和深邃智慧,更是对中国共产党领导下的新中国充满热切的期盼和坚定的信心。

费孝通在西柏坡住了一个多月,深入了解了中国共产党的政策和方针,坚定了为新中国工作的决心。返回北平后,他更加积极地参与各种活动,用自己的行动践行着自己的信念。2月25日,李济深、沈钧儒等民主人士抵达北平,费孝通作为迎接代表之一,亲自到车站迎接。他以热情和真诚的态度表达了对这些民主人士的欢迎,也展现了对新中国坚定不移的支持。

转眼间,金秋十月,中国人民政治协商会议第一届全体会议召开,费孝通作为民盟代表参加了会议。在会议上,他慷慨陈词,字字珠玑,为新中国的建设和发展献计献策。他的发言得到了与会代表的广泛认同和赞誉。10月1日,他参加了中华人民共和国开国大典,亲眼见证了这一历史时刻的到来。这一刻,他深深地感受到新中国的宏伟气魄和民族复兴的强劲脉动,心中充满了自豪与激动。

新中国成立后,费孝通并未停下脚步,而是继续在清华大学这片学术沃土上耕耘,并担任了校务委员会委员和副教务长,肩负着推动大学思想改造的重任。思想的更新是时代赋予知识分子的新使命,也是他们服务新社会、贡献新力量的关键所在。在组织学生参与思想教育"大课"的同时,费孝通教授也积极地进行自我思想的更新与转变。

1950年,费孝通被任命为中央民族访问团副团长,并兼任贵州分团团长,这一职务赋予了他新的使命和责任。他带队前往贵州省少数民族地区,用脚步丈量土地,用心灵感受民族风情,竭尽全力宣传党的民族政策,致力于促进民族团结与进步。同时,他还积极参与民族识别工作,深入研究中国少数民族问题,为国家的民族工作做出了重要贡献。此外,费孝通还参与了中央民族学院的筹建工作,他希望能够一边教书,一边用自己的知识为建设新中国服务,实现自己的学术抱负和社会理想。

1950年6月,毛泽东提出了在人民内部开展以批评和自我批评的方法进行自我教育和自我改造的重要思想。这一思想的提出迅速在全国范围内引发了一场知识分子思想改造运动。费孝通作为一位有着深厚学术背景和社会责任感的知识分子,将自我改造视为一场心灵的洗礼和精神的升华,真诚地希望在运动中脱胎换骨。他深知,像自己这样的"小资产阶级知识分子如果还是保守住过去个人主义的作风,在新事业里是插不上手的。……就会到处碰壁。不改造,就只能退下去"[1]。因此,他积极投身于这场思想改造运动,希望通过自我批评和反思实现自己的思想升华和进步。

在此期间,费孝通撰写了《我这一年》《大学改造》两本小册子和《中国革命人民大团结》《人民首都,人民当了主人》《思想战线的一角》等文章。在这些作品中,他详细记录了1949年以来在思想改造中所受到的教育和生发出的体会,表达了自己对新

---

[1] 费孝通.费孝通文集:第6卷[M].北京:群言出版社,1999:119.

时代、新社会的深刻理解和热情拥抱。他自认已经找到了一条改造的道路,并希望能在知识分子中间起到一个"样本"的作用,引导更多的人投身到思想改造的运动中。

1951年,费孝通的职业生涯迎来重要转折,他被任命为中央人民政府民族事务委员会副主任。1956年,他又被任命为国务院专家局副局长,从此更深入地参与到国家的建设与治理之中。在晚年回顾这段历史时,费孝通充满了感慨。他回忆说,在新中国成立初期,他在清华大学担任教职,享受着优渥的生活和广泛的社交圈。然而,命运的转折悄然降临,是共产党的杰出领导人彭真和李维汉将他引入了政治领域。尤其是作为国务院秘书长的李维汉,他认可了费孝通在民族和统战工作中的潜力,并诚挚地邀请他加入。这一举动,无疑导致了费孝通人生的转轨,使他从一位纯粹的学者转变为一位深度参与国家治理的领导者。

党和政府成立专家局,是为了更深入地了解知识分子的思想动态和实际需求。作为民盟中央文教部的副部长,费孝通发挥了自己的身份和影响力,他采取"串联"和"滚雪球"的方式,在南京、苏州、上海、杭州等地召开了多场座谈会,广泛收集知识分子的意见和建议。1956年下半年,他在赴云南进行少数民族调查时,也利用这个机会了解西南地区知识分子的情况。通过这些努力,费孝通逐渐成为知识分子与政府之间上传下达的中介。

1957年春,费孝通完成了调查工作,并将其成果汇报给了专家局和民盟中央,涵盖了他在过去半年中对知识分子群体的观察和了解。这次汇报迅速引起了社会各界的广泛关注,成为当时知识分子状况的一个重要参考。为了进一步探讨他的调查结果,民盟中央文教委员会特别组织了一次座谈会。在会议中,

众多与会者鼓励费孝通为知识分子发声。在这样的背景下,他撰写了《知识分子的早春天气》这篇文章,文中提道:

> 经过了狂风暴雨般的运动,受到了多次社会主义胜利高潮的感染,加上日积月累的学习,知识分子原来已起了变化。去年1月,周总理关于知识分子问题的报告,像春雷般起了惊蛰作用,接着百家争鸣的和风一吹,知识分子的积极因素应时而动了起来。但是对一般老知识分子来说,现在好像还是早春天气。他们的生气正在冒头,但还有一点腼腆,自信力不那么强,顾虑似乎不少。早春天气,未免乍寒乍暖,这原是最难将息的时节。逼近一看,问题还是不少的。

问题表现在哪里?他指出:

> 先从知识分子方面来说:他们对百家争鸣是热心的,心里热,嘴却还是很紧,最好是别人争,自己听。要自己出头,那还得瞧瞧,等一等再说……究竟顾虑些什么呢?……怕是个圈套,搜集些思想情况,等又来个运动时可以好好整一整。……比较更多些的是怕出丑。不说话,抱了书本上堂念,肚子里究竟有多少货,别人莫测高深。……另一方面是具体领导知识分子工作的人对于百家争鸣的方针是不是都搞通了呢?也不全是通的。有些是一上来就有的担心……闻到一些唯心主义的气味,就有人打起警钟:"唯心主义泛滥了""资产阶级的思想又冒头了"。大有好容易把妖魔镇住了,这

石碾一揭开,又会冲出来,搅乱人间的样子。对这方针抗拒的人固然不算多,但是对这方针不太热心,等着瞧瞧再说的人似乎并不少。

"草色遥看近却无"——这原是早春天气应有的风光。①

在那段历史长河中,费孝通先生笔触如炬,照亮了知识分子内心的幽微与渴望,其文一经刊发,迅速在全国范围内的知识界激起了层层波澜。周恩来总理在一次外出考察时阅读了这篇文章,并对费孝通能够深刻表达知识分子内心的想法给予了高度评价。这不仅是文字的力量,更是时代心声的回响,共鸣于每一个渴望理解与被理解的灵魂之间。

命运的转轮总爱在人生最辉煌处悄然改变轨迹,1957年反右风暴,如同一场突如其来的寒流,将这份温暖与光明瞬间冻结。费孝通先生,这位时代的先觉者,不幸被卷入了风暴眼。这场运动对民盟造成了沉重的打击,也让许多像费孝通这样的知识分子命运急转直下。但历史的车轮滚滚向前,终会碾过那些不公的尘埃,让真相与正义得以昭彰。

(三)仕途浮沉

费孝通遭逢巨变,职务尽撤,被送往社会主义学院接受改造。尽管民盟中央仍保留了他的委员职位,但这并不能掩盖他

---

① 费孝通.费孝通文集:第7卷[M].北京:群言出版社,1999:25,32-33.

政治生涯的黯然失色。时光荏苒,次年他终于挣脱了右派的枷锁,从社会主义学院毕业,并返回民盟中央继续"改造立场,改造思想"。反右风云虽散,余波却久久未平。许多知识分子因此产生了疑虑,对国家政策、形势和工作等方面采取了"不讲、不写、不想"的态度,三缄其口,不再轻易涉足激荡的社会洪流。

转瞬至20世纪60年代初,国内经济形势日益严峻,老百姓主要生活用品出现了严重短缺。不仅粮、油、肉、蛋需要凭票供应,连花生、瓜子这样的零食也变得紧缺,只有在春节、国庆这样的节日里,人们才能分配到一点。面对这一情况,团结包括广大知识分子在内的全国人民,调动他们的积极性以克服困难,成了执政党面前的一项重要任务。共产党洞察时局,深知知识分子是国家发展的重要力量,必须将他们团结起来,共克时艰。因此,共产党请求民主党派协助,通过其桥梁作用更好地了解和引导知识分子的思想和行动。

为了适应新的形势,民盟中央对其组织的学习方式进行了调整。他们放弃了反右运动期间常见的激烈手段,如"大鸣、大放、大字报、大辩论",转而采用了"不抓辫子、不戴帽子、不打棍子;自己提问题,自己分析问题,自己解决问题"的方法。这种气氛相对宽松的学习被形象地称为"神仙会"。在这样的环境中,费孝通除了每周定期参加民盟中央组织的"神仙会"之外,还有机会跟随全国政协组织的参观团到外地的农村、工厂进行参观学习。费孝通亲眼见证了国家之困厄和人民之坚忍,心灵深受触动,对国家和人民的情感愈发深沉而复杂。

然而,这种相对宽松的时期并未持续多久。1966年,一场前所未有的灾难突然降临,民盟中央的工作陷入全面停滞。

在这场风波中,党的统一战线工作遭到了严重破坏。

1969年,费孝通随民族学院员工被送往湖北潜江中央民族学院五七干校。在那里,他度过了三个年头。这段时间对于他来说无疑是艰难的,他不仅要面对体力劳动的重负和生活的艰辛,还要承受精神上的极大压力。尽管如此,费孝通并未屈服于逆境,对学术的热爱和对知识的渴望分毫不减。他抓住每一个可以利用的间隙,投身于学习和研究之中。

　　在那段漫长而艰难的岁月里,费孝通深刻体会到了人间的冷暖和人性的复杂。他目睹了人们在历史罅隙中的挣扎和奋斗,也见证了在困境中迸发出的人性光辉和伟大力量。这些艰难的经历造就了他更加坚忍刚强的心灵,同时也让他的视野变得更为深邃。曲折和困境坚定了费孝通的信念与追求,使他愈发珍视生命中的每一分每一秒,视之为无价的宝藏。

伍

荣苏州

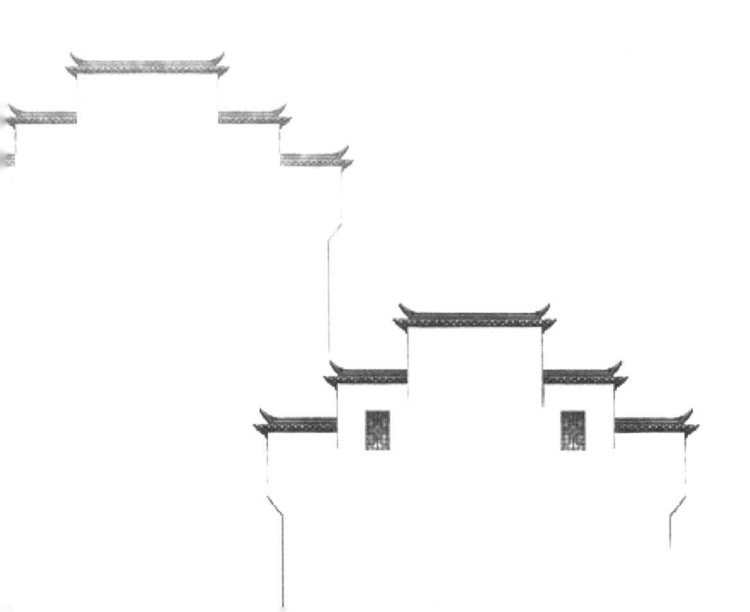

在中华民族波澜壮阔的历史长河中,思想家的智慧犹如夜空中璀璨的星辰,照亮社会进步与文化传承的道路。"平反复出,固本开新,大成进境"的费孝通展现了其卓越的学术贡献和深远的社会影响。

"历经坎坷,再度崛起",费孝通深知在知识探索和社会实践中,不可避免地会遭遇挫折,在暗礁与风暴面前,决不应该放弃对真理和光明的向往。实践证明,人生的波折经历不但没有打垮费孝通,反而成为他不断反思和修正的动力,使他能够在错误中学习,从失败中积累宝贵的经验。他以科学的态度和方法,勇于面对挑战,敢于质疑传统观念。通过重新审视和解释社会现象,他能够在复杂多变的社会环境中寻找真理的坐标,实现思想的革旧立新。这种不懈的追求不仅丰富了他个人的学术生涯,也为整个学术界带来了思考和启发。

"固本开新",体现了费孝通对传统文化深沉的热爱与对创新精神的不懈追求,为我们在世界文化激荡中提供了坚实的立足点。他致力于深入挖掘和传承传统文化的精髓,同时不墨守成规,勇于创新。他将传统文化与现代社会的实际需求相结合,不断探索和赋予传统文化以新的时代内涵和表现形式。他像一位巧手的织工,将古老的文化经纬与现代社会的色彩巧妙交织,编织出一幅幅既传统又现代、既深邃又生动的文化图景。他的行动不仅促进了传统文化的繁荣发展,也为现代社会提供了丰富的精神资源和文化支撑。

"大成进境",则是费孝通学术生涯的终极追求。他深知,学术旅途"路漫漫其修远兮",唯有不断追求,不断超越,方能达到大成之境。他通过长期的努力与探索,形成了自己独特的学术体系和社会观察视角。他积极吸收并融合多元的学术思想和文化成果，逐步塑造出自己独特而深邃的学术风格。他的研究成果不仅在国内引起了广泛关注，也赢得了国际学术界的赞誉。他以自己的实际行动展示了持续追求学术的深度和广度，是实现学术卓越和为社会贡献智慧与力量的关键。

　　费孝通的学术思想和实践经验，为我们树立了光辉的榜样。他的一生，是学术与人文交相辉映的一生，是追求真理与传承文化并重的一生。费孝通的毕生所为，不仅体现了对学术精神的坚守与传承，更彰显了对社会责任的担当与践行。正因为此，苏州以费孝通为荣，以他的学术思想和斐然成就为傲。

一、复兴文苑

（一）星辉再耀

1976年，中国历史上的风云变幻之年，一系列重大事件如同雷霆般震撼着国人的心灵，标志着一个时代的深刻转折。这一年，不仅见证了国家命运的重大转变，也成为无数个人命运得以重塑的关键时刻。在这一年的阴霾中，周恩来、朱德、毛泽东三位国家领导人的相继离世，使国人椎心泣血。

1977年，春风渐暖，万物复苏。2月24日，全国政协五届一次会议在北京隆重召开，这标志着国家政治生活在特殊年代之后开始逐步恢复。费孝通有幸出席了这次具有重要意义的会议。在会议上，他满怀激情地发表了题为《民族研究向前看》的文章。文章回顾了过往的艰难曲折，以坚定的目光展望了民族研究领域的未来。他的文章在会场上引发了热烈讨论，直观体现了无数知识分子对知识和真理的不懈追求。费孝通深知，自己将迎来学术生涯的第二个春天。在历史尘埃落定之后，他以一种全新的姿态，站在了新时代的起点上，用自己的学识与热情为国家的繁荣与民族的复兴贡献着力量。这份幸运不仅是国家命运转折的体现,也是个人信仰与坚持的胜利。

在那一年的中国,报刊的字里行间充满了人们对久别重逢的深切渴望与情真意切。无论是老友间跨越岁月的拥抱,还是家庭团聚时泪水与笑容交织的瞬间,都成为人们口耳相传、笔下生花的动人故事。这些故事,如同一股股温暖的春风,吹散了长久以来的阴霾,为人们的心灵带来前所未有的慰藉与鼓舞。

费孝通,这位在学术界沉寂了二十载的大家,终于迎来了他学术生涯的第二春。他先后在《中央民族学院学报》等刊物上发表文章,不仅重新宣示了个人的学术自由,更是对那段扭曲历史的有力反驳。他的文字,如同破晓的第一缕阳光,穿透了漫长的黑暗,照亮了前行的道路。

1977年岁末,中国社会再次迎来重大变革——中国社会科学院成立。这一消息如同春风化雨,滋润了无数社会科学工作者的心田。费孝通难掩激动之情,挥毫泼墨,写下了一封长达四千余字的信。他的文字如同潺潺溪流汇聚成江河,充满力量与激情,每一个字都透露出对知识的尊重、对真理的追求以及对国家未来的信念。他深刻洞察到在经历了"知识越多越反动"的荒谬时代后,社会对知识的渴求将达到前所未有的高度。因此,他呼吁有关部门和领导人,为那些长期遭受压抑的知识分子打开一扇窗,让灿烂的阳光照进他们曾经闭塞的世界。

1978年1月7日,《人民日报》在显著位置报道了北京图书馆的"大胆举措"——向公众开放特殊时期被禁的书籍,这一行动迅速在全国范围内引发强烈的反响。新华书店前,从早到晚,甚至通宵达旦,购书的队伍排起了长龙。这场景生动地展现了民众对知识的渴望与追求,也验证了费孝通在信中所预见的社会对知识的迫切需求。学术界终于迎来了一个崭新的春天,一个可以自由思考、大胆探索、勇于创新的黄金时代。

在信中，费孝通不仅表达了对现有学术刊物，如《民族问题资料摘译》的支持与期待，更提出了进一步的扶持建议。他主张，应加强这类刊物的内容建设，丰富其学术内涵，并在编辑、出版和发行等环节上进行优化，以提升服务质量和扩大服务范围。费孝通甚至提出了编辑出版多学科小丛书的想法，以更广泛地传播知识，惠及更广泛的民众。同时，他具有前瞻性地指出，成立一个涵盖历史、地理、社会、文化等多领域的综合性研究中心，专注于世界各民族的研究，是推动社会科学未来发展的关键。此外，他还特别强调民族研究工作中亟待解决的多个问题，包括多民族地区经济发展的不均衡性、深入研究各民族特色与类型、探索汉族形成的过程，以及对边疆地区少数民族问题的深入研究等。这些问题的提出，为后来的民族研究工作提供了明确的方向。在信的末尾，费孝通写道：

> 其实整个社会科学理应担负起当前世界范围阶级斗争中在意识形态领域里的战斗任务。最近学习了《人民日报》关于毛主席三个世界划分的理论的文章，更明确了这个任务的急迫性。联系到近年来从我所接触到的访华的外宾所了解到的当前各国知识界思想混乱的情况，大有我战国时代百家争鸣的端倪。这正是为无产阶级思想战线上的指挥员安排下的一个大有可为的舞台。在这里不由得不想起毛主席的话来："他们凭借这个舞台，却可以导演出很多有声有色、威武雄壮的戏剧来。"社会科学院的成立激动了我们一般社会科学工作者无限的期待。

阔别多年,未免疏隔。岗位工作又使我们联系了起来,旧相识还应重新相认,取古人以文自见之义,特附上《摘译》9期各一份,其中(4)"译后"及(9)"提要"是我这年里所写的两篇短文,请赐教。三四十年代之初生之犊,看来已甘为巴滇山道上背盐的驮马矣;牛也罢,马也罢,驰驱未息,殊可告慰。余不一一。①

"驰驱未息",这四个字恰如其分地概括了费孝通彼时的心境与状态。尽管经历了漫长的学术沉寂与个人磨难,费孝通并未被岁月消磨斗志,反而愈发坚定了继续前行的决心。他放眼国际,敏锐地察觉到全球化浪潮下,世界各民族间的交流与碰撞层出不穷,预示着一个全球性的"战国时代"正在悄然成形。这种宏观视野的拓展,让费孝通深感自己在思想与学术上的停滞与荒疏,但同时也激发了他前所未有的使命感与紧迫感。在这全球性的舞台上,他渴望以自己的笔为剑,以思想为马,驰骋于智慧的疆域,让世界听见来自东方的智慧之音。他深知,作为一位学者,自己有责任也有能力在这个大舞台上发出中国声音,贡献中国智慧。

(二) 筑梦社学

　　国家如蛹化蝶,自历史的阴霾中翩翩而出,改革开放的晨曦初破晓,万物复苏,生机盎然。邓小平同志于春风和煦之时,发

---

① 费孝通.费孝通文集:第7卷[M].北京:群言出版社,1999:195.

表《坚持四项基本原则》的讲话,其中"补课"之喻,犹如春风化雨,润物无声,为社会学的恢复与重建提供了坚实的政治基础和社会支持。这一讲话,不仅让广大学者和研究者看到了希望,更激励他们卸下了沉重的历史包袱,以更加饱满的热情投入学术研究中。费孝通曾在一段回忆文字中提道:

> "补课"两字是小平同志1979年在《坚持四项基本原则》的讲话里提出来的。他是针对那些在大学里停止了有20多年的社会学等学科而说的。"需要赶快补课"这句话成了后来重建社会学的根据。他所说的"补课"是指这些学科应当在大学课程里"补足",也就是恢复的意思。后来我们觉得说恢复还不如说"重建"为更妥当些,因为如果社会学按20多年前的老样再端出来,似乎不太合适,还是根据当前形势的需要"重建"为好。①

古稀之年的费孝通,犹如历经风霜仍傲然挺立的松柏,其根深植于社会与人文的沃土之中。1979年的新春佳节,当春风初拂大地,万物复苏之际,中国社会科学院院长胡乔木的一纸邀约,如同晨曦中的第一缕阳光,穿透了岁月的尘埃,照亮了费孝通心中那片久违的学术殿堂。费孝通毅然承担起了重建中国社会学学科的艰巨使命,商讨迅速恢复中国社会学学科的事宜。胡乔木院长委托费孝通召集在北京的资深社会学研究人员,举

---

① 费孝通.补课札记:重温派克社会学[M]//费孝通文集:第15卷.北京:群言出版社,2001:133.

行座谈会,以收集他们对恢复社会学学科的建议和看法。这次会面不仅是对费孝通个人学术成就的认可,更体现了对社会学学科在中国未来发展中扮演关键角色的期待。

随后,一场汇聚了北京资深社会学研究精英的座谈会悄然召开,这不仅是社会学界的一次盛会,更是学科命运转折的关键时刻。老一辈的社会学专家们,满怀对学术的热爱和锲而不舍的追求,积极提出宝贵意见,共同为社会学学科的恢复与发展绘制蓝图。胡乔木院长在座谈会上为社会学学科的正名定分提供了明确方向,明确了其在新时期的发展战略和基本原则。他强调,社会学学科的重建必须坚持以马克思主义、毛泽东思想为指导,紧密结合中国实际,服务于国家现代化建设,这不仅是对社会学学科地位的肯定,也是对全体社会学工作者寄予的厚望。费孝通在座谈会中发言,在其《为社会学再说几句话》的讲话中,坚定不移地表达了对重建社会学学科的期许与信念。他强调,社会学研究应紧密联系现实,深入探索社会生活的各个领域,通过科学的调查和研究,为党和国家的决策提供依据,解决社会面临的紧迫问题,促进社会的和谐与稳定发展。

费孝通在面对重建社会学学科的任务时,虽然内心有着一定的顾虑和不安,但他深刻认识到自己肩负的社会责任的重要性,并且对深入研究和理解社会满腔热忱。他勇敢地承担起了这一历史性的责任,引领着中国社会学界迈向了一个崭新的时代。这一刻,他不仅是社会学的重建者,更是时代精神的传承者,用自己的行动诠释了何为真正的学者风范与家国情怀。他曾经这样说过:"我这余生可以说是得之意外。我觉得,我应该好好地用它来在事实上证明'社会学是一门可以为人民服务的学科'。为了给前人昭雪,为了实现我早年的宿愿,也为了使后人不背上包袱,一种责任感,成了一种内在的力量,使我毅然打消了先前的顾虑。同时,从继续认识中国社会的意愿出发,我要在我的晚年为社会学学科的重建尽点力。"①

1979年3月15日,中国社会学研究会正式成立,中国社会学学科重建工作正式启动。仅仅三天后,即3月18日,费孝通亲自主持了研究会的首次理事会,会议的核心议题是迅速筹建中国社会科学院社会学研究所,以及在部分高等院校中设立社会学系。面对重建社会学学科的艰巨挑战,费孝通在回忆起那段时光时,坦诚地描述了当时的艰难条件:研究会成立之初,仅有少数几位核心成员,办公地点也是临时借用民盟的一间简陋房屋,四壁透风,却也挡不住他们心中燃烧的火焰,这便是他们重建社会学的全部"家底",虽简陋至极,却满载希望与梦想。更令人动容的是,费孝通也同样家徒四壁,他的身影,在昏黄的灯光下显得格外孤独而坚定,仿佛是夜空中最亮的星,引领着社会学的航船穿越重重迷雾,驶向光明的彼岸。他曾记录下当时的情景:

我正在握笔发愁,一位多年不见的老同学找到了我的门上。他一见我伏在床边的小桌上写稿……就想起了几十年前我们在中学时宿舍的情景,不禁哑然失笑,说:"你怎么还在闹住宅问题?"我告诉他说:"实不相瞒,这是被我的第三代挤得这样的。老伴有病,把女儿一家调回来照顾她,人多了,空间就少了,还不该让

---

① 费孝通.费孝通文集:第10卷[M].北京:群言出版社,1999:74.

点地方给新生的接班人！"①

若将费孝通个人的时间、精力，乃至他所面对的工作与生活条件也视为重建社会学初期那"一点家当"的组成部分，那么社会学的复兴之路便更显不易。在筚瓢屡空的背景下，"筚路蓝缕，以启山林"，费孝通凭借非凡的毅力和对学术的无限热爱，倾其所有，投身于社会学学科的重建之中。正是这份宝贵的"家当"，为中国社会学学科在新时期的发展打下了坚实的基础，开启了其繁荣发展的新篇章。那是一段用信念铸就的岁月，每一分努力都闪耀着人性的光辉，每一次挫折都化作了前行的动力。他们用行动诠释了什么是真正的"风雨兼程"，什么是"不忘初心、方得始终"。

（三）西渡求变

1979年春，费孝通踏上了前往美国的学术访问之旅，这不仅是他个人学术生涯中的一次重要远征，更是中国社会学界重启国际交流举足轻重的一步。月余的访美之行，如同一场精心编排的交响乐，每一个音符都跳跃着中国学者开放包容、渴求真知的强音，向世界宣告着一个新时代的到来——中国愿与世界并肩，共绘社会学发展的宏伟蓝图。这次访问以实际行动回应了国际社会对中国发展的关注和期待。更为关键的是，这次访问为中国社会学界提供了深入了解国际社会学发展前沿的机

---

① 费孝通.费孝通文集:第7卷[M].北京:群言出版社,1999:256.

会，这对于中国社会学学科的重建和发展具有重要意义。

费孝通在美国的一个月行程安排得非常紧凑，并且成果丰硕。他访问了十座不同的城市，足迹遍布各个角落。虽然他对飞机的便捷性表示赞赏，但也意识到这种快速的旅行方式限制了深入交流的可能性。每到一地，他都只能进行短暂的接触。在专业座谈会上，他体验到了思想的激烈碰撞，但由于时间的限制，这些讨论往往浅尝辄止。尽管如此，费孝通明白这次访问对于恢复中美社会学界多年中断的联系至关重要。他希望通过这次访问，为中美社会学界未来的深度合作埋下伏笔，尽管这次访问可能无法触及学术的深层，但它在建立联系和开启对话方面发挥了不可替代的作用。

1980年初，中国社会科学院社会学研究所成立，费孝通担任第一任所长。同年，费孝通第三次访问美国，并参加了在丹佛举行的国际应用人类学会年会。在会上，费孝通荣获了该会颁发的马林诺夫斯基纪念奖，并发表了题为"迈向人民的人类学"的演讲。在演讲的开头，费孝通动容地阐述道：

> 在这样一个时刻，千里迢迢，远涉重洋来到这北美胜地丹佛，接受应用人类学学会给我今年的马林诺斯基纪念奖。我的心情已经远远超过了寻常的欣慰和感激。这一时刻把我带回到了42年前我和我的这位在我一生的学术事业上打上了深刻烙印的老师分手时的情景。他再三叮嘱我，一定要把对中国社会文化的研究继续下去。他对我们中国人民和中国文化怀着深厚的同情和爱慕，具体地表现在他对我们这些中国学生的那种诲人不倦、关怀体贴的教育上。他期望他所创

导的社会人类学的研究方法也能在中国的社会科学的园地里作出可能的贡献。可是时至今日,就我来说,岁月飞逝,成绩安在！在这一时刻,要我来接受以纪念他的名义授予我的荣誉,除了深深地感到惭愧之外,我还能说什么呢？更使我不安的是在这位老师巨星陨落之后不久,世事的变化使我和海外同行长期阻隔。今天又能欢聚一堂实属喜出望外,但试问我能带些什么来奉赠给久别重逢的老友呢？如果朋友们容许我冒昧地利用这个讲台来叙一叙我个人这么多年来从事社会人类学或社会学这门学科的经历和体会,我将感激你们的宽容,这种私人间的恳谈其目的无非是在疏浚那一度被堵塞的思想渠道,为今后的切磋砥砺扫除一些障碍。但愿别久增情谊,枝异见新妍。①

在接下来的演讲中,费孝通以"用社会科学知识来改造人类社会"为引,表达了他作为人类学家的基本立场。"知识,非但为纸上之繁华,更应为现实之犁铧。"他坚信知识的力量在于应用,在于能够成为推动社会进步、改善人类生活的强大动力。他呼吁学者们走出象牙塔,步入那片"充满着悲欢离合、动人心魄的戏剧般的人生舞台",那里才是人类学真正的田野,是学以致用的最佳场所。他的言辞中透露出一种急迫感,仿佛是在提醒人们,知识的价值不应仅仅是纸上谈兵,更应成为引领变革的大纛。

---

① 费孝通.费孝通学术论著自选集[M].北京:北京师范学院出版社,1992:411-412.

  费孝通在其演讲中明确提出"人类学一定要成为一门应用的科学",这一主张凸显了他对学科实践性的深刻理解。"人类学,非止于文化之镜鉴,更应为社会之工具。"①他强调人类学不应局限于文化描述和解释,而应成为一把锋利的手术刀,剖析社会的肌理,寻找治愈伤痛的良方,为促进社会和谐与发展作出实质性贡献。费孝通深刻指出历史上被错误地贴上"野蛮"或"未开化"标签的群体,同样拥有不可剥夺的人的尊严与地位。他认为人类学界有责任也有能力为这些群体发声,助力他们恢复应有的社会地位和权利。

  在回顾自己的学术旅程时,费孝通分享了他重新研读导师马林诺夫斯基作品的经历,这一行为背后有着丰富的含义。一方面,这反映了费孝通在繁忙的行政工作之余,依然保持着对学术研究的热情与追求,他通过阅读来不断充实自己的知识储备和深化理论理解。另一方面,重读马林诺夫斯基的作品不仅是对过去田野调查经历的一种怀念,也是对未来研究方向的深思熟虑和周密部署。费孝通深刻理解田野调查的重要性,认为它是获取原始数据、深入理解社会现象的关键手段,同时也是构建理论框架、推动学科进步的坚实基础。他鼓励年轻学者走出书斋,深入社会,用双脚丈量大地,用双眼观察世界,用心灵感受生活。

  费孝通在演讲中不仅展现了对时代背景的深刻反思,还积极探索了未来发展的道路。他提出的一系列问题,如:"重建社会学的任务为什么是在这个时候提了出来而不是别的时候?现

---

① 方李莉.费孝通之问:人类社会如何走向"美美与共":费孝通学术思想传[M].北京:商务印书馆,2021:256.

在的世界是什么样的世界?中国是什么样的中国?中国社会学的位置在什么地方?我们这些社会学工作者的位置在什么地方?社会现实正在给社会学研究提出哪些关键性课题?我们应该去做哪些事情?怎样去做事情……"[1]费孝通不仅深刻剖析了自身的学术生涯,也对社会学界乃至整个人类社会的未来进行了追根究底的思考。他的演讲,如同一曲悠扬的交响乐,既有激昂的旋律,也有深沉的和弦,让人在感动中思考,在思考中前行。

通过这篇演讲,我们能够深切地体会到费孝通那颗充满热情的学术之心和深厚的社会责任感。他的言行不仅激励着后来者在追求社会真理、增进人类福祉的道路上不断前进,而且也为他们提供了方向和动力。费孝通如同灯塔,引领他们勇敢地追本溯源,积极地贡献于社会的进步与发展。

(四)育才筑基

当费孝通得知中国即将重启社会学学科建设的消息时,他心潮澎湃。他未曾预料到在有生之年能亲眼见证社会学在中国重新焕发活力的辉煌时刻。这份强烈的使命感和喜悦,成为他不断前进的不竭动力。

在那片久旱待霖的学术荒原上,费孝通以无畏之姿,肩负起重建中国社会学学科的重任。他深知中国社会学学科基础的薄

---

[1] 方李莉.费孝通之问:人类社会如何走向"美美与共":费孝通学术思想传[M].北京:商务印书馆,2021:257.

弱，重建中国社会学学科并非仅仅是对过去学科体系的简单恢复，而是对学科体系的全面重构与深度提升。面对这一重大任务，他内心深处充满了不可抑制的热情，即便前路荆棘密布，亦无法阻挡他坚定的步伐。

费孝通满怀热忱，迫切希望为热爱社会学的同仁们铺设坚实的探索之路。他深知学科重建非一朝一夕，更非轻易可成。从学术社团的星星之火到研究机构燎原之势，从学系建设的初具规模到图书资料中心的浩瀚藏书，再到出版机构的应运而生，每一步都需要从零开始，细致入微地构建。这不仅是知识体系的重建，更是学术生态的培育，需要长期的积累与不懈的努力，方能成就一门学科的繁荣与昌盛。费孝通深谙师资与教材乃学科重建之基石。他积极推动社会学专业在全国范围内的重建，并亲自参与教材编纂工作，以期为学科人才培养奠定坚实基础。面对师资短缺的严峻挑战，他创新性地提出了"专业班/讲习班模式"，这一特定历史时期的特殊举措，旨在快速培养社会学领域的紧缺人才。通过集中授课、实践研讨等形式，该模式有效缩短了人才培养周期，为学科发展吐故纳新。在这条漫长而艰辛的旅途中，费孝通亲手栽下知识之树，静待其根深叶茂，荫庇后人。

从1979年中国社会学研究会正式成立到1982年中期，这段时间是中国社会学学科在长期沉寂后的复苏与重建时期。费孝通精心策划并组织了一系列社会学专业班，其中1980—1981年的暑期班及1981年的南开班最为引人瞩目，不仅时间跨度大，而且影响深远，为中国社会学的未来发展打下了坚实基础。学员们在这里不仅收获了知识，更学会了如何以社会学的视角审视世界，以实践的精神探索真理。

1980年,费孝通与杨庆堃联合策划并举办了首届社会学暑期讲学班。讲学班汇集了来自中国香港中文大学、美国匹兹堡大学等国际知名学府的专家学者,如李培良、刘创楚、叶尼瓦萨与豪尔兹纳等,他们分享了前沿的学术理念和研究方法,为学员们提供了宝贵的国际视野。同时,国内顶尖的社会学家,包括费孝通、吴泽霖、张之毅等也积极参与,通过专题讲座深入剖析中国社会学史、宗教问题、劳动就业等社会热点问题。这些讲座不仅为学员们构建了全面深入的知识体系,更激发了学员们对社会问题的深刻思考与好学不倦。

　　南开班在中国社会学重建过程中扮演了举足轻重的角色,它不仅是唯一的本科生专业班,更是这一学术复兴过程中的璀璨明珠。南开班自筹备之初就肩负着"为首批建立社会学专业的院校和科研单位培养师资和研究人才"的重要使命。从全国18所重点高校中选拔的43名学生,不仅拥有扎实的学术基础,更因参与上山下乡等运动而积累了丰富的社会实践经验。这些独特的经历赋予他们对中国社会的深刻理解,并融会贯通,为他们的学术研究提供了丰富的素材。

　　在南开班的学习过程中,学员们接受了系统的理论知识教育,并积极参与社会实践和田野调查,将理论与实践紧密结合,形成了独特的学术风格和研究范式。南开班不仅为学员们提供了宝贵的学习机会,更为中国社会学界培养了一批杰出的学者和领军人物。这些学员毕业后大多成为国内外知名高校社会学系的教授、研究员或学科带头人,在各自的研究领域内取得了卓越的成就,为中国社会学的发展作出了重要贡献。同时,南开班所倡导的"实践出真知"的教育理念,不仅塑造了他们的学术品格,更为中国社会学界树立了新的标杆,促使更多学者关注社会现实,深入基层调研,用学术的力量推动社会的进步与发展。

此外,费孝通还将社会学的理论与实践紧密结合,为学科的全面发展另辟蹊径。他在北京市宣武区(今北京市西城区)创新性地建立了社会调查基地,不仅为社会学工作者提供了宝贵的实践平台,也深刻体现了"从实践中来,到实践中去"的教育理念。对宣武区120户居民的深入调查,不仅锻炼了专业人员的研究技能,更使他们能够深入民众生活,真切感受到社会学在现实生活中的意义。他用自己的行动证明了社会学的力量与价值所在——它不仅仅是一门学问,更是一种改变世界的力量。

在学术的浩瀚星空中,费孝通犹如一位勤勉的织梦者,以无尽的热情与智慧,精心编织着社会学的华章。他深知,这门学科的未来,不仅在于知识的累积与传承,更在于其影响力的深远与广泛。他积极投身于各类专业会议和进修班,用平实的语言阐释社会学在不同领域的价值和作用,成功吸引了更多人对这门学科的兴趣。他坚信,通过促进不同学科间的协作与交流,可以集思广益,共同促进社会的进步与发展。

在费孝通的引领下,中国社会学如同一株历经风雨洗礼的参天大树,终于迎来了它的春天。它的根系愈发坚固,枝叶愈发繁茂,为构建和谐社会提供了坚实的支撑与强大的动力。而那些曾经受过他启迪与教诲的年轻一代,则如同一群充满激情与梦想的演员,正站在这个宽敞明亮的舞台上,用自己的方式诠释着社会学的内涵与价值,共同演绎着一场场精彩绝伦的学术大戏。

二、固本开新

费孝通，这位在学术的荒漠中重获新生的智者，仿佛被赋予了第二次学术生命，其研究热情比以往任何时候都要炽烈而深邃。他像一位夜以继日的探险者，身披星辰与月光，足迹遍布中国辽阔的大地，将探索的痕迹镌刻在了每一寸热土之上。在长达25年的时间里，他以一种近乎朝圣般的虔诚，走访了28个省、自治区、直辖市的260多个市、县、区。这不仅仅是一场身体上的迁徙，更是一次心灵的深度旅行，每一次驻足，都是对这片土地深沉情感的倾注，每一次凝视，都是对中国社会现代化进程深刻洞察的凝聚。凭借着敏锐的学术洞察力和扎实的理论基础，费孝通深入分析了中国社会的现代化进程。他的研究不仅对社会科学的重建产生了深远影响，还积极寻求推动社会经济发展的新思路和策略。这些研究涵盖了民族研究、乡土研究、经济发展模式以及区域发展等多个领域，为国家的繁荣和人民的福祉贡献了宝贵的智慧和力量。

（一）尚余十金

费孝通说："我口袋里只有十块钱了，不能零星地买花生来吃,要集中起来买一件心爱的东西。"①"还有十块钱"这个比喻,生动地描绘了费孝通晚年奋斗的精神面貌。这"十块钱"不仅体现了他对时间价值的深刻理解,也反映了他对未竟事业的深厚情感。他清楚地认识到,这不是简单的十年,而是他回馈社会、弥补过去遗憾的宝贵时光。因此,他坚定地选择了充满挑战的道路,用知识的光芒照亮前行的道路。在接下来的二十多年里,费孝通以"生逢盛世,余生有限"的紧迫感,心无旁骛地投身于中国社会学的恢复与重建之中。他不仅致力于人才培养,为学科发展播撒希望的种子,还通过深入调研和著述,为社会学理论研究构建了坚实的框架。同时,他积极推动社会学的应用实践,参与政策咨询、社会服务等多个领域,努力将学术成果转化为推动社会进步的力量。二十多年来他对中国社会学的恢复重建功不可没,他如同一位辛勤的园丁,不仅精心培育着社会学领域的幼苗,让知识的种子在年轻一代心中生根发芽,更以笔为犁,深耕细作,为社会学理论研究构建起了一座座坚实的理论殿堂。除了上文已经提到的为社会学发展培育人才之外,主要还有以下几个方面:

第一,确立中国社会学发展方向——构建人民社会学。在中国社会学的发展历程中,确立其发展的方向显得尤为关键。改革开放以来,中国一直致力于构建既根植于本土实际,又具备国际视野的社会学体系——人民社会学。这一学科体系以马克思主义、毛泽东思想为指导,紧密结合中国社会发展的独特性和复杂性,旨在为社会主义现代化建设提供理论支撑。费孝通等

---

① 费宗惠.行行重行行治学为国民:费孝通的治学之路[N].上海大学校报,2009-03-19(4).

社会学先驱高瞻远瞩,提出社会学应服务于社会,聚焦于"生在社会里的人,怎样学会做人的问题",深刻揭示了社会学的人文关怀与社会责任。近四十年来,中国社会学沿着这一既定方向循序渐进,不仅在理论探索上取得了丰硕成果,如对城乡关系、社会变迁、社会治理等领域的深入研究,而且在实践中积极回应社会需求,为促进社会和谐、增进人民福祉、推动国家富强作出了不可替代的贡献。社会学研究逐渐深入社会的各个层面,成为连接政府与民众、理论与实践的桥梁,其价值与意义得到了社会各界的广泛认可与高度评价。

第二,提出"五脏六腑"构想。在中国社会学恢复与重建的初期,面对学科发展的诸多挑战,费孝通以其深邃的洞察力和前瞻性视野,为社会学的未来发展绘制了宏伟蓝图。他深知,社会学的重建不仅是学科体系的简单复原,更重要的是构建一个能够适应中国国情、服务于国家发展、满足人民需求的新型社会学体系。为此,他提出了"五脏六腑"的构想,这一比喻生动地描绘了社会学建设与发展所需的多维度支撑体系。"五脏"代表了社会学发展的基础架构,包括学会组织、专业研究机构、大学社会学系、图书资料中心和出版单位,这些部门相互依存,共同构成了社会学发展的坚实基石。而"六腑"则聚焦于课程体系的建设,明确了社会学教育的基本框架,六门基本课程的设置既涵盖了社会学的基础理论与方法,又涉及了城乡、心理、比较等多个领域,旨在培养学生全面的学科素养与综合能力。通过这种全面的课程设置和基础架构的建立,社会学教育旨在为学生搭建坚实的知识基础,同时为社会学的长远发展奠定人才基础,确保学科能够在理论与实践中不断进步,为社会的发展贡献智慧和力量。

第三，拓宽社会学研究视野。晚年的费孝通教授在《试谈扩展社会学的传统界限》等著作中，提出了一系列具有前瞻性的学术议题，鼓励年轻学者积极开拓未知领域，推动社会学研究视野的拓展。他特别强调社会学应融合科学与人文的双重特性，认为只有深入理解人的精神世界，才能真正把握社会与人的本质。这一理念不仅丰富了我们对社会学本质的认识，也为学科的未来发展指明了方向。费孝通教授进一步指出，社会学在研究人的精神世界时，应有别于哲学、神学、精神病学等其他学科，采用独特的社会学视角。他列举了"人与自然""文化与不朽""意会""我与我""心与心"等课题，这些看似抽象的问题实则是深入理解中国社会和人类精神世界的关键。他像一位勇敢的探险家，带领我们穿越层层迷雾，去探寻那些隐藏在传统遗产中的宝贵财富。他呼吁学术界同仁心无旁骛，深入研究这些传统遗产中的宝贵财富，以期在精神世界研究领域取得突破性进展。

第四，倡导"从实求知"方法论。费孝通教授对社会实践的执着追求，不仅在个人学术实践中得到体现，更深刻地影响了社会学界和教育领域的学术氛围。他倡导的"从实求知"方法论，不仅是对传统学院派研究模式的一次勇敢挑战，更是对马克思主义哲学认识论精髓的深刻理解和应用。这一理念激励了一代又一代的社会学者身体力行，走出书斋，深入社会基层，用脚步丈量那片广阔而复杂的土地，用眼睛观察那些鲜活而真实的生活场景，用双手记录那些转瞬即逝的时代变迁。在费孝通的推动下，中国社会科学院社会学研究所在京沪两地建立的社会调查基地，成为洞察中国社会变迁的宝贵窗口。特别是开弦弓村（江村）的调研基地，不仅汇聚了全国顶尖的学术力量，更见证了中国农村从传统向现代的转型历程。这里成为培养社会学人才的摇篮,无数青年学子在这里学会了如何运用科学方法分析社会问题,如何以人文关怀的视角理解社会现象。随着时间的推移,江村的社会调查基地逐渐吸引了更多高校的关注与参与,它们纷纷在此建立社会实践基地,形成了跨学科、跨领域的合作研究网络。这种合作模式不仅丰富了社会调查的内容与形式,更促进了知识的共享与创新,为理解中国社会提供了更加多元、全面的视角。费孝通教授的一生,是对社会学无尽探索的生动写照。他用自己的智慧与勇气,拓宽了社会学的研究视野,为我们留下了一笔宝贵的精神财富。让我们沿着他的足迹继续前行,在未知的天际中翱翔,去追寻那些更加璀璨夺目的学术之光。

(二)文化织锦

费孝通在1978年被任命为中国社会科学院民族研究所副所长,他以对少数民族研究的深厚情感和未竟的志向,再次踏上了学术探索的征程。在首次会议上,他全面介绍了少数民族研究计划,其中不仅包含了对过往研究的深刻总结与细腻反思,又洋溢着对未来探索的无限憧憬。这份计划是他自1935年起瑶山调查未竟事业的延续,跨越半个世纪风雨兼程的执着与坚守,更是他历经抗战烽火、内战硝烟、反右风暴及"十年"动荡后,依然初心不改、矢志不渝的见证。

1978年,正值广西壮族自治区成立二十周年之际,费孝通教授受邀访问这片充满生机与变革的土地,并借此机会重返了他魂牵梦绕的金秀大瑶山。他,再次踏上了通往金秀大瑶山的古老路径,心中涌动着难以言喻的激动与期盼。行至山巅,望着眼前这幅与记忆中截然不同的画卷,他深感震撼。那一刻,时间仿佛凝固。昔日记忆中那份闭塞与贫瘠,如同晨雾被温暖的阳光驱散,取而代之的是一幅崭新的画卷:井然有序的村落,蜿蜒伸展的公路,以及瑶族人民脸上洋溢着的幸福笑容。在《四十三年后重访大瑶山》的笔触间,费孝通用"换了人间"来形容大瑶山翻天覆地的变化,这不仅是对这片土地变化的由衷赞美,也深刻体现了中国共产党民族政策的深远影响。他让我们相信,在党的领导下,无论多么偏远的角落,都能迎来属于它的春天,绽放出属于自己的光彩。而大瑶山的故事,也将成为中华民族复兴路上一道亮丽的风景线,永远镌刻在历史的长河之中。

费孝通深知要真正理解这片土地的变化,必须深入实地倾听民众心声。于是他委派了包括胡起望在内的多位学者,深入金秀瑶山进行详尽的田野调查。这些调查不仅揭示了大瑶山在经济发展、社会结构等方面的显著进步,也揭示了历史遗留问题——二十世纪五十年代的"大跃进"和六七十年代的"以粮为纲"政策,对这里的生态和经济造成了深远的负面影响。此外,一些片面的民族区域政策,如无形的枷锁,制约了资源的自由流动与民族间的交流合作,阻碍了经济与社会的全面发展。面对这些问题,费孝通没有避而不谈,而是秉持学者的良知与责任,在《民族社会学调查的尝试》等文章中,提出了尖锐而中肯的批评与建议,他强调民族区域自治的根本目的在于促进民族团结与进步,而非简单的地域划分或民族隔离。因此,在制定和实施相关政策时,必须充分考虑当地的实际情况与发展需求,确保政策能够真正惠及每一个民族,促进各民族之间的和谐共处与共同繁荣。

1982年,金秀瑶族自治县迎来了成立三十周年的庆典,费孝通，这位民族学的耆宿，再次踏上瑶山。他在《四上瑶山》的字里行间，以饱蘸深情的笔墨，绘就了一幅大瑶山多元化经营和科技致富的壮丽图景。那不仅仅是数据与成就的堆砌，更是瑶族儿女智慧与汗水交织的颂歌，是生活面貌翻天覆地的生动写照，更是民族地区现代化进程中的一抹亮色。这些进步不仅改变了瑶族人民的生活面貌，也为民族地区的现代化发展提供了宝贵的经验。

岁月悠悠，转眼至1988年，费孝通第五次踏上了这片熟悉的土地，仿佛是时光旅人，带着对过往的深深眷恋与对未来的无限憧憬。这一次深入当年调查的六巷地区，那个曾留下他探索足迹的地方，如今在晨光暮色中更显几分静谧与祥和。

他的这次回访，不仅是为了与久别重逢的老友共叙旧情，更是在心灵的深处，进行一场对过往岁月的温柔祭奠。专程拜谒王同惠纪念亭的那一刻，时间仿佛凝固。风轻轻吹过，带着几分凉意，却也似乎在诉说着那些为瑶山研究献出青春与生命的先驱者们的动人故事。费孝通先生站在亭前，目光深邃，心中涌动的不仅仅是怀念与敬仰，更有对后来者继往开来、勇往直前的深切期许。这次旅行，对于费孝通而言，不仅是对过去的一次深情回望，那些与瑶民同甘共苦的记忆，如同一串串璀璨的珍珠，串联起他学术生涯中最宝贵的片段；更是对未来的一份坚定期许，他相信瑶山的明天定会更加美好，瑶族的儿女将在现代化的大潮中乘风破浪，书写出更加辉煌的篇章。

费孝通在五次深入金秀瑶山的田野调研中，不仅见证了这片土地上发生的深刻变迁，每一次足迹的落下，都仿佛是与这片古老土地的灵魂对话，激发了他对民族命运、文化传承与现代化转型的深入思考和无限遐想。金秀瑶山，这片被岁月雕琢的秘境，展现了从闭塞到开放的华丽蜕变。费孝通先生，以他那双洞察世事的慧眼，捕捉到了这一过程中最细腻的情感波动与最深刻的时代脉搏。他深知在这片土地上，每一座山峰、每一条溪流，都承载着瑶族儿女世代相传的故事与智慧，而这些宝贵的文化遗产，既是民族的根，也是前行的桨。他深刻认识到，要充分发挥各民族的独特优势，推动民族经济的繁荣发展，必须首先引领一场观念上的破旧立新。在长期的历史发展中，中国少数民族与自然环境和谐共生，形成了独具特色的文化体系。然而，这种自给自足、安于现状的生活方式也孕育了一种自满和封闭的心态，阻碍了外界先进文化的流入，加剧了与现代社会发展的差距。费孝通指出，这种心态不仅侵蚀了民族的自信与自尊，还使整个民族面临衰落的危险。为此，他强调教育的重要性，主张大力发展民族教育，提升民族文化素质，使每个民族成员在传承和发扬本民族优秀文化的同时，拥有开放的心态，积极吸纳外来的先进文化和科技知识，为民族的现代化进程奠定坚实的基础。同时，他也看到了商品经济在推动民族经济转型中的重要作用，认为通过商品流通与交换可以引导少数民族群众逐步融入市场体系，实现从自然经济向商品经济的转变，促进民族间的交流与融合，增进相互理解和尊重。商品流通与交换不仅是物质层面的交流，更是文化、观念与情感的碰撞与融合。在金秀瑶族自治县，五个瑶族支系虽语言各异、习俗有别，但长期共同生活在大瑶山，逐渐形成了对"瑶族"这一共同身份的认同。这一现象深深触动了费孝通，使他开始思考更为宏观的问题：

  大瑶山里的具体情况给我很大的启发。我想到过许多问题：什么叫瑶族？瑶族的分布怎样？……过去

> 我们的民族研究很多是以现有的民族单位为范围的。《中国少数民族》这本书的体例就是如此。这当然有它的好处。但是在研究工作上已经遇到它的局限性。因此,这几年里有人提出要研究各民族历史上的联系。如果再进一步就是要把中华民族看成一个整体,研究它怎样形成的过程和它的结构和变化了。①

费孝通的民族研究虽始于瑶山的深邃与神秘,却如江河奔腾,其视野跨越千山万水,广袤无垠。在接下来的辉煌十年间,他主导了"边区少数民族地区发展研究"项目,其研究足迹遍布内蒙古的辽阔草原、宁夏的黄河之畔、甘肃的黄土高原、青海的雪山脚下、新疆的浩瀚戈壁等,与当地的少数民族进行了深入的交流与探讨。通过这些丰富的实地考察和交流经验,费孝通对民族问题有了入木三分的理解,并逐渐构建起"多元一体"的思想框架。

1989年夏,费孝通在威海整理讲义,汇集他多年的思考与研究成果,完成了《中华民族的多元一体格局》(书稿于1989年写完,1999年出版)这部划时代的学术巨作。这部作品不仅是费孝通在民族研究领域的巅峰之作,更以其精妙的构思和深刻的见解,对中华民族的多元一体性进行了条分缕析的探讨。全文共分为十二个章节,章章可观,从地理空间的广袤分布到历史长河的波澜壮阔,费孝通教授以细腻的笔触和宏大的视野,抽丝剥茧般剖析了中华民族融合与发展的内在逻辑。费孝通以基层与高层认同的双重视角,勾勒出中华民族融合的壮丽图景,阐述

---

① 费孝通.从事社会学五十年[M].天津:天津人民出版社,1983:88-89.

了在多元一体格局下,各民族既保持独特魅力又休戚相关的历史进程,为中国在世界多元一体化趋势中迈向更高发展阶段提供了坚实的历史逻辑支撑,更为人类社会的和谐共生描绘了一幅可期的未来蓝图。

(三) 乡村王国

中国作为一个历史悠久的农业大国,其农村之域,历来是国家命脉的根基,发展跃升的基石。在广袤的乡土上,农民,作为坚实脊梁,承载着国家的希望与梦想。众多知识分子深切关注农民人口这一庞大的群体并投身于乡村建设运动,通过多种途径如"实业救国""改良运动""技术下乡""知识富民"等,探索中国发展的新动力。在这一背景下,费孝通以其乡土研究的深厚积累,提出了发展乡村工业的重要性,认为这是提升农民生活水平、实现农村复兴的关键。在一个土地有限而人口众多的国家,乡村工业的发展乃是点亮农村未来之光的火种,是提升农民生活品质、催生农村生机活力的关键所在。不仅可以吸纳富余劳动力,增加非农收入,还能促进农村经济多元化,带动产业链形成,为农村注入新活力。费孝通的这一观点,不仅在当时备受瞩目,更为后来的农村工业发展提供了理论支撑,对中国农村现代化转型具有深远影响。

1985年夏,费孝通带着对乡村发展的深沉关切,深入江村及其他七个乡镇进行实地考察。在这些地方,他亲耳听到了基层干部和乡镇企业负责人对资金紧张问题的沉重叹息。他们对乡镇企业的未来感到忧虑,眼神中流露出迷茫与期盼,急切希望费孝通能够代表他们发声,寻找解决困境的方案。

不久之后,《新华日报》上发表了费孝通的长文《九访江村》。这篇文章犹如一股清新的春风,拂过了乡镇的每一个角落,成为基层干部和厂长们争相传阅的热点。在文章中,费孝通紧密结合实际,深入剖析了乡镇企业贷款波动的根源问题。他以积极乐观的态度,对乡镇企业的历史背景、当前状况、未来发展趋势以及农业规模经营等关键问题进行了切中肯綮的探讨,并运用确凿的事实,有力地回应了基层干部和企业负责人心中的疑虑。他用确凿的事实作为基石,以坚定的信念为灯塔,为乡镇企业指明了一条通往繁荣的康庄大道。

在那片古老而广袤的乡土之上,乡镇企业如同雨后春笋般悄然崛起,这个由农村副业发展起来的经济形态,不仅是经济脉络中跃动的新绿,更是费孝通先生笔下那生命力顽强的"草根工业"。这是一场没有硝烟的革命,以农村为土壤,以农民的智慧与汗水为雨露,滋养出一朵朵经济之花,绚烂而坚忍。他强调:"在初期短短几年里,苏南的社队工业也到处蔓延,落地生根,历经艰险而不衰。社队工业这种强盛的生命力和普遍的适应性,不能不使人联想到那'野火烧不尽,春风吹又生'的小草,草根深深地扎在泥土之中,一有条件它就发芽,就蓬蓬勃勃地生长。这种社队工业,可以称作草根工业。"他进而指出:"任何事物的发展都是相互作用的结果。一旦'草根工业'破土而出,它就会按照自身固有的规律运行。这就是说,在农民接受工业的同时,工业也在接受农民,影响农业,悄然改变着农村的面貌。从这一意义上说,农民最终还得去适应自己创造的工业发展。"① 费孝通

---

① 费孝通.费孝通文集:第10卷[M].北京:群言出版社,1999:318.

明确指出,与西方工业革命的历史相对照,中国的"草根工业"无疑是中国农民的一大创举,它如同乡间田野上顽强生长的野草,虽不起眼,却拥有着惊人的生命力与适应力。它没有西方工业革命的华丽外衣,没有轰鸣的机器与高耸的烟囱,却以农民勤劳的双手为笔,以乡土为纸,书写着属于自己的传奇。它不仅是一场经济变革,更是对社会结构的深层次调整,是农民智慧与毅力的结晶。

在社会发展历程中,农业与手工业经历了由共生到分离的转变,共同促成乡村的繁荣。随着生产力的提升,农村手工业开始从农业中独立出来,形成了"草根工业"。这种转变催生了乡村工业的兴起,并在随后的发展中如日中天,成为推动我国工业化进程的重要力量。近半个世纪以来,费孝通的理论指导对乡村工业的大力发展起到了促进作用,为中国农村开辟了一条独特的工业化道路。改革开放政策的实施,为农村工业化提供了新的机遇和广阔的发展空间。从社队企业到乡镇企业,再到联营、合资、民营乃至高新技术和上市企业,中国非公有制企业的快速发展,不仅进一步推动了中国现代化进程,也证明了中国乡村工业化道路的正确性与广阔前景。

乡村社会的变迁是中国历史发展脉络的重要体现。随着乡村工业的兴起,农村非农产业在小城镇迅速发展,这一变革打破了我国长期存在的城乡二元经济结构,为农村经济带来了前所未有的发展机遇。农村社会分工的深化,促进了第二、第三产业的集聚,不仅拓宽了农村经济的领域,也加深了其内涵,同时,农业人口在全社会就业人口中的比重逐渐下降,标志着我国农村经济结构正在经历深刻的转型。

这一转型过程中也带来了新的挑战,尤其是在乡村集镇建设方面。1982年,费孝通从自己的家乡吴江出发,心中怀揣着对乡土深情的眷恋与对未来图景的无限憧憬。他采用了最为质朴而深刻的研究方法——实地考察,仿佛一位历史的侦探,穿梭于古镇的街巷与新兴的小镇之间,用双眼捕捉每一处细微的变化,用心灵感受每一份生活的律动。类型比较,如同他手中的万花筒,将不同地域、不同形态的小城镇一一呈现,展现出它们各自的特色与风采;功能分析,则如同精准的手术刀,剖开现象的表面,直指问题的核心。他提出了"类别、层次、兴衰、布局、发展"这十字箴言,旨在探析中国城乡结构、人口分布以及农村工业化、城市化等社会主义建设中的重大问题,探究从"江村"到"江镇"的提升之路。

费孝通在对吴江县域集镇的研究中,采用了分类法,将其归纳为五种类型:第一种是产品集散中心震泽镇,他笔下的震泽镇,镶嵌在农副产品与工业品的集散之路上,如同一颗璀璨的明珠,映照着农村经济中心的勃勃生机;第二种是丝绸工业中心盛泽镇,以丝绸为笔,工业为墨,书写着专门工业小镇的辉煌篇章;第三种是吴江政治心脏松陵镇,沉稳而庄重,引领着区域发展的方向;第四种是富有水乡特色的古镇,如同里镇,以其独有的水乡韵味,讲述着古镇的悠悠古韵与今昔变迁;第五种是水陆便利的交通枢纽节点,如平望镇,见证着时代的变迁与繁荣。他进一步将县域集镇按行政区地位划分为三层五级,这一分类方法为小城镇的深入研究提供了理论支撑。

费孝通认为吴江小城镇一度式微的症结在于当时传统的重农轻商思想和政策,而其复苏繁荣的根本原因是乡镇工业经济的兴起。乡镇工业经济的春风,如同魔法师般唤醒了这片沉睡的土地,让小城镇焕发出前所未有的活力与光彩。在中国农村人多地少的背景下,小城镇在乡镇企业发展中扮演了人口"蓄水库"的角色。它们不再是简单的地理坐标,而是农村现代化的先锋队。然而,小城镇的集体商业经济尚未充分活跃,流通渠道需要进一步疏通,小城镇应当成为商品的集散地、农村的服务中心、文化中心和教育中心。

从系统论的角度来考察,小城镇作为农村政治、经济、文化、交通、信息、金融等多元中心的汇聚地,是联结城乡坚韧的纽带,是城乡经济协作互补的结合点,是构成城乡一体的重要子系统。小城镇的地位及作用与日俱增,其发展在中国现代化进程中发挥了重要作用,将有力促进中国城乡经济繁荣和社会进步。

农村工业这股时代的洪流以其不可阻挡之势成为现代社会发展的鲜明标识,而城镇化则是农村工业化的必然结果。费孝通提出鉴于中国地少人多的国情,解决农村剩余劳动力问题必须走自己的路,即大力发展小城镇。他的这一思想得到了政府决策者的高度认同和重视,推动了国内外对小城镇的研究,丰富了中国的社区理论和农村发展理论,对整个社会学界产生了深远影响。

在费孝通的亲自指导下,1983 年 7 月,黎里乡、镇作为试点实施了乡镇合一体制改革,推行镇管村的管理模式,这一改革取得了显著实效。1985 年 10 月,这一创新的治理模式如同蒲公英的种子,被轻轻吹散至其他六个县属大镇的每一个角落,有效打破了乡镇分治的局限,简化了行政管理层级,为小城镇的规划、建设和管理提供了统一的框架。岁月悠悠,转眼又是数载春秋。1992 年,吴江迎来了历史性的时刻——撤县设市,至 1994 年 5 月,全市 23 个小城镇均升级为建制镇,标志着从县乡体制到市镇体制的重要转变。这一转变不仅增加了小城镇基础设施的投入,促进了功能的日臻完善,而且加强了小城镇集聚经济要素和经济辐射的能力,使吴江小城镇实现质的飞跃。

然而,吴江小城镇的发展也面临着"多子多孙"、规模过小、分布稠密、建设成本大等问题,限制了其发挥规模经济和带动效应的潜力。为解决这些问题,2001年至2004年,吴江进行了两次大规模的村镇行政区域调整。通过撤并,原本的23个建制镇、555个行政村和202个社区居委会被优化重组为10个镇、250个村及49个社区居委会。这一调整不仅优化了资源配置,还强化了"一镇一品"的产业特色,促进了小城镇经济社会的健康发展。

(四) 模式创新

费孝通深入广袤的农村与星罗棋布的小城镇,以其深厚的学术功力与敏锐的洞察力,创造性地构建了经济社会发展模式的概念,旨在全面总结并凸显各地独特的经济发展路径。他强调经济发展应避免人云亦云,而应依据各地区的实际情况与历史条件,因地制宜地规划发展蓝图。在《四年思路回顾》中,费孝通清晰界定了模式的概念:模式即指在一定地域与特定历史背景下,所展现的具有鲜明地方特色的经济发展轨迹。[①]

通过实地考察,费孝通于不同历史长河之波澜中,相继抽绎出多元纷呈之发展模式,包括"苏南模式""温州模式""珠江模式""侨乡模式""民权模式""宝鸡模式"及"耿车模式"等。这些

---

① 费孝通.费孝通文集:第11卷[M].北京:群言出版社,1999:25,481.

模式不仅极大丰富了区域经济研究的理论体系,而且为实际的经济建设提供了宝贵的实践指导与理论支撑。通过这些模式的提炼和总结,费孝通为区域经济的繁荣与发展奠定了坚实的基础。

1. 苏南模式

"苏南模式"是苏州、无锡、常州和南通等地在经济发展中形成的一种独特路径,其核心特征在于乡村集体经济的主导作用和行政管理的重要角色,代表了计划经济向市场经济转型过程中的一种特殊形态。这一模式的起源可追溯至 20 世纪 80 年代初,当时家庭联产承包责任制的实施极大地激发了农民的生产积极性。在这一背景下,苏南地区的农民并未解散社队企业,而是推动其发展,形成了以农民办工业、发展乡镇企业为特色的农村经济社会现象。

费孝通对"苏南模式"进行了深度剖析,并给予其极高的赞誉。他认为,该模式的成功在于其坚持了"无农不稳、无工不富、无商不活、无才不兴"的发展理念,实现了农业的稳定、工业的富裕、商业的活跃和教育科学文化的兴盛。费孝通还指出,"苏南模式"的另一显著特点是乡镇与大城市之间息息相关,这种"藕不断,丝还连"的关系使得农村剩余劳动力能够在大城市中获得现代技术和人脉资源,推动乡镇企业的发展。

岁月悠悠,时光荏苒,随着岁月的流转与推移,"苏南模式"开始融合外来资金和技术,呈现出"内发"与"外发"结合的新趋势。费孝通称之为"苏南模式的新发展"。自 20 世纪 90 年代中期起,他观察到部分乡镇企业通过产权制度改革实现集团化,并与国际市场紧密相连。同时,他也关注到企业改制导致的工人分流问题,并认为家庭工业的兴起是解决农村剩余劳动力的一种途径,但并非唯一解决方案。费孝通主张发展农村第三产业,推动工业在小城镇集约发展,并建设中心镇,以吸纳部分农民进入城镇并实现稳定就业。

2. 温州模式

"温州模式"是指温州地区个体私营经济的快速发展,形成了独特的"小商品大市场"格局,即商业带动工业的发展模式。该模式强调个体经济、家庭作坊和民营经济的重要性,并通过遍布全国的销售和商品流通网络实现经济增长。

费孝通先生对"温州模式"始终抱有坚定的支持与推崇,多次踏上温州这片土地进行实地考察。他认为"温州模式"的重要特点在于其"小商品,大市场"战略。这种模式不仅具有区域性特色,更带有全国性的普遍意义。费孝通指出,"温州模式"在当时的历史环境下启动了一个民间自发、遍及全国的小商品大市场,建立了一个无孔不入的流通网络,为生产者与消费者之间搭建了桥梁。[①]

费孝通对"温州模式"的历史根源进行了深入剖析。他认为,由于温州与苏南的历史条件不同,因此不可能发展出苏南模式的乡镇企业。"温州模式"的形成,得益于国家政策的改变,允许农民从事贩运、流通和商业活动,这使得温州人的传统技能得到了发挥。温州大批农民到外地打工、卖手艺、经商,形成了庞

---

① 费孝通. 费孝通文集:第10卷[M]. 北京:群言出版社,1999:476.

大的销售和商品流通网络,为"温州模式"的形成奠定了基础。

费孝通认为"温州模式"是一种放手发展个体经济、民营经济的模式,通过家庭工业和专业市场的结合,实现了农村经济的快速增长。"温州模式"的成功在于独特的"温州精神",即敢闯敢拼、奋勇争先的精神。这种精神使得温州在全国范围内形成了巨大的信息网和商品流通网,为温州经济的发展奠定了坚实的基础。[①]

3. 珠江模式

"珠江模式"是指珠江三角洲地区凭借其邻近中国香港的地理优势,广泛发展"三来一补"(即来料加工、来样加工、来件装配和补偿贸易)企业,与中国香港形成"前店后厂"格局的合作模式。这一模式通过内外资金和技术的紧密结合,推动了经济的快速发展。

在分析"珠江模式"时,费孝通深刻指出欲透彻理解此模式之精髓,必当回溯历史长河,深切考量中国香港与珠江三角洲间千丝万缕的历史联系。20世纪50年代前,中国香港是外部商品进入中国大陆的转运站。然而,由于西方的经济封锁,中国香港被迫转向小型制造业,依赖从上海迁入的工业力量和珠江三角洲的劳动力。改革开放后,中国香港再次成为大陆对外贸易的通道,对珠江三角洲产生了显著的辐射作用。

珠江三角洲地区是西江、北江、东江在广州汇合后形成的冲

---

① 朱通华.费孝通先生提出"温州模式"的前前后后[J].南京医科大学学报(社会科学版),2005(4):269-271.

积平原。1985年,这一地区被划为"珠江三角洲经济开发区"。费孝通在考察中国香港时,已经对"珠江模式"有所认识,并提出将中国香港的"蜂窝厂家"(即挤在多层大厦里的小工厂)转移到内地农村发展乡镇企业的想法。这一想法在东莞得到了验证,他观察到中国香港的工业正在向珠江三角洲扩散。

在接下来的悠悠十五载光阴中,费孝通对珠江三角洲的蓬勃发展,展开了多次锲而不舍的追踪调查。他总结"珠江模式"的特点:通过"三来一补"引进现代工业、培养人才,将外资和现代技术、经营方式嫁接到乡镇企业,扩大合资企业的范围和方式,创造了具有社会主义性质的集体企业,促进了地方经济的繁荣和国家综合实力的提升。①

同时,费孝通也指出"珠江模式"的"外向型"特征,即企业不仅原料和市场在外,而且部分经营管理权也未完全脱离原来的中心,利润的主要部分被外在中心吸收。② 他认为这种"大进大出"的模式对中国在国际市场竞争中的自主权和主动权至关重要。因此,他提出"珠江模式"需要进一步发展,增强自主创新能力,用文化和教育支撑,以在全球化竞争中掌握主动权,争得更大的利益。同时,他也强调了珠江三角洲在参与国际市场竞争的同时,应更多更好地考虑带动内地经济腹地发展和加强贸易中心的建设。

4. 侨乡模式

"侨乡模式"是一种依托侨胞投资兴办企业,甚至开发工业

---

① 费孝通.费孝通文集:第12卷[M].北京:群言出版社,1999:279-289.
② 费孝通.费孝通文集:第11卷[M].北京:群言出版社,1999:487.

小区的发展方式。这种模式的起源可追溯至那些赴海外谋生的侨胞,他们大多出身贫寒,但凭借勤劳和节俭在国外获得一定的社会经济地位后,开始回乡投资,兴办公益事业和企业。这些企业运用现代设备和先进技术,与国际市场紧密相连,为农村经济的发展另辟蹊径。

20世纪80年代,由于汇率差价的原因,侨胞开始通过"以钞代汇"和"以物代钞"的方式,将资金以实物形式带入国内,极大活跃了侨乡经济。随后,国家政策允许侨胞免税带入各种物资,侨眷将多余的物资摆摊出售,形成了洋货市场,如福建石狮就成为最早的洋货小商品集散地。

商家开始精心仿制"洋货"出售,并逐渐发展到侨眷合股聚资办厂。侨胞也通过帮助侨眷办厂的方式向侨乡投资。在短短几年内,福建沿海乡镇出现了各种形式的侨资企业,甚至与国际财团结合,进入国际市场。更有远见的侨胞财团开始集中投资建设工业区。这些企业起点高,与国际市场关系紧密,为侨乡经济的发展开辟了新途径。

费孝通认为"侨乡模式"是一个自然演进、不断提升的过程,从最初的"汇款养家"到"合股办厂",再到"侨资企业"和"侨资工业小区",逐渐形成了一种有利于乡镇企业和小城镇发展的新模式。[①] 他高度评价福建利用"侨牌"的成效,认为"侨乡经济"是侨胞千年来坚持侨心的新表现,它超越了传统的赡养侨眷、办学校、办公益的门槛,迈入了用侨资开发侨乡、发展侨乡经济的新时代。

---

① 曹雪娟.费孝通:一位影响中国当代社会发展的吴江人[M].苏州:古吴轩出版社,2010:183.

5. 民权模式

"民权模式"是一种依托本地自然资源和劳动力的经济发展策略，它使得当地居民能够在不离开家乡的情况下实现增收、脱贫甚至致富。费孝通对这种深入人心、惠及苍生的致富模式给予了极高的赞誉，视之为经济发展之良策，更是通往社会公平与和谐之坦途，其效用昭昭，不可小觑。

费孝通于1987年4月和1991年9月两次实地考察河南省民权县的乡镇企业和小城镇建设情况。在民权县，他发现了两条具有特色的经济发展路径：一是以家庭为单位的果农种植葡萄，经过乡镇企业的榨汁发酵，最终由县国营酒厂酿成果酒，形成了一条提升农产品附加值的产业链；二是纺织品抽纱产业，以其低门槛、简易操作的特点使得千家万户能够参与到产业中来，县工艺品厂集中收集初成品后进行加工出口，促进了家庭经济与外部市场的对接。[①]

费孝通指出民权的加工工业起步于葡萄酿酒和柳枝蒲苇编织，这标志着从开发"草根资源"向发展"草根工业"的转变。"草根资源"泛指土地上生长的植物资源，包括粮、棉、油等大田作物以及林木、果树、灌木、蒲苇等可用于加工的原料。"草根工业"则是基于这些资源的加工工业，这一概念比传统的农业和农产品加工工业范围更为广泛，也更贴合民权县的实际情况。

费孝通总结认为"民权模式"的显著特点是企业与果农的唇

[①] 费孝通.学术自述与反思[M].北京：生活·读书·新知三联书店，1996：296.

齿相依。酒厂根据市场需求选择葡萄品种,提供给果农种植,从而确保原料供应的稳定性,并酿制出多样化的名酒产品。为提高效率,民权县创新性地建立了国营、集体和个体三级联营制,酒厂协助各村乡建立集体所有的葡萄发酵站,使果农能在成熟期内就近进行初加工,减少损耗,提高效率。这种联营机制不仅促进了村乡集体企业的发展,还激发了村乡集体组织参与葡萄栽培和酿酒业的积极性,实现了工农的环环相扣。

随着时间的推移,"民权模式"不断拓展到更广阔的领域,展现出强大的生命力和适应性。费孝通教授对此寄予殷切期望,认为这一模式将为更多地区提供有益借鉴,推动中国经济社会的全面发展。

在深入总结多个地区区域经济发展模式的基础上,费孝通逐步构建了自己的"模式"评价标准和"模式观"。在《小商品大市场》一书中,他明确提出评价标准的实质:"无论是苏南模式,还是温州模式或群众创造的其他模式,评价它们的唯一标准应当是视其是否促进了社会生产力的发展,是否提高了人民大众的生活水平。这些模式在中国历史上乃至人类发展史上都是古来所无的。唯其如此,方显出中国社会现代化的特色;唯其如此,才需要我们对伴随这些新事物一同出现的新问题进行科学的认识。"[①]这一评价标准与他"志在富民"的理念相契合,也反映了当时中国经济发展的客观需要。

费孝通在区域经济发展模式的研究中,明确反对胶柱鼓瑟,推广单一模式的做法。他在中央党校的讲话《因地制宜 多种模式》中提到:"苏南主要是靠兴办乡镇企业,所以说'无工不

---

① 费孝通.费孝通文集:第10卷[M].北京:群言出版社,1999:467.

富'；洞庭湖区却是先从搞大农业富起来，进一步再搞工业，可以说是'先农后工'。这说明我们农村经济的发展不能单搞一个模式，而必须因地制宜、多种模式。"①费孝通明确指出，不仅在工农业发展的重点和顺序上，各地可根据自身的条件选择不同的发展路径；在人口密集、土地稀缺、农业发展受限的地区，工业发展的模式也可以有多种选择。

  费孝通对不同区域的经济发展模式深思熟虑。他尤为强调在推动区域发展之际，应该避免采取简化和模式化的方法。通过重新审视苏南模式，他提出，中国农村的发展策略应该考虑到不同地区的具体情况，避免搞"一刀切"。他在《四年思路回顾》中也强调："模式在概念上应当和样板区别清楚，不然会带来不良的后果。因为今后中国农村的发展，应当避免强制不同条件的农村仿效一个样板。特殊时期的'学大寨'是一个不应当忘记的教训。"②后来，费孝通也对珠江模式有了新的认识，他指出："最近的10年里发展速度快，原有的模式变化较大，新的特点正日渐明显，以致过去的概念已有部分过了时，看来追踪调查很有必要。认识本是客观存在的反映，事实在发展，认识也该跟着更新。"③

  费孝通提出应超越对个别经济发展模式的关注，认识到模式间互动与融合的重要性。他指出无论是"苏南模式"还是"珠江模式"，它们都是动态演化的，而非一成不变的模板。我们应以更开放、动态的视角，理解经济发展的复杂性和多样性，避免

---

① 费孝通.费孝通文集：第10卷[M].北京：群言出版社，1999：598.
② 费孝通.费孝通文集：第11卷[M].北京：群言出版社，1999：481.
③ 费孝通.费孝通文集：第12卷[M].北京：群言出版社，1999：280.

简化和僵化的认识,以更准确地把握经济的脉动和趋势。他强调要对各种模式进行与时俱进的追踪调查和研究,及时更新对它们的认识和理解。

随着社会经济的不断发展,模式概念的内涵也在持续演变。费孝通首先提倡"因地制宜、不同模式"的观点,并进一步强调了"随势应变、不失时机"的重要性。他指出"模式"并非严格定义的概念,而是指日常语言中的各种"式样";他强调了"模式"不等同于"样板",不鼓励各地简单模仿,而是倡导因地制宜地进行创新和学习。费孝通悉心总结诸多发展模式之精髓,旨在唤起对各地经济发展实践的深切关注与深刻总结,激励众人汲取成功经验之甘露,广而传之,以期共筑"富民"之宏伟愿景。

(五)全国一盘棋

费孝通的学术研究展现了对时空关系不断拓展的创新精神。他从江村的研究出发,逐步扩展到小城镇,进而深入区域经济的探索。在《农村、小城镇、区域发展》一文中,他描述了自己的研究轨迹:"1982年以后,我的社区研究领域比三四十年代已经扩大。首先是从农村扩大到小城镇,提高了一个层次,把小城镇看成是城乡结合部,进行深入调查研究。……到1984年,我走出苏南,进入苏北,对苏南、苏北进行了比较研究。很明显,我这一时期研究地域的扩大有意无意地是顺着行政区域的层级进行的。"[1]

---

[1] 费孝通.费孝通全集:第15卷[M].呼和浩特:内蒙古人民出版社,2009:4-5.

20世纪80年代末至90年代初，中国经济迎来了迅猛发展的黄金时期，城乡一体化成为主要发展趋势。小城镇建设与大城市发展同步加速，社会主义市场经济的兴起促进了不同行政区域间的合作与互补，打破了传统界限，形成了多样化的合作模式。在这样的背景下，费孝通提出了一项具有深远意义的区域发展研究课题，强调了微观与宏观分析的结合、理论与实践的融合以及人文与地理研究的交叉。他认为，这一课题不仅要求将全国经济发展视为一个整体，更需将其置于全球经济的大趋势中进行审视，从而开展更为宏大和复杂的研究。

在开展这项区域发展研究之初，费孝通深入东南沿海和西北地区进行了细致入微的比较性实地调查。他敏锐地发现了沿海与内地，特别是边远地区之间日益突出的发展不平衡问题。基于实现共同富裕的宏伟目标，费孝通强调了关注这种全局性的东西部差距的重要性。他主张，为了有效促进东西部经济的协调发展，必须将这两大区域纳入全国乃至全球经济的大框架中进行综合思考和规划。

费孝通在深入分析中国区域经济发展的现状后，指出了中部地区经过近十年的协作，已具备了坚实的基础和丰富的经验，正迎来新的发展机遇。与此同时，沿海地区的发展已经成熟，沿江地区的发展也已蓄势待发，而北部沿大陆桥经济走廊的发展则需要进一步推进。尽管大陆桥存在已久，但其经济潜力尚未被充分利用，陇海线沿线的腹地发展也未达到预期。

在时代洪流中，中国南方之迅猛发展，犹如春风化雨，催生出北方亦需疾步奋进的迫切呼唤。长江三角洲的经济辐射正在迅速向中部地区扩展，预示着中部地区经济的腾飞。为促进中部和北部的崛起，建设一条沿大陆桥的经济走廊显得尤为迫切。

这条走廊不仅能够挖掘沿线腹地的发展潜力，还能作为东部经济向西转移的重要通道，促进东西部经济均衡发展。

更为重要的是，这条经济走廊贯穿黄河中游的腹地，连接上游的多民族开发区和下游的三角洲开发区，有望带动整个黄河流域的经济大发展，为北方经济的崛起注入活力。同时，这条走廊将为北方经济提供新的对外开放战略支点，既可东出连云港，也可西进中亚和阿拉伯市场。

费孝通强调淮海和中原两个协作区应继续增强实力，为实现连片发展以及经济走廊的建设打下坚实基础。加快这两地的经济区域发展，一边建设经济走廊，一边建起欧亚大陆桥的桥头堡，形成全国承东启西、南呼北应的大格局。这一战略布局对于中国实现全国协调发展和人民共同富裕具有深远意义。

正是通过这一系列经济区域发展设想，费孝通最终构建起"全国一盘棋"的宏伟格局，为中国的长远发展提供了清晰的思路和明确的方向。

此外，费孝通还睿智地提出，上海之发展，不应囿于现状，沉溺于安逸，而应勇攀高峰，寻求更高层次之突破。他将上海定位为长江流域的贸易、金融、信息、科技和运输中心，使其成为长江三角洲及沿江地带工农业商品的总调度室或总服务站，利用其地理和经济优势，打造大陆版的中国香港。这样的战略定位，将推动上海自身的发展，并带动整个长江流域的经济繁荣。

1990年，费孝通进一步提出了建立长江三角洲经济开发区的建议，设想以上海为龙头，江苏和浙江为两翼，长江为脊梁，构建一个宏大的经济区域。他还提出了"南方丝绸之路"和西出阳关的欧亚大陆桥的设想，以拓展这一区域的对外经济联系和辐射能力。这些宏观设想体现了费孝通对区域经济发展的辨析毫芒和对中国经济未来发展的远见卓识。

经济区域的形成是一个自然演进的过程,它随着人们经济生活的演变而逐渐发展。在人类社会的早期,人们生活在自给自足的小群体中,这些群体散居在广阔的土地上,相互之间的经济联系非常有限。然而,随着社会的发展,人们之间的合作与依存关系不断扩大和深化。费孝通不仅敏锐地观察到中国不同区域间正在形成相互依存的经济体系,还预见到这一体系将继续延伸和拓展。他的这些真知灼见,为未来的经济蓝图规划与政策制定,提供了不可或缺的宝贵视角与重要参考。

三、大成进境

费孝通的学术生涯中有两个显著的高峰：第一个高峰在1936—1949年间，他的中国乡村研究在学术界和国际上产生了深远影响；第二个高峰是在1980年到他去世前的时期，他提出了广为人知的"各美其美，美人之美，美美与共，天下大同"的十六字箴言和"文化自觉"的学术理念。① 他的学术视野从专注于中国现代化的探索扩展至国际化，最终达到了学术上的巅峰。在学术反思中发表的文章和"文化自觉"理念的提出，集中体现了他学术思想的成熟和深度，不仅为他的个人学术生涯添上了浓墨重彩的一笔，也为后来的学者提供了宝贵启示。

（一）学术反思

进入20世纪90年代中期，尽管年事已高且行动不便，费孝通依然坚持实地调查，并致力于总结和反思自己的学术生涯。他高度重视晚年的学术反思，通过撰写论文深入探讨人与人之

---

① 方李莉.费孝通之问：人类社会如何走向"美美与共"：费孝通学术思想传[M].北京：商务印书馆，2021：345.

间、思想之间、文化之间的互动,以清晰表达自己的学术理念。在这一时期,他完成了包括《个人·群体·社会》和《从史禄国老师学体质人类学》在内的多篇学术反思文章,并于1996年将15篇自述性质的文章集结成《学术自述与反思》一书出版。在反思中,费先生不仅深入回顾和评估了自己的研究成果,更以一种难能可贵的谦逊之心,矢志重新学习并汲取师长的学术精髓,以期弥补自己研究中的不足。

1. 决定补课

在1998年北京大学百年校庆的辉煌时刻,费孝通先生身为学界之巍峨泰斗,积极参与了校方邀请的一系列学术演讲活动,并从中收获颇丰。在第三届"社会文化人类学高级研讨班"的即兴发言中,他坦诚地提出了"自己在学术上需要好好地补补课"的观点。用他自己的话来说,"是因为这几年我感到社会变动得太大、太快,在这个大变动面前,我的能力不够了,究其原因,是因为自己的基础没打好"[①]。

晚年的费孝通先生,怀揣着前所未有的热忱与坚定,再度投身于对老师著作的潜心研读之中。他细细品味着当年老师们精心编纂的教材,字里行间,仿佛重回了那段青涩而充实的学术岁月。他以如椽巨笔,撰写出一系列长篇文章,如《从马林诺斯基老师学习文化论的体会》《重读〈江村经济〉序言》《人不知而不愠——缅怀史禄国老师》《读马老师遗著〈文化动态论〉书后》《补课札记——重温派克社会学》等。这些文章最短的也有一万多

---

① 费孝通.费孝通文集:第16卷[M].北京:群言出版社,2004:48.

字,大多数则是二三万字,而最长的一篇《补课札记——重温派克社会学》竟长达八万字。每一篇都凝聚着他对学术的深厚情感和独到见解。在这些文章中,费孝通情真意切地讲述了自己的家史,诉说了他学习社会学与人类学的初衷,以及每一位老师对他的深远影响。

费孝通在晚年重读老师们的著作时,体验了与年轻时截然不同的认识和感悟。尽管是熟悉的内容,他却温故知新,激发了对未来的新思考。在深入分析马林诺夫斯基的《江村经济》序言时,他不仅洞察到马林诺夫斯基成功将人类学研究从理论推向实践,实现了从书斋到田野的转变,还注意到马林诺夫斯基在学术探索中遇到的挑战,如将微观现象与宏观结构相联系,将传说转化为历史,以及探索生态环境与人类心态的复杂关系。这些观察和思考不仅让费孝通深刻体会到学术研究的艰辛与魅力,而且拓展了他的学术视角,使他的思考更为细致入微和包举无遗,为人类学的未来探索提供了新的视角和思路。

此时,费孝通环顾四周,深感人类学的前路依旧迷雾重重,何去何从之问,宛如悬于苍穹之上的未解之谜,至今仍未有谁能拨云见日,给出那清晰而笃定的答案。他深感任重道远,意识到作为一位学者,他有责任为学科的未来发展贡献自己的力量。于是,他发出"俱往矣,数风流人物,还看今朝"的豪迈之语,表达了自己对学术未来的坚定信念和豪情壮志。

费孝通的学术自觉不仅体现在对马林诺夫斯基作品的重新审视上,更扩展到了对帕克、史禄国等前辈学者著作的深入研读中。通过重读经典,他不仅达到了新的研究高度,而且对社会学与人类学的洞察也更为深刻和全面。他的学术视野因此得到显著拓宽,研究思路也变得更加开阔。这些经历不仅为费孝通本人的学术探索注入了新的活力，也对中国社会学与人类学的发展起到了重要的推动作用。

费孝通的学术探索不局限于社会学与人类学领域，他还广泛涉猎国内其他学科的学者著作，积极吸收跨学科的学术精华。他的参与不仅限于理论学习，还活跃在考古学实践中，试图在传统与现代、东方与西方的多元视角中，探索人类发展的未来路径。费孝通致力于让社会学与人类学的研究跃升新阶，以期为促进人类社会的和平与繁荣作出贡献。他的学术追求与人生信念，犹如双生的花朵，紧紧相依，彼此促进，共同塑造了他晚年多姿多彩的学术生活。

2. 回应利奇

马林诺夫斯基在《江村经济》序言中自信地预言，该书将作为人类学实地调查和理论发展中的一个"里程碑"，并成为社会人类学领域新风气的坚实基础。这种新风气的核心在于摒弃传统观念，采用以往用于研究所谓"野蛮人"的田野方法，来深入分析"文明人"的社会结构和文化本质。尽管这一创新思维受到了众多社会人类学者的认可和推崇，但在推广和实施过程中，也不可避免地遭遇了各种挑战和质疑。

费孝通的同窗好友，英国著名人类学家利奇，在1982年出版的《社会人类学》中，对中国农村研究的社会人类学家提出了尖锐的批评。他质疑，一个研究者从本民族出发，是否能够真正深入社会人类学的核心，掌握其深奥的精髓。利奇更进一步提出疑问："中国这样广大的国家，个别社区的微型研究能否真正概括出中国的整体国情？"①这种质疑直接挑战了当时以《江村经济》为代表的小型社区研究方法的有效性和普遍性。

同时，英国的另一位杰出人类学家弗里德曼也对这种方法提出了犀利的批评。他强调，即便在多个村落社区中重复进行微观研究，也不足以全面捕捉到中国社会的整体复杂性和多样性。弗里德曼认为，社区研究虽然有其价值，但社区本身并不能简单视为社会的缩影，因此，这种方法在理解更广阔的社会结构方面存在局限性。

面对这些纷至沓来的质疑与问题，费孝通坦言自己早已有所察觉。实际上，在完成《江村经济》之后，他就认识到了这种方法可能存在的局限。这种质疑不仅来自国外的社会人类学家，国内一些评论也聚焦于此。因此，在长达六十年的学术探索中，费孝通不断地反思和探索，以期超越这些局限，深化对中国社会的理解。

在1990年发表的《人的研究在中国》一文中，费孝通深入探讨了这一问题。他明确指出："江村不能作为中国农村的典型，也就是说不能用江村看到的社会体系等情况硬套到其他中国的农村去。"②受到早年动物学和解剖学学习的影响，费孝通对客观事物有着类型化的理解。他将这种类型概念应用于社会人类学研究，认为江村在某些方面能够体现中国农村的典型类型。通过类型比较的方法，他认为有可能从具体的个别案例逐步推及更广泛的整体理解。

1938年，费孝通学成归国，抵达中国抗战时期的大后

---

① 费孝通.费孝通文集：第14卷[M].北京：群言出版社，1999：20.
② 费孝通.费孝通文集：第12卷[M].北京：群言出版社，1999：46.

方——云南昆明。基于在云南三村的深入调查，费孝通于1943年在美国完成了《云南三村》一书。他认为此书在方法论上与《江村经济》一脉相承，标志着类型比较法的一次重要实践。通过这部作品，他不仅进一步验证了自己的类型比较法理论，还将其实践推向了新的高度。

"莫道桑榆晚，为霞尚满天。"年逾古稀，费孝通开启了他学术生涯的第二春。他继续秉持"逐步接近"的方法，不断深化和拓展研究视野。从农村到小城镇，再到城市，进而到区域经济，费孝通运用类型比较法，由点及面，由局部到整体，逐步构建起对中国社会更为深入和全面的理解。

费孝通以实际行动回应了学术界的质疑，而非仅仅停留在口头的辩论上。通过不懈的实地考察和深入分析，他对利奇等人的质疑也有了新的回应。费孝通坚信，通过微型社会学的方法，系统地搜集和分析中国各地农村的不同类型或模式，能够逐步实现对中国农村社会文化的理解。

3. 跨越"文野之别"

在人类学的发展历程中，西方经常被定位为人类文明发展的标杆，占据着文明进步的制高点。这种观念在进化论思想的应用中表现得尤为显著。西方人类学家为了适应其理论框架，常常将非西方文化按照特定的时间序列排列，似乎这些文化只是西方文化发展过程中的"遗留物"。这种视角使得当时的社会人类学研究变成了一种自上而下的审视，其中"文明人"对"文化残存"的"野蛮人"充满了好奇和探索，带有浓厚的怀旧和猎奇色彩。

然而，马林诺夫斯基在特罗布里恩德岛上的田野调查经历，引发了他对人类学研究对象与方法的深刻反思。他意识到，在西方中心论的影响下，文化研究往往只是西方中心主义的一种表现，这种方式无法真实捕捉非西方文化的独立性和活力。他坚信，非西方文化的价值远不止于作为西方文明历史的注脚，它们在自己的社会环境中扮演着关键角色，满足着人类生活的多样化需求。这促使他坚定地主张对人类学研究方法进行一场势在必行的调整与革新。

马林诺夫斯基主张社会人类学应该摆脱19世纪西方中心主义文明论的桎梏，超越西方视角的局限，深入探索非西方文化的时空背景，以真正理解和体验不同文化所共有的价值与意义。他的这一理念，在对非洲殖民地社会文化的研究中得到了实践和深化。面对西方在殖民地的文化霸权，马林诺夫斯基不仅坚决反对，而且对当时的社会人类学进行了深刻的反思和批判。人类学应该是一门尊重和理解不同种族的学科，它需要自我反思和改革，以消除种族主义的影响。他主张人类学应该成为促进跨文化理解与尊重的平台，真正实现不同文化间的平等对话和深入交流。

马林诺夫斯基对费孝通的博士论文《江村经济》给予了极高的评价，并在其所作序言中指出："这是一个土生土长的人在本乡人民中间进行工作的成果。"他还强调："一个民族研究自己民族的人类学当然是最艰巨的，同样，这也是一个实地调查工作者最珍贵的成就。"[①]在马林诺夫斯基看来，费孝通的这项工作在人类学领域实现了重大突破，它超越了传统的"文野之别"，将先

---

① 费孝通.江村经济:中国农民的生活[M].北京:商务印书馆,2001:13.

前西方人类学主要专注于"野蛮人"的研究视角,转向对"世界深入的思考"。

马林诺夫斯基认为,他和功能论学派都坚持一种基本理念,即所有人类文化都是基于人类的生物需求和集体生活需求而形成的,这种理念旨在消除文化间本质上的文明与野蛮的差异的理论预设。然而,他也提醒我们,如果过分强调文明与野蛮的一致性,可能会导致忽视文化演化和人类历史发展的"文野无别"错觉。因此,我们在肯定人类共性的同时,也必须认识到人类仍然处在自然演化过程之中。

马林诺夫斯基为社会人类学研究提出了一套完整的方法论体系,它包括田野工作和将田野工作成果系统化呈现的文本形式——民族志。这两个阶段相互补充,共同构成了社会人类学研究的全过程。这种方法论不仅广泛覆盖了非西方文化的多个方面,而且深入探讨了这些文化类型中的制度、行为模式和思维方式。换言之,马林诺夫斯基认为,社会人类学研究的这两个基本方法,共同促成了一种全新的文化理解方式,即"整体的观点"。

费孝通深受马林诺夫斯基社会人类学方法和文化论的影响,这些理念在他的学术研究中发挥了深远的作用。他采用了"整体的观点"来探究中国的社会文化,这种方法使他能够在宏观和微观两个维度上,对中国社会的复杂性和多样性进行深入探索。费孝通不仅聚焦于经济结构、政治制度等宏观层面,也细致考察了人们的日常生活、行为习惯、价值观念等微观层面,从而深入揭示了中国社会文化的独特性与内在逻辑。

（二）差序格局

在《乡土中国》中，费孝通提出的"差序格局"概念，深刻地捕捉了中国乡土社会的核心特质。这一理论不仅深刻洞察了中国传统社会结构，也对中国文化的传承与发展提供了理论阐释。从文化发展的视角来看，"差序格局"揭示了中国社会特有的亲疏人际关系模式，并体现了中国文化对人际关系、社会结构以及个体与集体关系的独到见解。

"差序格局"是费孝通独创的概念，它生动地描绘了中国社会人际关系的层次性和辐射性。这一概念借用水面涟漪的形象，以自我为中心，根据与他人的距离来界定关系的亲疏，如涟漪般由内而外逐层扩展。这种以个人为中心的差序关系，模糊了个体与群体的界限，与西方文化对权利义务清晰划分的做法形成了鲜明的对照。

费孝通通过深入的调查和细致的观察，巧妙地运用社会结构分析的方法，对中国社会进行了全面而深刻的剖析。在社会学领域，法国社会学家涂尔干曾提出"有机团结"与"机械团结"的概念来区分传统与现代社会。为了更精细地描绘中国传统与现代社会的差异，费孝通引入了"差序格局"与"团体格局"这两个概念。特别是"差序格局"，作为费孝通的创新理论，被国际社会学界广泛认可和采纳。

费孝通运用巧妙的比喻，形象地阐释了差序格局与团体格局之间的区别。在西方社会，个人是社会关系的起点，人际关系明晰有序，呈现出团体的形态。相对地，中国乡土社会以宗法群体为中心,人际关系围绕血缘和地缘构建,形成了以亲属纽带为核心的复杂网络,即所谓的差序格局。

第一,费孝通的"差序格局"概念深刻揭示了中国传统社会的五个核心特征。首先是自我中心主义。这一以个人为中心构建的关系网络,导致价值观念和行为准则均以个体为核心,无论是家庭还是组织管理,都显示出显著的自我中心倾向,这在一定程度上解释了外国人对中国"个人英雄主义"与集体行动力不足的观察。

第二,公私界限的相对性在这一格局中尤为突出。内外有别、亲疏分明的社会结构,使得公共与私人的界限变得模糊,个体与集体的关系呈现出不断变化的动态性,这种特点在中国社会的各个层面都可见一斑。

第三,特殊主义伦理是"差序格局"的显著特征。在中国,道德和法律的适用往往受到与个体关系的亲疏影响,普遍性原则相对较弱。即便在当代,对法律的曲解或破坏仍然时有发生,显示了特殊主义伦理的长期影响。

第四,人治社会是中国传统社会的一大特色。社会秩序的维持更多依赖于人际关系和历史传统,而非法律规范。尽管现代中国法治建设已取得显著进步,但在某些地区和领域,人治的影响依然存在,法治的全面实现仍亟待努力。

第五,长老统治作为中国传统社会权力结构的重要方面,包含了专制和教化等非民主的权力形式。这种权力结构在中国历史上长期占据主导地位,尽管近现代的社会变革对其产生了冲击,但在市场化程度较低的地区和领域,长老统治的影响依然深入人心。

费孝通在20世纪40年代提出的"差序格局"概念,深刻揭示了中国社会结构与文化特征。他对该时期人们习以为常的社会现象进行了深刻的观察、分析和总结。这一理论根植于儒家道德体系,如同一面镜子,反映了中国社会独特的伦理关系和权力结构。

儒家道德观念中的"君君、臣臣、父父、子子",展现了尊卑有序的等级制度。在这个体系中,个体对上显得渺小,对下则具有权威。上级被视为不可置疑的权威,下级则须无条件服从,处于从属地位。这种等级制度还体现在"修齐治平"的理念中,即从个人修养到家庭、国家乃至天下的逐级扩展,这四者相互关联而非孤立,体现了相对性。

差序格局以个体为中心构建了富有伸缩性的网络关系,其中"己"始终是关系网络的中心。这种关系并非个人主义,而是自我主义的体现。在自我主义微妙而深远的影响下,中国社会的许多现象得到了合理解释。费孝通的分析不仅在学术界影响至深,也在公众生活中架设了沟通桥梁,使人们能够从日常生活和社会现象中理解差序格局,并产生共鸣。

在中国的工作单位中,除了正式的组织架构外,还存在"圈子"文化。同事间、上下级间的关系并非等距的,而是通过"圈子"建立和维护。尽管许多机构外表现代化,但内部运作仍受差序格局下的"圈子"文化影响。这种文化不仅左右着机构的运作和决策,也可能导致资源分配不公和权力滥用。

(三)文化自觉与文化价值观

费孝通晚年主张深入挖掘中国传统文化的内在价值,并通过文化自省实现文化的自立。他的目标是在全球化的大背景下,恢复中国人在外来文化冲击下受损的民族自信,并探索传统文化与现代化的融合之道,寻找它们之间的"接榫"。他提出的"文化自觉""美美与共""和而不同"等理念,不仅在学术界引起了广泛关注和深思,也在社会层面产生了深远的影响。这些思想对于引导人类在21世纪面对经济全球化、文化多元化的挑战,构建和谐世界具有重要的启发和指导作用。

1. 提出"文化自觉"

费孝通在1997年首次提出"文化自觉"这一概念。他认为,随着中国在全球舞台上的日益崛起,向世界展示中国人的真实形象变得举足轻重。然而,要让世界正确理解我们,首先需要我们自己深刻地理解自己的文化根源和特色。这种自我认知是基础,它使我们能够更有效地向他人传达我们的文化,并更准确地理解其他文化。基于这种科学和深刻的相互理解,我们可以建立和平共处、和谐交流的国际关系,这是全球化时代国际互动的重要基石。

文化自觉,按照费孝通的深刻阐述,是指个体或群体对自己所处文化环境的深刻洞察和认识。[1] 这种认识包括对文化起源的清晰理解、对其发展过程的深入洞察、对其独特性的准确把握,以及对其未来发展趋势的预见。文化自觉不是一种简单的文化怀旧或倒退,也不是盲目追求西方化或模仿他者。它旨在提升我们在文化转型中的自主性,使我们能够在新环境和新时

---

[1] 费孝通.费孝通文集:第14卷[M].北京:群言出版社,1999:166.

代中,做出更加审时度势的文化决策。

费孝通所提出的文化自觉是一个深刻且复杂的概念,它要求我们对自己的文化进行深入的反思,并以开放的态度接纳和理解不同文明。这一过程不仅是对自我文明的审视,更是在全球化背景下对文化自主性和适应力的探索。我们首先需要深化对本民族文化的认识,评估其元素在新时代背景下的价值与适应性,以决定哪些应予以保留,哪些需要变革或淘汰。同时,对遇到的每一种文化,我们也应以同样的深度和广度进行探究,认识到它们独特的价值和魅力,并从中去粗取精,促进文化间的交流与融合。文化自觉是一个动态且持续的过程,它不仅是对文化多样性的尊重,也是推动文化创新和共同繁荣的必由之路。

1990年费孝通80华诞的庆典上,他与众多老友聚首于日本东京,致答谢词之际,费孝通对人类的未来进行了深刻的展望,并提出了影响深远的观点:"各美其美,美人之美,美美与共,天下大同。"①这简练的十六个字,便是费老对全球一体化格局下应抱持的立场和态度的思考,较之当初更显老到与通达,不仅颂扬了人类文化多样性的宝贵,也是对文化自觉理念的深刻阐释。费孝通倡导每种文化都应珍视自身的特色之美,同时对其他文化之美持欣赏和尊重的态度。他相信,通过文化的开放交流与相互学习,不同文化能够相辅相成,共同构建一个多元而和谐的世界,进而实现"天下大同"的理想境界。

七载之后,费孝通进一步阐明,这十六字箴言实质上是他对于文化自觉之路的精练总结。② 这不仅是对文化自觉理念的深

---

① 费孝通.费孝通文集:第15卷[M].北京:群言出版社,2001:327.
② 费孝通.费孝通文集:第14卷[M].北京:群言出版社,1999:150.

入解读,也体现了他对人类和平与发展未来的乐观预期。费孝通认为,文化自觉的实现是关键,它使我们能够带着开放、包容和自信的姿态走向世界,与不同文化进行更深层次的交流与合作。通过这样的互动,我们能够共同促进人类文明的持续进步与发展。

2. 各美其美——自觉地维护自身文化自信

"各美其美"的理念强调的是对本民族文化的认识与肯定,它要求我们继承先辈的智慧,从他们的文化实践中学习有价值的经验和教训。这种文化不仅包含具体的知识和技能,也包含深层次的抽象元素,如解决问题的方法、思维方式、生活哲学等。深入了解和传承自己的文化遗产,有助于我们更深刻地理解其独特性,例如探索中国文化中的"天人合一""中和位育""中庸之道"以及人与自然和谐共生的理念,并思考这些理念如何为全球文化和平共处作出积极贡献。

费孝通回忆童年的一个细节,深深影响了他对文化意义的理解。他的祖母习惯将写有文字的纸张收集起来,然后在炉中焚烧,同时教导他要"敬惜字纸"。他在幼年时对这一行为茫然不解,但在晚年,费孝通深刻领悟到了这一习惯背后的文化深意。文字不仅是文化和思想的载体,能够传播影响,更关乎人的祸福。书写和书籍的文化重要性由此显现。

费孝通先生深邃地洞察到,文化的生命与生物之生命,在本质上有着迥然的分野,文化遵循自己的规律,拥有自己的遗传因子,即文化的种子。这些种子是文化生命力的基础,没有它们,文化生命便无法延续。文化同样需要根基,如果脱离了历史和传统,文化便失去了发展的土壤。因此,历史和传统是文化得以持续和繁衍的根本,它们携带着文化的基因,是文化传承和发展的核心。

费孝通晚年深刻表达了对中国国学根基薄弱的忧心。他意识到,国学基础的不牢固导致了他对中国文化理解的局限,这种局限不仅限制了他对中国文化深层次的研究,也影响了他在国际舞台上准确传达中国文化独特魅力的能力。因此,费孝通致力于不断学习和"补课",力求更深层次地理解中国文化,把握其精髓。他曾坦言:"因为缺少国学的知识,我也吃了很大的亏,在讲中国文化的时候,我不容易体会到深处的真正的东西。"[1]

费孝通认为,准确认识并珍视本民族或国家的文化优势是实现"各美其美"的核心,也是迈向文化自觉的基础。只有深刻理解并尊重自己的文化遗产,我们才能在国际交流中自信地展现文化特色,并以开放的心态欣赏其他文化的独特性。这种相互理解和尊重是推动人类文明进步的关键,有助于促进文化多样性和实现和谐共存。

为了实现"各美其美"的理念,我们必须深化对自己文化遗产的挖掘与传承,这包括语言、文字、艺术、历史等多个维度。同时,我们也应以开放的心态去探索和欣赏其他民族的文化,从中取其精华,弃其糟粕,以丰富和拓展自身的文化视野。在此过程中,保持谦逊和包容至关重要,我们应尊重文化差异,促进多样性的共存,避免冲突和误解。通过这些努力,我们可以培养出一种全球性的文化自觉,让不同文化在相互理解和尊重的基础上

---

[1] 曹雪娟.费孝通:一位影响中国当代社会发展的吴江人[M].苏州:古吴轩出版社,2010:182.

和谐共存,携手推动人类文明的持续进步与繁荣。

3. 美人之美——从传统和创造的结合中看待未来

中国文化在现代转型中展现出了独特的自觉与开放性。中国目前正处于"工业文明社会"与"信息化文明社会"的交汇点,这两种在西方国家分阶段演进的文明形态,在中国却同步展开。面对这种独特的发展局面,我们应当积极"美人之美",即通过理解西方国家的发展历程来预见和适应我们即将面临的变革,以开放和包容的心态学习西方文化的优秀成果。然而,这种学习并非盲目模仿或"全盘西化"。我们应在借鉴西方经验的基础上,坚持自身的发展道路,保持文化自信,实现中国文化的自我创新和转型。

费孝通的一生见证了中国社会的深刻变迁,从农业社会到工业化,再到信息化,他亲历了农业文明、工业文明到信息文明的历史跨越。他将20世纪各国和地区经历的发展阶段称为"三级两跳",中国亦不例外。但在这个过程中,中国有着自己的一些特点。

第一,中国在"三级两跳"的过程中,时间被严重挤压。西方发达国家经历这一过程,时间准备充分,人们的观念转变、制度设计、文化思想等都能逐步随着社会的变化而变化,对社会和人的冲击相对来说少一些。中国则像是一个人在短时间内突然暴富,无法对金钱有正确的把握,同时巨额的金钱对他的伤害也不容忽视。同样,中国在短时间内经历了如此巨大的社会变革,对中国人的影响是显而易见的,对中国文化的冲击也是翻天覆地的。同样地,中国在较短的时间内经历了剧烈的社会变革,这种快速的变化对中国人民的生活方式、价值观念以及文化传统产生了深远的影响。

第二,中国在"三级两跳"的过程中,在社会制度和发展道路的选择上,也或多或少地受到了外界的干扰甚至是干预。这使得中国的现代化进程显得曲折复杂,不仅在物质层面,更在文化层面上对中国人产生了深远的影响。随着信息化社会的到来,全球经济一体化的浪潮给中国带来了前所未有的冲击和挑战。在这样的背景下,如何在现代化的进程中保留和传承中国传统文化,避免文化同质化,成为公众普遍关注的问题。

第三,中国幅员辽阔,区域发展不平衡。又因为中国在实现"三级两跳"过程中时间被严重挤压,每种文明传播和发展都不充分,三种文明同时递进又同时存在。譬如,中国东部地区已经展现出信息化社会的明显特征,而中西部地区仍处于工业化阶段,边远和经济欠发达地区则保留着更多农业社会的传统特征。这种多元发展阶段的并存,导致了以农业为特征的传统文明在面临来自工业化、信息化等多重文明的冲击时迅速变迁。旧有的文明传统正在解体,而新的文明秩序尚初具规模。

面对中国不同地区发展阶段的多样性和现代化进程中的挑战,中国文化的自觉与开放性变得尤为关键。一个民族要保持开放,就必须超越自我欣赏的"各美其美",避免闭门造车,因为对外来文化的排斥可能会对本民族文化的传承与发展造成不可逆转的损害。历史上的教训告诫我们,应积极迈入"美人之美"的阶段,即以宽容的心态去理解、欣赏并吸收其他民族文化的优点。中国文化中的"和而不同""天人合一"等理念,为我们提供了理解和欣赏不同文化的基础,支持我们在保持文化自信的同时,也能够吸收外来文化的精髓,促进中国文化的创新与发展。

正如人体需汲取多元食物以维系营养平衡与体魄强健，文化亦需多样性之滋养，方能促进其繁花似锦、蓬勃发展。历史上，许多文化之所以走向衰落，往往是因为它们拒绝接受外来文化的有益元素。相反，一些近代发达国家之所以能够实现民族复兴，正是因为它们海纳百川，愿意学习并吸收其他文化的优点。因此，我们应当避免民族虚无主义，反对单边主义和排他性思维，这些往往会导致冲突甚至战争。两败俱伤的局面对任何一方都无益，而如果一方被另一方所压制，那么被压制的一方可能会将仇恨深埋在民族记忆中，一旦有机会就可能爆发出来。这种模式在人类历史上已经屡见不鲜。

费孝通用1998年在法国举办的第十六届世界杯足球赛作为隐喻，深刻指出："文化背景这么不同的球队，在球场上找到了大家都遵守的规则。如果将来世界上各个不同的文化能像不同的球队这样相处，这个世界就和平了。"[1]这一比喻不仅形象地阐释了文化多样性与相互理解的重要性，也强调了在共同规则下尊重差异、实现和谐的可能性。同样，中国的改革开放，正是通过不断学习和借鉴外来文化的优秀成果，体现了"美人之美"的精神，这是文化自觉实现过程中的一个举足轻重的步骤。

4. 美美与共——建立共同遵守的文化准则

实现文化自觉的另一重要体现是"美美与共"。费孝通认为，文化自觉是一个既富有挑战又错综复杂的进程，它不仅要求

---

[1] 曹雪娟.费孝通：一位影响中国当代社会发展的吴江人[M].苏州：古吴轩出版社，2010：185.

我们深刻理解自己的文化遗产,还要求我们对遇到的不同文化持开放态度并予以充分理解。通过这种双管齐下的方式,我们才能在日益多元化的世界文化格局中找到自己的定位,并探索出符合自身特色的发展道路。

费孝通所强调的文化自觉,不单是对本土文化的深刻认识与自我反思,它同样包含了对全球多元文化的深刻理解和广泛接纳。在多元文化的大环境中,我们应主动适应并创新,与其他文化相互学习、优势互补,以此助力人类文明的整体进步。当每一种文化都能够实现自觉,我们将迎来一个在相互交流与融合中形成的共识性基本秩序。这样的世界将建立起一套准则,确保不同文化能在和平共处的基础上各尽其能,共同促进发展,实现文化多样性与和谐共存的理想状态。

在多年的田野调查之旅中,有两则真实案例让费孝通先生难以忘怀。20世纪80年代末,他前往内蒙古鄂伦春聚居区进行考察。这个只有几千人的古老的狩猎民族,由于森林面积缩小,不仅生存受到威胁,其文化传统更变得岌岌可危。费孝通意识到,这不仅是鄂伦春人特有的问题,更是现代或后工业化人类共同的问题,关系到人类文化的前途。

进入20世纪90年代,费孝通再次踏上考察之旅,这次他来到黑龙江,探访了人口仅有几千人的渔猎民族——赫哲族。他发现,这个民族同样面临着文化消亡和生存困境的双重挑战。费孝通深谙个中要害,少数民族要想生存和发展,必须进行文化转型,主动发挥其独特的文化优势和特长。他强调,文化转型不是被动的适应,而是需要主动出击,这要求民族对自己的文化有深刻的理解和认识,即所谓的文化自觉。这种自觉来源于对自身文化实践的深入反思和认识,是文化转型成功的关键。

费孝通作为实证研究的杰出代表，以其敏锐的洞察力深入剖析我们日常生活中的社会现象，层层揭开其内在错综复杂的面纱。他对美国"9·11事件"的深刻洞察，不仅为他的"文化自觉"理论提供了有力的实证支持，而且进一步加深了他对这一理论的理解和信念。

20世纪90年代，哈佛大学教授萨缪尔·亨廷顿（Samuel Huntington）提出了文明冲突论。费孝通对此论断持批判的态度，他认为西方文化的长期主导地位导致了某些西方势力的自我膨胀，并催生了殖民主义、种族主义、极端民族主义、文化沙文主义和单线进化论等一系列自我中心主义思潮。同时，面对西方文化的冲击，非西方文明也产生了多样的社会思潮，其中一些与西方至上主义形成了对立甚至对抗。费孝通警告说，将这种复杂的全球现象简单归结为"文明的冲突"是极其危险的，因为这样的标签可能加剧不同文明之间的误解和隔阂，甚至激化冲突，引发战争。

费孝通通过一个具体生动的例子阐释了他的观点：在晚年，他阅读了一本名为《塞莱斯廷预言》的书，认为它实质上是对西方文化的一次深刻反思。书中，作者构建了一个虚构的未来世界，以此反思西方文化的演变及其内在问题。费孝通从这部作品中感受到了"文化自觉"的精神。他指出，在近千年的历史中，西方社会先是将自身置于神的支配之下，生活在一种混沌状态中；随后通过宗教革命推翻了神的权威，却又陷入了对世俗追求的控制。然而，随着21世纪的到来，人们开始意识到人类发展可能面临文化中断的危机，脆弱的地球已无法承受这种疯狂。因此，西方世界中的"千年忧患"情绪，实际上是对西方文化进行的一次深刻自省。①

费孝通坚信文化自觉是当代全球共同面临的时代挑战,而非单一个体的主观臆想。在全球化进程的加速推进和不同文明间的交流日益密切的背景下,我们迫切需要深化对自己文化及他者文化的认识与理解。这种深入的文化自觉对于我们在多元文化交织的世界中定位自身、明确发展方向至关重要,它有助于促进文化的和谐共生与共同繁荣。

1988年,中国香港回归前夕,费孝通担任了中国香港基本法起草委员会副主任,后来有幸出席香港回归中国恢复行使主权仪式。费孝通指出,香港回归的意义远不止为两百年的屈辱历史画上圆满的句号,更深远的影响在于它展示了一国之内不同制度能够和衷共济的可能性。② 从中国文化的角度来看,这一事件标志着中国文化达到了一个新的高度——一个以"和谐"为核心,倡导自身文化与异族文化相互尊重、和谐相处、共同发展的境界。

费孝通倡导的"美美与共"理念,强调了在保持各自文化和制度特色的基础上,相互尊重、学习、借鉴和共同发展的重要性。这一理念要求我们摒弃文化优越论和歧视论,虚怀若谷,以实现文化多样性和共同繁荣。在全球化的大背景下,"美美与共"还意味着要积极促进文化交流与合作,共同面对全球性挑战。文化的交流与融合,能够加深不同文明间的相互理解和信任,为构建一个更加和谐的世界贡献力量。

---

① 曹雪娟.费孝通:一位影响中国当代社会发展的吴江人[M].苏州:古吴轩出版社,2010:185-186.

② 曹雪娟.费孝通:一位影响中国当代社会发展的吴江人[M].苏州:古吴轩出版社,2010:186.

5. 天下大同——构建人类命运共同体

费孝通晚年一直追求和憧憬的理想是实现文化自觉的最终目标——天下大同。他认为,通过"各美其美、美人之美、美美与共"的艰难进程,各民族和国家最终能够实现这一美好愿景。

"天下大同"作为中华优秀传统文化的核心思想,其根源可追溯至儒家经典《礼记·礼运篇》中孔子对理想社会状态的描述:"大道之行也,天下为公,选贤与能,讲信修睦。故人不独亲其亲,不独子其子;使老有所终,壮有所用,幼有所长,鳏寡孤独废疾者皆有所养;男有分,女有归。货恶其弃于地也,不必藏于己;力恶其不出于身也,不必为己。是故谋闭而不兴,盗窃乱贼而不作,故外户而不闭。是谓大同。"这段文字描绘了一个和谐、公正、充满爱与关怀的社会,体现了人类对理想生活状态的向往和追求。

现代科学证明,地球是人类唯一的家园,太阳对地球的辐射能量在未来一亿年内将保持稳定,为人类的长期生存提供了可能。只要人类能够控制人口增长,避免战争,保护环境,就有可能让子孙后代丰衣足食、永享太平。在全球化进程中,不同文化之间的沟通日益加强,相互吸引和影响,"同"的因素越来越多,"异"的因素不断减小。然而,不同文化之间的冲突仍然间或有之,提醒我们实现"天下大同"并非易事,需要人类社会的共同努力和智慧。

实际上,天下大同的理念与人类命运共同体的构想是紧密相连的。人类命运共同体强调各国人民应该共同应对全球性挑战,促进世界和平与发展,实现共同繁荣。这与天下大同所倡导的和谐、公正、包容的社会理念一脉相承。在构建人类命运共同体的过程中，我们需要不断推动不同文化之间的交流与融合，增进各国人民之间的相互理解和信任。同时，我们也需要关注全球性问题，如气候变化、环境污染、资源短缺等，共同寻找解决方案，为构建更加美好的世界贡献自己的力量。

实现"天下大同"是人类社会共同追求的理想，体现了人类道德的巅峰。面对不同文化间不可避免的冲突和战争，我们不应放弃追求这一理想。相反，我们应更加坚定地致力于实现天下大同，通过锲而不舍的努力，为创造一个更加和谐、公正、包容的世界贡献力量。

在中华民族伟大复兴的征程中，我们应坚守人类社会道德的高地，成为全球化进程中的引领之光。我们应积极推广天下大同的理念，促进不同文化间的交流与融合，携手维护和繁荣我们共同的家园——地球。费孝通将中国文化形象地比作从地球母亲怀抱中生长出的文化，强调了人与自然的和谐共生。在中国悠久的文化传统中，这种思想贯穿始终，成为社会主流的价值观。尽管朝代兴亡更替，但这些核心价值观念始终代代相传，历久弥新。

费孝通在其著作中表达了一个愿景：通过中国的现代化进程，为实现世界大同贡献力量。他坚信，中国的现代化不应是对外来模式的简单复制，而应根植于本国的文化传统和社会实际，开拓一条独具特色的发展路径。费孝通晚年的重要贡献之一便是撰写了《文化与文化自觉》一文，在其中，他深入论述了文化自觉的重要性，强调了其在推进中国现代化和构建人类命运共同体中的关键作用。

总之，实现天下大同是人类社会的共同愿景。在中华民族伟大复兴的征途上,我们应积极推广并实践这一理念,促进不同文化间的交流与融合,为构建人类命运共同体和守护我们共同的地球家园贡献力量。此外,我们需保持开放包容的心态,尊重文化多样性,以更加开阔的视野参与全球事务,为全球治理体系的完善贡献中国智慧和中国方案。

陆

念苏州

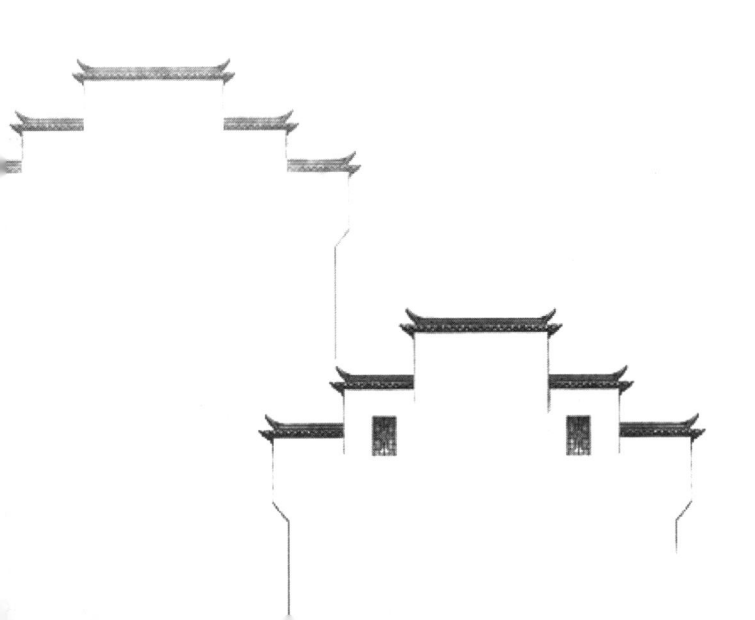

"春水碧于天,画船听雨眠。"江南水乡以其柔和的风情孕育了吴江,这里不仅以其地方特色和乡土气息,缓缓展开一幅幅明丽雅致的田园风光画卷,而且也是费孝通学术探索的摇篮。这片土地上的每处景致,都深深烙印着他的情感和思考的痕迹。

"江村情结"在开弦弓村的土地上深深扎根。费孝通曾一再深入这片田野,倾听农民的真实声音,并用他的笔触记录下中国农村社会的沧海桑田。开弦弓村超越了一个简单的地理标识,它已经成为中国农村社会学研究的界碑,镌刻着费孝通先生的学案。

回顾 1996 年,费孝通所著《爱我家乡》一书,如同心灵之桥,将他对家乡的深厚情感与读者的内心紧密相连。书中的字句渗透着他对这片土地的深情与依恋,鼓舞着后人铭记初衷,勇往直前,在各自的领域里发光发热。

"赓续承传"这一概念,让我们不禁想起费孝通对中国现代化进程所作出的杰出贡献。他凭借自己的世事洞明和高瞻远瞩,为中国农村的现代化转型提供了清晰的指引。站在新的历史起点,我们回顾过去,更应深刻铭记费老的辛勤付出和不懈努力,继承并发扬他的精神与智慧,为推动中华民族伟大复兴而不懈奋斗。

"两处春光同日尽,居人思客客思家。"白居易的这两句诗,用来形容费孝通和苏州之间的关系再恰当不过。费孝通爱家乡的美食,爱家乡的山水,爱家乡的温情,爱家乡的点点滴滴……对苏州的挚爱,在他的心里、书里和伟大实践里。

一、乡音乡味

费孝通与吴江这片丰饶之地,有着一段深厚的不解之缘。他的一生,既有对学术的不懈追求,也有对乡土中国的深情守望。吴江,作为他的故乡,不仅记录了他的成长轨迹,更是他学术探索的起点和灵感的源泉。在这里,费孝通汲取了丰富的文化养分,并对社会问题形成了深刻的洞察力。费孝通与吴江的联系,超越了单纯的地理关联,它是一种文化与情感的紧密纽带。他的学术研究在吴江的乡土中深深扎根,同时,其影响和贡献无远弗届,对中国乃至全球学术界产生了深远的影响。

(一)诗书传家

费孝通,中国社会学与人类学领域的杰出学者,其人生历程和学术成就深植于家族的文化积淀与地方学术传统的沃土之中。1910年,他出生在风景如画、才子辈出的江南水乡——吴江同里镇,一个历史悠久的文化摇篮。费孝通的成长深受这片土地的学术氛围和家族传统的影响,他的一生与家族、地域的学术血脉紧密相连,共同绘就了一幅灿烂辉煌的学术画卷。

费孝通的家族宅院坐落在松柏掩映的山坡上,四周花果飘香,环境清幽宜人。在这样的环境中,费孝通的心灵得到了细腻的滋养。宅院内藏书众多,古籍善本琳琅满目,为费孝通提供了一个包罗万象的知识宝库。在这个知识海洋中,他得以深入探索中华五千多年的辉煌文化,自幼培养了对历史和文化的浓厚兴趣。

在吴江这片文化沃土的滋养下,费孝通逐渐成长为一位对知识满怀憧憬、对学术倾注满腔热情的青春志士。他深知,要在学术界取得成就,就需要超越家乡的边界,迈向更广阔的学术天地。带着这份信念,他开启了自己的求学之旅,先后在东吴大学和清华大学深造,受到诸多学术巨擘的指导,他的学术视野因此得到了极大的拓展。

在求学旅程中,费孝通始终保持着对家族和地域学术传统的深厚敬意。他深知自己的成长每一步都根植于家族和地域文化的沃土。因此,他的学术追求始终贯穿着理论与实践相结合的理念,致力于将西方的社会学和人类学理论与中国的实际情况相结合,探索一条符合中国国情的社会学与人类学发展之路。

费孝通的一生,生动体现了"书香门第,学术传承"的精神。他的成长得益于家庭的温馨与教育的熏陶,以及吴江这片文化沃土的深厚滋养。他的学术成就不仅彰显了个人的卓越才华,更是对家族和地域学术传统的继往开来。他的研究成果,如《江村经济》《乡土中国》等,不仅在中国社会学、人类学领域产生深远影响,也为世界学术界提供了宝贵的中国经验和中国智慧。

时代更迭不息,但对知识的渴求、对文化的尊重、对家庭的热爱始终是成就事业的坚实基础。费孝通的人生轨迹彰显了书香门第的精神遗产,以及地域文化对个人成长的深刻塑造。他的学术旅程和生活经历向我们昭示:个人的成长与成功,植根于家庭的培养和地域文化的润泽；学术探索与职业发展，应与时代同步。费孝通的一生，生动诠释了这一恒久真理。

（二）故园熏染

费孝通的学术旅程始于他离开同里，踏入更广阔的学术舞台。尽管他的足迹遍布世界各地，对家乡的深厚情感却始终未变。1936年夏，就在他启程前往英国深造之前，费孝通用他的闲暇时光深入吴江开弦弓村（江村）进行了近两个月的田野调查。这次调查不仅为他日后的学术探索打下了坚实的基础，更缔结了他与中国社会学和人类学的深厚情缘。基于此次调查，他撰写的博士论文《江村经济》被称为"人类学实地调查和理论发展中的里程碑"。这部著作不仅彰显了费孝通的学术天赋，更深刻反映了他对家乡和人民的深情厚爱。

费孝通的学术探索不局限于狭窄的领域或单一问题，而是构建了一个宏大的学术体系。他的研究视野从农村起步，逐步扩展至小城镇，进而深入区域经济，最终构建起全国性的研究框架。他倡导实事求是和群众路线，坚持格物致知，以富民强国为己任。费孝通的学术追求始终服务于人民，他批判无目的的研究和空洞的理论，坚持从实际出发，致力于解决中国农村的发展问题。除了其标志性的《江村经济》，他还留下了《乡土中国》《行行重行行》《学术自述与反思》《从实求知录》等多部影响深远的著作。这些作品不仅记录了他的学术探索和思想成长，也为中国社会学和人类学的进步提供了丰富的理论财富。他提出的"文化自觉"概念，深刻反思了中国文化的传承与变迁，为中国的文化发展指明了方向。

费孝通对家乡的贡献，犹如春雨润物影响绵绵深长。不仅在于学术领域的深耕，更广泛涉及文化传承、教育事业的推进，以及社会经济发展的多个关键领域。

费孝通深刻认识到文化在社会发展中的核心地位，因此他在文化传承与发展方面作出了重要贡献。通过对江村等地的系统性调查与深入研究，费孝通不仅揭示了本土文化的独特性与丰富性，例如传统手工艺、民俗活动和地方戏曲，而且深入分析了文化与社会经济的互动关系。他强调文化是社区精神生活的基石，并对个体行为、价值观和社会组织产生深远影响，认为文化是维系社会和谐与开拓进取的关键纽带。基于此，费孝通倡导对文化遗产的珍视与传承，主张通过记录、整理和创新性转化，使传统文化在现代社会中焕发新生。

在文化生态保护方面，费孝通特别强调在现代化浪潮中对传统文化的维护。他认为传统文化是家乡文化连续性与多样性的基础，主张通过田野调查、口述历史等方法，对濒临消失的文化形态进行记录与保存。此外，他提倡通过文化活动、文化机构建设和文化教育推广，促进公众参与文化传承，以实现文化的活态保护和创新发展。

费孝通提出的"文化自觉"概念，是对文化传承与变迁的深刻反思，也为文化发展提供了方向。文化自觉涉及对本土文化的深入理解，以及在此基础上的开放交流和创新。费孝通鼓励家乡人民增强文化自信，通过文化节、艺术展览、国际交流等多种形式，展示家乡文化的独特性，并积极吸收其他文化的精华，以促进文化的创新性发展。同时，他也期望家乡人民能够借鉴其他地区在文化保护与创新方面的成功经验，为家乡文化的繁荣与进步注入新的活力。

费孝通在教育慈善领域的贡献体现了其深邃的洞察力和崇高的人文关怀。他深知教育资源对于地区可持续发展的核心作用,致力于以自身学术声望和社会资本,为家乡教育注入动力。他通过筹措资金、吸引教育人才、优化教学环境等多维度努力,为提升教育质量奠定了坚实基础。费孝通坚信教育是照亮民族未来的光芒,是社会进步的驱动器,因此他将推动家乡教育事业的繁荣作为自己的使命,投入了巨大的热情和精力。

"少年强则国强",对于青少年学子的成长之路,费孝通总是无比关注。他频繁回访家乡,与青年学生进行深入交流,无私分享学术见解与人生智慧。费孝通的鼓励,对家乡教育产生了根深蒂固的影响,激励着吴江的学子们不断追求个人成长。

在社会公益与慈善事业的广阔天地间,费孝通以其深切的同情心与强烈的社会责任感,书写着温暖人心的篇章。他持续关注家乡的弱势群体,并通过实际行动如资金捐助、物资支持、就业机会提供等,帮助他们克服困境,重拾生活信心。他的这些慈善行为不仅获得了家乡人民的广泛赞誉,也体现了一位学者的社会担当。

费孝通倡导的"志在富民"理念,在家乡得到了有效实施。他认识到,农民的富裕是家乡繁荣发展的基石。因此,他积极推动乡镇企业和小城镇建设,吴江等地因应这些理念,有效促进了当地经济的快速增长。通过持续的实地考察,费孝通深入分析家乡的发展需求与资源禀赋,提出了一系列切实可行的发展策略,如特色农业发展和农村基础设施强化,为家乡的经济社会发展贡献了重要的智力资源。

费孝通的视野并不局限于吴江,他还从区域发展的宏观角度出发,提出了包括长三角一体化在内的多项发展构想。他坚信,区域经济的协调发展是提升区域竞争力的关键。这些构想为家乡乃至长三角地区的经济发展提供了战略指导,促进了区域经济的和谐与繁荣。在他的影响下,吴江积极融入长三角一体化进程,加强区域间的经济协作与交流,推动了区域经济的持续健康发展。

费孝通的一生,是学术追求之执着与家乡回馈之深情的完美交响,绘就了一幅绚烂多彩的人生画卷。他的学术成就不仅在学术界独树一帜,更在家乡社会中激发了持续的向上动力和卓越追求。费孝通所倡导的文化自觉和深沉的家国情怀,为故乡的文化繁荣和社会全面发展注入了不竭的精神源泉。他的生平事迹和思想精神,作为一笔宝贵的精神财富,将永久鼓舞后来者,激励他们为家乡的繁荣和国家的强盛添砖加瓦。

(三) 研究滥觞

四十年前,费孝通选取其故乡苏州市吴江县作为研究对象,开展了对当地小城镇发展的田野调查和系统性分析。1983年9月21日,在南京举行的"江苏省小城镇研究讨论会"上,费孝通发表了题为"小城镇,大问题"的重要讲话,该发言不仅在彼时激起了学术界与政策制定者们的广泛瞩目,更为之后中国小城镇发展的探索之路,播撒下了实践之种。

四十年来,吴江区经历了显著的社会经济转型,其经济发展水平在全国同类区域中持续保持领先地位。截至2022年,吴江区的地区生产总值突破了2 300亿元人民币,城镇化率达到了

75%以上。在2023年度全国综合实力百强区评选中,吴江区荣获第七名的优异成绩。若将吴江区四十年的经济发展比作一部波澜壮阔的史诗,小城镇无疑是这部史诗的起点和核心,其发展故事和转型历程构成了最为关键和引人注目的篇章。

1. 致力富农

1982年,费孝通从家乡吴江"破题",采用实地考察、类型比较、功能分析等研究方法,重点对吴江小城镇进行了分析解剖。定性分析提出了"类别、层次、兴衰、布局、发展"这10字研究课目,研究探析中国城乡结构、人口分布以及农村工业化、城市化等社会主义建设中的重大问题,探究从江村到江镇的提升。[1]

四十年来,吴江的城镇化与工业化进程形成了良性互动,不仅极大地丰富了就业市场,还显著提升了就业率和劳动生产效率,有效改善了居民生活。四十年风雨兼程,吴江用实际行动书写了小城镇发展、民生改善的辉煌篇章。以吴江高新区(盛泽镇)为例,该地区纺织产业的集聚,为当地居民提供了超过15万个就业岗位,其中"盛泽纺织工匠"品牌吸纳了5万余名从业者,他们的年均收入超过9万元,生活水平显著提高。此外,恒力集团的崛起,进一步推动了当地工业的发展,为居民增收提供了新的途径。2022年,吴江农村居民人均可支配收入达到43 551元,同比增长6%,城乡居民收入差距缩小至1.82倍,体现了小城镇发展的均衡性和普惠性。

---

[1] 曹雪娟.费孝通:一位影响中国当代社会发展的吴江人[M].苏州:古吴轩出版社,2010:104.

值得注意的是,在吴江小城镇的蓬勃发展过程中,工资性收入在农村居民人均可支配收入中的占比达58%,这一数据凸显了工业化和城镇化对提升居民收入的显著作用。吴江区自然资源和规划局国土空间规划科的干部在参与村庄规划编制工作中观察到一个饶有趣味的现象:尽管部分村庄中60岁及以上的老年人口占比已逾越30%的门槛,农村住房的空置率却维持在7%—8%的低位区间。这一现象反映出,许多村民白天在周边企业园区工作,晚上返回村庄居住,不仅延续了苏南地区"离土不离乡"的悠久传统,更在现代化进程中绽放出别样的生活诗意。

更引人注目的是,吴江小城镇的工厂不仅吸纳了本地区劳动力,其就业吸引力也扩展至中西部地区乃至全国,展现了强大的就业吸纳能力。这不仅促进了吴江经济的繁荣,也为全国各地的务工人员提供了生活希望和发展机遇。吴江小城镇的发展,不仅是经济发展的壮丽史诗,更是就业、民生交织的生动叙事。

2. 新旧融合的"小镇生活"

费孝通对小城镇在促进农村商贸流通中的作用持续给予重视。然而,四十年后的今天,随着交通网络的四通八达、快递服务业的蓬勃兴起,以及市场体系的日益完善,小城镇作为往昔"商品集散中心"的传统功能已悄然淡退,更多地承载起了生活服务的重任,而非仅仅局限于单一的生产功能。

吴江小城镇的繁荣,为乡村地区带来了新的价值,尤其是为年轻人提供了一种兼具品质与效益的生活方式,这有助于稳定他们的居住与就业。以震泽镇为例，居民即便居住在镇郊，也能享受到便捷的服务，如外卖，以及近年来建设得愈发美丽的公园设施。这些不仅丰富了居民的日常生活，更提升了他们的幸福感与获得感。

吴江小城镇生活的吸引力，既源于其便利性，也归功于其对慢节奏传统生活方式的保留。"尽日一餐茶两碗，更无所要到明朝。"江南水乡的茶文化，作为一种世代相沿的生活方式，震泽古镇不仅将其传承下来，更使之成为社区生活的重要组成部分。镇上的茶馆一条街，聚集了约 20 家茶馆，各具特色，它们构成了当地居民日常生活的一个重要环节。正如当地镇干部所指出的，"喝茶是不少人不可或缺的生活方式"，这反映了茶文化在当地社会生活中的重要地位。例如，在金星村，一位 75 岁的老太太每天都会乘坐 20 分钟公交车来到镇上，享受一碗茶、一碗面。

吴江致力于塑造一种融合传统与现代、本土与国际的独特城镇风貌，体现了"江南韵、小镇味、现代风"的相辅相成。在震泽镇，居民和游客能够体验到咖啡文化带来的香醇享受，同时亦可探索当地独有的"四碗茶"传统，包括"清茶""水潽鸡蛋""熏豆茶"和"待帝茶"。这些传统茶饮价格亲民，在 30 元左右。这种新旧交融的生活方式，不仅为厌倦都市喧嚣的游客提供了一种宁静美好的生活体验，也成为吴江小城镇吸引外地游客的重要因素。在这里，现代生活的便捷舒适与传统生活的宁静和谐相得益彰，共同构成了吴江小城镇独有的生活魅力。

吴江小城镇的发展，不仅为当地居民提供了优质的生活环境，也为外来游客提供了全新的生活体验。在这里，传统与现代交相辉映，共同绘制出一幅和谐而美丽的生活画卷。这种独特的生活氛围，正是吴江小城镇持续吸引人前来居住和招徕游客的关键因素。

3. 缓解城市压力

费孝通将小城镇视作区域发展中的关键"人口蓄水池",旨在缓解如上海、苏州等大中城市的人口压力。他在2003年明确指出:"如果把星罗棋布的小城镇建设好,经济发展起来,就能够吸纳一部分人口,起到拦截的作用,使他们不至于一下子'冲'进大中城市。"这一论断深刻地阐述了小城镇在城乡发展格局中的特殊地位和战略意义。

江苏省统计局吴江调查局提供的"七普"统计数据显示,2020年吴江的城区人口为662 696人,占总人口的42.9%,镇区人口为498 456人,占比为32.3%,而农村人口为383 871人,占比为24.8%。这些数据明确揭示了小城镇在吴江人口结构中的地位。若无小城镇作为人口的缓冲区,按照"七普"数据推算,镇区近50万人口全部或其中一半转移到城区,吴江城区将面临极大的公共服务压力,这可能导致城区宜居宜业环境的恶化。

吴江城镇化的快速发展,在客观上对缓解城区压力、推动吴江城区成为宜业宜居之地发挥了显著作用。小城镇不仅为民众拓展了生活舞台,还借由经济增长的驱动、基础设施的升级以及公共服务体系的加固,显著提高了居民的生活品质。同时,小城镇作为城乡融合的桥梁,加速了经济与文化的交融互鉴,有力推动了城乡一体化的深度发展。

然而,小城镇的发展同样面临一系列挑战,特别是在教育、卫生等关键公共服务领域有待完善。若能有针对性地加强这些领域的建设,提升公共服务水平,将有助于实现小城镇与吴江城区在发展上的协调性和均衡性,形成和谐、可持续的城乡发展新格局。

4. 创造城镇经济发展奇迹

吴江区凭借其卓越的经济表现,在苏州乃至江苏省各县(市、区)中脱颖而出。2022年,该区创造了地区生产总值2 331.97亿元的显著成就,并完成了226.06亿元的一般公共预算收入,这些数据不仅凸显了其强大的经济实力,也彰显了其在区域发展中的领先地位。

城镇化的推进,如磁铁般吸引了大量人口流入。2022年,吴江区常住人口增至156.66万人,城镇人口高达118.78万人。这一人口集中不仅提升了人口素质,也为人力资源的优化配置提供了支撑。以吴江高新区(盛泽镇)为例,其户籍人口与流动人口的比例接近1∶2,这一比例充分展示了城镇化对人口的吸引力。

城镇化还孕育了一批世界级企业,吴江区作为江苏省首批制造业高质量发展示范区,在全国纺织、电缆等行业中占据重要地位,并诞生了如恒力集团和盛虹控股集团,在全球500强榜单上分别位列第123位和第222位。此外,吴江区6家企业入选2023年"中国民营企业500强"榜单,进一步证明了其民营经济的强大竞争力。

吴江区的城镇化为民营经济的发展提供了广阔平台。区内拥有超过26万家经营主体,其中民营企业超过9.4万家,规模以上企业达3 400家。这些民营企业对吴江的经济社会发展贡献巨大,提供了60%以上的GDP和城镇劳动就业岗位,70%以上的税收,80%以上的技术创新成果,为吴江区入选江苏省民营经济高质量发展示范县(市、区)培育名单提供了有力支撑。

同时,吴江区积极承接国家战略,探索新的发展模式。2019年,长三角生态绿色一体化发展示范区设立,将汾湖高新区(黎里镇)纳入先行启动区,与上海市青浦区、浙江省嘉善县等地共同推动行政边界的消弭,并统筹规划和绿色发展,为吴江区的可持续发展注入了新的活力。

二、江村情结

位于江南水乡,毗邻浩瀚太湖的开弦弓村,因费孝通先生的经典之作《江村经济》而广受国内外学术界的瞩目。费孝通,将他的学术生涯与江村紧密相连,铸就了一段深厚的"江村情缘"。这不仅是他学术生涯的光辉起点,更是他坚持"志在富民"理想的具体体现。在江村,费孝通通过系统的实地调查,深入分析了中国农村的经济结构与社会动态,奠定了其学术研究的深厚基础。他的"江村情结"不仅是对这片土地深沉情感的流露,也是他毕生致力于改善农村生活、实现富民愿景的真切反映。

(一)学术肇始

费孝通的学术生涯,宛如一部跌宕起伏的史诗,从他走出同里,步入更广阔世界那一刻起,便已踏上非凡之旅。无论身处何方,费孝通对家乡的深情依恋始终未减,眷恋着那个书香浸润、充满爱的家庭,那片膏腴之地深深滋养了他的精神世界。这份浓郁的桑梓之情,构成了他学术探索的情感基调。

1957年,费孝通以一位已在学术界享有盛誉的学者身份,再次造访江村。此次访问,他不仅开展细致的田野调研,而且基于对江村实际情况的深刻理解，提出了一系列富有前瞻性和实践性的建议。他倡导发展副业生产，以拓展农民的收入来源。他也强调提升农民教育水平的重要性，认为教育是改变农村面貌、推动社会进步的关键。这些建议受到了当地政府和村民的高度评价和积极响应。此后，他多次重返江村，每一次都带着新的研究视角和思考，为当地经济社会的发展献计献策。

费孝通对家乡吴江的情感投入，超越了情感寄托的层面，转化为积极的行动实践。他频繁回访江村，开展实地调查，密切关注并深刻洞察家乡的变迁与发展，借助其学术专长，为吴江的经济社会发展提供丰富的智力资源。他的研究成果深刻揭示了农村社会的结构与功能，为当地文化的传承、创新与推广提供了科学的指导和方法论。在费孝通的积极倡导和实践下，吴江的文化精髓得到了新的诠释与传播，焕发出新的活力，为后世留下了丰富的精神遗产。

费孝通的学术成就不仅凝聚了个人的智慧和努力，更是地域文化熏陶的产物。他用自己的行动，诠释了一个学者的社会责任和崇高使命，为后世树立了一座学术上的丰碑。

（二）经世济民

费孝通作为中国现代社会学和人类学的奠基人，一生致力于探索中国农村的发展道路，特别是如何通过改善农村经济条件来实现农民的富裕。江村，作为费孝通毕生研究的重点，不仅见证了他"志在富农"思想的形成与实践，也为中国农村的发展提供了宝贵的经验与启示。

1. "志在富农"思想

费孝通的"志在富农"思想,根植于对中国农村社会的深入观察与深刻理解。他深知,作为农业大国的中国,农村的繁荣直接关乎国家的整体发展与稳定。农民的福祉、农村经济的活力以及农业的可持续发展,共同构筑了国家发展的坚实基础。因此,费孝通将学术研究的重点放在探索改善农村经济条件的路径上,旨在提升农民生活水平,实现农村的长期可持续发展。

费孝通认为,农村发展不应局限于农业生产,而应通过多元化途径全面推进,他特别强调现代工业和乡镇企业的发展,视其为为农村注入活力、开辟新的经济增长点的关键。传统农业生产方式已不足以满足现代农村发展的需求,必须引入现代工业和管理技术,以增强农村经济的内在动力和市场竞争力。[1]

此外,费孝通高度重视环境保护的重要性,反对以牺牲环境为代价追求短期经济利益。他深知,农村生态环境是农民生存与发展的根基,也是农村经济可持续发展的命脉。因此,他提倡在推动农村经济发展的同时,必须兼顾生态环境的保护与改善,确保经济与环境的和谐共生,为子孙后代留下一个生态宜居的乡村环境。

---

[1]《犁过的土地:记"志在富民"的费孝通教授》编委会.犁过的土地:记"志在富民"的费孝通教授[M].北京:群言出版社,1996:110-112.

2. 江村：费孝通"志在富农"的实践舞台

江村，这个承载着深厚历史底蕴与文化积淀的村落，不仅是费孝通先生长期耕耘的田野研究基地，更是他将"志在富农"思想付诸实践的重要场所。通过在江村进行的多次田野调查，费孝通与当地农民建立了牢固的情感纽带。他的角色超越了学者的范畴，成为倾听者、观察者和实践者。费孝通踏遍江村的每一寸土地，深入农户家中，与农民同吃同住同劳动，亲身体验他们的生活，观察农村的变迁，并记录下江村的各个方面。

在调研中，费孝通详尽掌握了江村的产业结构、农民生活水平，以及教育、文化、卫生等社会事业的发展等情况。他深入田间地头，与农民一同劳作，深入了解种植技术、农作物的产量与品质，以及农民面临的挑战。他还考察了江村的乡镇企业，评估它们的发展现状、市场潜力以及存在的瓶颈。

在江村的调研实践中，费孝通提出了发展现代工业和乡镇企业的前瞻性见解，并亲自推动这些建议的实施。他认识到，理念与实践缺一不可，致力于使理念落地，确保农民获得实质性益处。他鼓励当地农民采纳先进技术和管理知识，以提高生产效率和市场竞争力，坚信这是实现农村经济实质性提升和农民生活脱胎换骨的关键。

费孝通同样关注农村社会的全面进步，深知农村发展需超越经济范畴，涵盖教育、文化和卫生等社会事业。他倡导农村学校建设，提升农民文化素质；关注医疗条件改善，保障农民健康，并强调只有全面推进农村社会事业的发展，才能真正实现农村的繁荣与稳定。在费孝通的积极推动下，江村在经济和社会发展方面取得了显著成就,农业生产得到改善,乡镇企业兴起,农村经济呈现多元化发展面貌,农民的生活质量显著提升。[1]

如今,江村在秉承费孝通"志在富农"理念的基础上,取得了显著的发展成就,具体表现在以下几个方面:

(1) 经济多元化与农业现代化

江村在继承和发展费孝通"志在富农"思想的基础上,通过引进现代农业技术和管理经验,实现了农业生产的质效双提升。当地农民从传统耕作方式转型,掌握了科学的种植方法和合理的施肥技术,有效提升了作物产量与品质。此外,江村还致力于发展特色农业,如优质稻米和蚕桑产业,特色农产品凭借其高品质在市场上声誉卓著。为增强农产品的市场竞争力和提升其附加值,江村积极打造自有农业品牌,例如"江村大米",通过品牌化战略提升了产品的知名度并为农民创造了更多收益。

在费孝通思想的启发下,江村的乡镇企业逐步兴起,成为农村经济发展的重要支柱。这些乡镇企业涵盖了农产品加工、手工艺品制作等多个行业,为当地居民提供了丰富的就业机会,并带动了产业链的延伸与发展。乡镇企业的兴起使江村经济结构更加多元化,增强了农村经济的韧性和抗风险能力。

近年来,江村积极推进农业与文旅融合发展,依托丰富的自然和文化资源,开发了众多乡村旅游项目。这些项目不仅吸引了大量游客,增加了旅游收入,还带动了当地餐饮、住宿等服务业的繁荣。这种多元化的发展模式,不仅为江村注入了新的经

---

[1] 《犁过的土地:记"志在富民"的费孝通教授》编委会. 犁过的土地:记"志在富民"的费孝通教授[M]. 北京:群言出版社,1996:112-114.

济增长点,更为农民提供了多样化的就业和增收渠道,促进了经济社会的全面发展。

(2) 社会事业全面发展

江村在教育的发展上采取了一系列积极措施,致力于改善农村学校的教育环境和提升教师的专业水平。引进优质的教师资源和先进的教育理念,显著提高了江村教育质量。此外,江村还通过设立奖学金、提供助学贷款等激励机制,鼓励农村子女追求更高层次的教育,培养一批具有现代知识和技能的新型农民,为自身可持续发展奠定了坚实的人才基础。

在医疗卫生领域,江村加强了基层医疗体系的建设,提升医疗服务的质量和效率。通过实施新型农村合作医疗等保障措施,有效解决农民就医难题,降低了医疗负担。同时,江村还通过健康教育和自我保健的推广,增强农民的健康意识,提高他们的健康水平。

江村依托其丰富的文化资源,如费孝通纪念馆和江村文化园,为村民和游客提供深入了解当地历史文化的平台。同时,江村积极保护和传承非物质文化遗产,如昆曲、木偶等。文化节庆和非遗培训活动,不仅丰富了农民的文化生活,也增强了他们的文化自信和社区归属感,促进了传统文化的传播和弘扬。

(3) 生态环境与宜居家园建设

在发展进程中,江村坚定地将生态环境保护置于核心位置。通过实行一系列生态修复工程,包括河道清理和绿化美化项目,显著提升了生态环境质量,展现出一幅水清岸绿、生态和谐的美好画卷。此外,江村积极进行生态农业和循环农业实践,减少了农业生产对环境的负面影响,促进了环境的可持续性。这些环保举措不仅提高了村民的生活品质,也为江村的长期可持续发展构筑了稳固的基础。

在宜居家园建设方面,江村通过推进新农村建设和城乡一体化战略,显著改善了农民的居住和生活条件。目前,江村已基本完善基础设施建设,如村道硬化和排污管网改造,极大提升了村民日常生活的便利性。同时,江村注重乡村特色风貌的维护与传承,保护了具有江南水乡特色的传统民居和建筑艺术。这些努力不仅使江村的环境更加山清水秀、宜人宜居,也加深了村民对家乡的情感依恋。

3. "志在富农"思想的当代价值

费孝通的"志在富农"思想,深刻提炼了中国农村发展的历史精髓,并为当代及未来农村的发展方向提供了高瞻远瞩的指导。这一思想体系不仅关注农民经济层面的富裕,更涵盖了社会全面进步与生态环境的可持续性,为农村经济社会发展提供了全面的视角与实践指导。

(1) 多元化发展道路的深入阐释

费孝通提出的多元化发展道路,强调产业结构的优化升级和农村经济的全面进步。这一策略以传统农业的巩固与提升为基础,同时积极引入现代工业和乡镇企业,以此作为农村经济转型升级的重要引擎。该策略还推动第一、第二、第三产业的协调发展,为农村地区带来新的经济增长点和就业机会,增加农民收入,降低经济风险。教育作为阻断贫困代际传递的根本途径,提升农村教育质量,培育新型职业农民,对实现农村可持续发展至关重要。这些新型农民将成为农村经济社会发展的中坚力量,为推动农业现代化、农村繁荣和农民富裕贡献智慧与力量。此外,加强农村文化建设,丰富农民精神生活,提高文化素养,构建和谐社会关系,以及改善卫生条件,保障农民健康福祉,都是多元化发展不可或缺的组成部分。

(2) 环境保护与可持续发展的深度融合

费孝通所强调的经济发展与环境保护并重的理念,对现代农村发展至关重要。推广生态农业和循环农业模式,减少化肥农药的使用,发展有机农业,这不仅有助于保护农村的生态环境,还能提升农产品的品质和市场竞争力。同时,构建农业废弃物资源化利用体系,实现资源的循环再利用,有效减少了环境污染。政府增加对农村环境治理的投资,实施连片整治项目,改善人居环境,并建立长效机制,增强农民的环保意识,鼓励他们参与环保行动,共同促进农村经济的绿色发展。

(3) 农民主体作用的充分发挥

在农村发展中,农民是主体和受益者。政府和社会各界应充分尊重农民的意愿和选择,避免"一刀切"的政策措施,确保农村发展的每一步都坚实地踏在农民的需求之上。通过建立健全农民参与机制,让农民在农村规划、项目实施、利益分配等方面拥有更多的话语权和决策权。提升农民素质与能力,是解锁农村发展潜力、推动农业现代化进程的关键一环。政府需加大教育培训力度,提供多样化培训资源,通过技术培训、职业教育等帮助农民掌握现代农业技术和经营管理知识,提高生产技能和市场竞争力。同时,加强农村基层组织建设,完善村民自治制度,加强基层党组织建设,提高组织的凝聚力和战斗力。此外,鼓励和支持农民合作社、专业协会等新型农业经营主体发展,为农民提供多元化服务和支持,确保农民在发展中真正成为参与者、受益者和推动者。

(4) 政府角色的准确定位与有效发挥

政府在农村发展中扮演着至关重要的角色,不仅需要制定和引导科学合理的发展规划和政策措施,确保为农村发展提供坚实的政策保障和支持,还要加强对农村发展的指导和协调,确保政策措施得到有效落实。同时,政府显著增加对农村的资金投入,通过财政拨款、专项基金和政策性贷款等多种方式,为农村基础设施建设、产业发展和社会事业进步提供必要的资金支持。此外,政府还承担起提供服务与监管的职责,通过建立健全农村公共服务体系和社会保障体系,为农民提供更多元化、更高质量的服务,并加大对农村市场、环境、安全等方面的监管力度,以维护农村社会的稳定和繁荣。

(三) 登高望远

在江南水乡的宁静角落——开弦弓村,一处别致的设计吸引了众多目光:一座木制的花籽取用亭。这座亭子的三面墙壁装饰着被巧妙涂成蓝色、红色或黄色的废弃轮胎,它们不仅为这个小角落增光添彩,更体现了一种别具一格的乡村美学。轮胎内槽中,整齐摆放着各种花籽袋,供村民自由取用。

村党委书记介绍,这个花籽取用亭是开弦弓村美丽庭院建设项目的重要组成部分。通过精心改造和美化公共空间,村庄不仅提升环境质量,还引导村民养成良好的生活习惯,塑造了风景优美、关系和谐、民风淳朴的新风貌。村书记说:"设置这个花籽取用亭,就是想提醒大家,有空时可以在房前屋后种点花。只要你愿意种,花籽由村里提供。这样做,也是想提高大家美化环境的自觉性。"

开弦弓村的变革是国家战略在地方层面上的具体实践。2019年12月,中共中央、国务院印发了《长江三角洲区域一体化发展规划纲要》,明确提出由上海青浦、江苏吴江、浙江嘉善携手共建长三角生态绿色一体化发展示范区。在未来的发展中,长三角地区将更加注重生态环境保护与经济社会发展的协同并进,努力实现绿色发展与高质量发展的双赢。这一举措旨在通过示范作用,引领长三角地区实现更高质量的一体化发展。该战略不仅促进了生态优势向经济社会发展优势的转化,而且成为推动长三角一体化发展战略的关键一步和重要突破口。

瞩目长三角,一直是费孝通学术生涯的一个重要主题。他曾设想建立长江三角洲经济开发区,以上海为龙头,联合江、浙两省部分地区,积极开发,重塑东方大港的辉煌。在他的学术研究中,始终贯穿着"全国一盘棋"的考量。他认为,一个地区的发展不能孤立进行,必须与其他地区同心协力,形成经济体、经济圈、经济带,致力于共同富裕的宏伟目标。

费孝通对长三角的发展有着深邃的洞察和独到的见解。1990年6月21日,他在一封信中写道:"长江三角洲事……我的看法:大势所趋,迟早要走这条路的。……中央态度是明确的,还是要发挥地区总体优势的。"①过了9年,他在上海大学上海社会发展研究中心揭牌仪式上继续建言献策。费孝通的这些观点和建议,如今在长三角一体化发展的实践中得到了验证。费孝通的区域发展思想具有前瞻性和战略性,他提出的许多建议和设想都已经在今天的长三角发展中得到实现。

在吴江,"费老"是一个特定且神圣的称呼。费孝通与江村的关系不仅仅是学者与村庄的关系,更是情感的纽带和精神的传承。他一生中共访问江村26次,每一次的访问都加深了他对这片土地和这里的人们的了解和感情。他的著作《江村经济》成为国际人类学界的经典,使这个太湖边的江南村庄享誉中外。

费孝通的学术研究始终贯穿着对国家和社会的深刻关怀。他提出的"行行重行行"的理念,鼓励人们不断行走、不断探索、不断实践。他的"文化自觉"思想强调了对自身文化的深刻理解和自觉传承。他晚年提出的"天下大同"的愿景,更是表达了他对人类社会共同发展和共同富裕的美好憧憬。

费孝通晚年时曾提道:"最近一段时间,我把自己多年来的一条基本思考路线打通了,理出一个框架,就是'江村经济—行行重行行—文化自觉—天下大同',其中包括了大家比较熟悉的一条具体路线,即'江村—小城镇—中小城市—以大中城市为中心的经济区域'。"②这个框架不仅是对他学术生涯的总结,更是对他一生思想和追求的精炼概括。

在92岁高龄之际,费孝通亲笔题下"登高望远"四字,这不仅是他对自己的激励与期许,更是对他一生学术追求和人生道

---

① 王国平,苏雁. 在"江村",读费孝通[N]. 光明日报,2020-10-10(7).
② 王国平,苏雁. 在"江村",读费孝通[N]. 光明日报,2020-10-10(7).

路的生动写照。从"江村"起步,他始终践行这四字箴言,不断攀登学术高峰,眺望未来。

费孝通身上凝聚着中国知识分子的传统精神。他曾言,自己深受两种传统影响:一是"天下兴亡,匹夫有责"的责任感;二是"学以致用"的实践精神。这两句话,恰如其分地反映了他的学术态度。他身体力行,以实际行动诠释这两句话的内涵,心系国家发展,以渊博的学识和卓越的智慧,为国家进步贡献力量。

在开弦弓村,一个融合文化韵味与书香气息的礼堂内,一方静谧的书吧悄然绽放。这里,费孝通的著作成为不可或缺的璀璨星辰。秋雨绵绵,室内时光缓缓,人们在书香与墨香中悠然落座。指尖滑过泛黄书卷,纸间字字珠玑,如同散金碎玉,流淌着对乡土中国的深刻洞察与热爱,彰显出超越时代的家国情怀与书生风骨。这份情怀,润物无声,深沉炽热,让人动容。在这里,每一次阅读都是心灵的触碰,都是穿越时空的对话。费孝通的智慧与情感,温暖了每颗渴望知识与理解的心。这种情怀,让他始终保持"士"之本色,又与时俱进,扛起"士"之担当。

费孝通的风范,在学术造诣、社会奉献以及精神追求等多个维度上均得到淋漓尽致的展现,树立了后人学习的崇高典范。2021年,清华大学新生在收到录取通知书的同时,也收到了邱勇校长赠送的《乡土中国》。邱勇在致新生的信中写道:"《乡土中国》是一部饱含家国情怀的经典力作。费孝通学长基于大量扎实的社会调查,以简洁平实的语言勾画出中国基层社会的基本面貌和主要特征,探寻了家国乡土深处的文化根脉。"[1]他希

---

[1] 王国平,苏雁.在"江村",读费孝通[N].光明日报,2020-10-10(7).

望学子们通过阅读,对这片热土有更深厚的感知,对自己肩头的责任有更深刻的体悟。费孝通的一生,都在践行他的学术理念和人生追求,他的精神和思想,将永远激励后人锐意进取。

三、念兹在兹

（一）越鸟南栖

家乡吴江，在费孝通这位学术巨匠心中，有着不可替代的特殊地位。不仅因为他的生命旅程从这里启航，更因为这片土地镌刻了他人生前二十载的宝贵时光。那些记忆，如同一幅幅美丽的定格画面，每当他回首，都仿佛散发着芬芳的花香，让他沉醉于那份美好之中。对费孝通来说，乡味是一种深深的依恋，一种难以割舍的情感纽带，始终牵动着他的心弦。

费孝通对童年时代在家乡过年的热闹情景具有深深的怀念之情。那浓郁的年味和家族团聚的温馨氛围，让他始终难以忘怀。他在1996年接受一位杂志编辑拜年时，曾深情回忆道："小时候要祭祖，敬神祇，家家都焕然一新，这种传统形式意味隽永。纪念，就是让大家不要忘记，我们是代代相传的，过年了，回头想想自己的来历，我们的传统就是这么传下来的。"他的言语间，流露出对家乡传统习俗的深切眷恋。

在通话中，他用那依旧纯正的乡音，表达着对家乡的思念："每到过年，我都有一个感觉：没有回家乡过年，很久了。上次，还在抗战前呢……哈哈……我常常到处过年,四海为家……现在老了,跟年轻时不一样,那时看热闹,年老了看年轻的热闹……我想吃吴江的'八宝鸭',有糯米、莲子心、百果米在里面,现在吃不到,他们不会做……"这番话语,不仅展现了费孝通对故乡美食挥之不去的美好记忆,更深刻地折射出他内心深处对家乡生活的无尽憧憬。

费孝通对家乡的美味怀有深深的眷恋,即便在海外生活期间,家乡的佳肴也时常出现在他的梦境中。他曾说"家乡美味入梦多",充分表达了家乡味道在他心中不可磨灭的印记,以及在他生命中不可或缺的位置。

费孝通的童年记忆中,有一道令他难以忘怀的美食——自制臭豆腐。这道美食对他而言,不仅是味蕾的极致享受,更是情感与回忆的载体。他自幼对那独特的风味情有独钟。家中长辈们会从集市带回半干的豆腐,这些豆腐随后被轻轻放入自家腌菜缸中,浸泡在醇厚的卤水中,开始它们的时间之旅。

随着时间的流逝,豆腐在卤水中慢慢变化,外表依旧保持着质朴的淡黄,而内里却逐渐透出青色,那是菜卤精华渗透的印记。泡得越久,豆腐的颜色越青翠,香气也越浓郁,仿佛能穿越时空,唤起内心深处的渴望。

当这些自制臭豆腐被捞出,投入热油中炸至金黄酥脆,内里却依旧保持着青色与柔嫩,费孝通便知道,一场属于他的美食盛宴即将开始。每一口都是外皮的酥脆与油香,紧接着是豆腐内部醇厚鲜美的味道,层次分明却又浑然一体,让人回味无穷。

对费孝通来说,这种味觉体验不仅满足了味蕾,更是一种情感的寄托。他曾说,只有这种"臭"到极致的豆腐,才能带来真正的过瘾与满足。

然而，随着家从吴江搬到苏州城区，没有了专门的腌缸，他便很难再品尝到那熟悉的味道。他感慨地回忆道，每次回乡，主人问他喜欢吃什么，他总是回答臭豆腐。但吃到的豆腐总是没有臭透，让他感到一丝今不如昔的怀古之情。这份对家乡美食的怀念，不仅仅是对味道的留恋，更是对家乡生活的魂牵梦萦。

即使在85岁高龄时，费孝通依然能够清晰地回忆起童年家中用酱缸制酱的细节。他讲述着那些远去的记忆，仿佛穿越时空回到了那个充满欢声笑语的童年。离家多年，岁月流转，但最让他难忘的，始终是那一口鲜美的滋味——一种难以用言语形容的味觉享受，一种无法割舍的情感纽带。

儿时舌尖上的美味，一旦成为过去，就会在岁月的长河中沉淀为一种悠长的回味。

费孝通对家乡的热爱，不仅体现为对美食的怀念，更体现为他对家乡文化的深刻理解和传承。他深知乡土文化是家乡的灵魂，是家乡人民世代相传的精神密码。因此，他致力于乡土文化的研究和传承，怀揣着厚重的责任感与使命感，希望通过自己的努力，让更多的人了解和热爱自己的家乡文化，用自己的学识和智慧为家乡的文化传承和发展献计献策。

总的来说，费孝通用自己的行动诠释了"爱我家乡"的真谛，成为后人学习和敬仰的榜样。他的故事也提醒我们，无论走到哪里，都不要忘记自己的根和源，因为那里有着我们最初的梦想和最深的情感纽带。

(二) 逝者如斯

《爱我家乡》是费孝通在 1996 年为纪念江村调查六十周年而编写的一本书。它不仅是对家乡吴江的深情告白,也是他对社会学、人类学研究成果的总结。费孝通通过学术研究和实践行动,表达了对家乡的情真意切。

在《爱我家乡》的前言与代序中,费孝通精选了一系列文章,它们不仅表达了对家族前辈的敬仰与怀念,也是个人情感与历史脉络交织的珍贵记录。《先父遗稿——吴江光复前后回忆》一文,让读者窥见费老父亲见证吴江地区历史变迁的沉思,展现了家族与家乡命运的紧密联系;《先母遗稿——〈女界钟·序〉》通过母亲的笔触,传递了对女性觉醒与时代变革的殷切期望;《纪念姊丈旧作——做人要做这样的人》则颂扬了家族成员的高尚品德,激励后人追求更高尚的人生境界。这些文章串联起费孝通对家乡、家族、历史的深情,构筑了《爱我家乡》的灵魂与基石。他以《乡土教材和社会调查》为代序,记录了《江村经济》出版后的追踪调查心得,奠定了学术和实践相结合的基础。

书中的主体部分,是费孝通对家乡吴江,尤其是江村的社会调查与研究。这些文章记录了江村在不同历史时期的变迁,反映了费孝通对农村问题的深刻思考。《重访江村》(上、下)详细记录了 1957 年社会主义改造时期江村的变化,通过实地调查,费孝通掌握了第一手资料,对农村问题提出了见解和建议,是农村现代化道路探索的初步尝试。《三访江村》回顾了近半个世纪江村的发展,总结了现代化进程中的经验教训,提出了具有前瞻性的观点。

此外,《小城镇大问题》《家乡的凤尾菇》等文章,展示了费孝通对家乡和农村问题的关注与思考。在《小城镇大问题》中,他提出"苏南模式",分析了小城镇在中国现代化建设中的作用。《家乡的凤尾菇》则通过引进新品种、推广新技术,帮助家乡农民致富,体现了他对家乡人民的深情厚谊和务实精神。

时至今日,费孝通的家乡吴江经历了翻天覆地的变革。经济的快速增长和城市化进程已将吴江塑造成一个现代化城市,拥有先进的产业集群和完善的基础设施。尽管经济成就斐然,工业、农业、服务业均实现跨越式进步,为民众创造了丰富的就业机会与优越的生活条件,但吴江的发展之路依然任重道远。

近年来,吴江依托高新技术产业的引进与现代服务业的蓬勃发展,推动了产业结构的优化升级,为经济的持续健康发展打下了坚实基础。然而,城市化进程的加速也带来了土地资源紧张、生态环境保护等问题,合理规划土地和保护生态环境成为亟待解决的课题。同时,人口增长和老龄化的加剧,对社会保障与公共服务提出了更高要求,如何提升服务质量与扩大服务覆盖面,成为政府和社会关注的焦点。

在这样的背景下,我们需深入思考和探索吴江乃至中国农村的未来发展方向。费孝通在《爱我家乡》中所体现的务实精神和人文关怀,为我们提供了重要的启示。我们应继续关注农村问题,探索可持续发展的农村道路,推动城乡一体化,实现经济、社会和环境的和谐发展。费孝通的学术追求和对家乡的深情,鼓励我们一往无前,为国家的繁荣和进步贡献力量。

《爱我家乡》不仅是费孝通个人学术生涯的集大成之作,更是中国社会学和人类学领域的重要里程碑。书中提出的诸多观点和见解,至今仍闪烁着智慧的光芒,为中国农村的现代化转型提供了宝贵的理论支撑和实践指导。尤其是他提出的"苏南模式",对中国城镇化的进程产生了深远影响。费孝通通过对小城镇的深入研究和实地考察,以其独特的视角和敏锐洞察力,提出了一系列深谋远虑的见解和建议。这些思想不仅在当时引起了广泛关注和热烈讨论,更为中国城镇化的发展指明了方向,产生了持久的影响。《爱我家乡》所体现的,不仅是费孝通对家乡的深情厚爱,更是他对学术研究的严谨态度和对社会责任的深切担当。书中的每一个观点,每一段论述,都凝聚着他对中国农村和城镇化发展的深刻思考。这些思想成果,不仅丰富了中国社会学和人类学的学术内涵,更为中国的社会发展和进步提供了重要的启示和借鉴。

在《爱我家乡》中,费孝通不仅展现了他学术成就的核心——务实精神和人文关怀,而且通过持续不断地关注家乡的发展与变迁,身体力行地为乡亲们谋福祉。这种精神和情怀,不仅彰显了一位杰出学者的高尚情操和深沉的爱国情感,也是对中国社会学和人类学领域的重要贡献,鼓舞着后来者继往开来。此外,《爱我家乡》这本著作还见证了江村乃至中国农村半个多世纪以来的历史演进和社会进步。书中翔实的数据和事实资料,宛如珍贵的历史化石,记录了农村发展的每一个细节,为研究中国农村的历史和社会结构提供了丰富的第一手资料。通过这本书,我们得以更深刻地理解中国农村的发展历程,认识到农村问题在中国现代化进程中的重要性。

费孝通始终以一颗赤子之心,关注着家乡吴江的变迁和发展。他的心与家乡息息相通,始终牵挂着乡亲们的福祉。为了提升家乡人民的生活质量,他愿意倾注一生的心血和智慧。这份深沉的情感,根植于他对家乡深沉的爱与不舍的眷恋。他曾表示:"我的祖祖辈辈在家乡育养了我,我虽则已由老而衰,但我没有忘记家乡,有生之日总想为家乡这片土地多加上一点肥料,能长出比我这一代更有出息的子子孙孙……"这番话,不仅流露出费孝通对家乡的深情厚谊,更是他毕生致力于推动家乡发展的真实反映。

费孝通一生的事业和理想,可凝练为他在1993年早春所提的十六字箴言:"脚踏实地、胸怀全局、志在富民、皓首不移。"这十六个字,既是他个人人生道路的精练总结,也是他对家乡和祖国深情的告白。费孝通毕生致力于实现这些信念,无论是在学术领域的深耕,还是在社会实践中的探索,他都坚守着这份执着追求。

费孝通所指的"乡土",既是他深爱的家乡吴江,也是他眷恋的祖国大地。费孝通深知,个人之力有限,而乡土之力无穷。乡土承载着历史与文化的深厚底蕴,见证了无数代人的奋斗与拼搏,这种力量是无穷的,不会因为个人的消逝而磨灭,始终赋予后人前行的动力。

2005年4月24日,费孝通辞世。他的离去让无数人感到悲痛。他不仅是一位学术巨擘,更是一位心系家乡、心系祖国的人民公仆。他带着一生富民的梦想离世,但他的精神永存人心。

在吴江松陵公园的费孝通墓碑上,刻录着他的文字:"逝者如斯而未尝往也。劳动、生命和乡土结合在一起,就不怕时间的冲洗了。"[1]这段话,不仅是对他一生乡土情怀的凝练,也是他对生命意义的概括。费孝通深知生命循环不息,自然规律不可逆

---

[1] 王国平,苏雁.在"江村",读费孝通[N].光明日报,2020-10-10(7).

转,但人类的劳动、生产活动和生活实践,将时间凝聚成文化,推动了文明的传承。这种精神,薪火相传,生生不息,照亮人类前行的道路,超越个人生命,实现永恒的价值。正是这份传承与积累,成为连接过去与未来的桥梁。

（三）友情如海

费孝通作为一位杰出的社会学家与人类学家,他的一生与江村紧密相连。二十六次的访问,铸就了他在这片土地上的深厚学术足迹与情感印记。在江村,周正华,一位土生土长的农村基层干部,继承了祖辈的根脉,在这里成长并最终担任乡镇领导,退休后继续投身于老年体育事业,贡献着自己的热情与力量。费孝通与周家之间缘分深远,每次造访江村,他总会抽空到周家走访,与周正华的深入交流成为他江村之行不可或缺的一部分。

1936年,当费孝通首次来到江村,那时周正华尚未出生。岁月流转,当周正华成长为江村的一分子,他与费孝通之间便结下了不解之缘。在超过半个世纪的时间中,两人至少有二十次的珍贵会面和深入交谈,他们一同漫步于江村的田野乡间,共同见证了这片土地的变迁与发展。这段跨越时代的深厚交往,不仅深刻记录了费老与江村社会变迁持之以恒的关注与洞察,更成为费老与周正华家族深厚情感联结的生动见证。在每一次的交流与探访中,都流淌着对乡土深情的心领神会,以及对学术传承与人文关怀的深刻理解和践行。

费孝通在首次造访江村时,便得到了当地乡亲,包括周正华祖父周辅生的热情协助。周辅生作为一名航船工,在乡村经济中具有不可或缺的地位,他为费孝通提供了大量珍贵的第一手资料。虽然费孝通在后来的学术著作中未必直接提及,但他内心深处对江村的乡亲们,尤其是周辅生,始终怀有深深的感激之情。这份感激随着时间的流逝,愈发深重,特别体现在对周正华等年轻一代的关怀与殷切期望之中。

时间流转至1957年,费孝通再次访问江村,那时周正华还是个孩子,对费孝通的到来充满好奇。费孝通温柔地与他互动,询问他的名字和家庭情况,这一幕成为他们日后深厚友谊的美好开端。

到了1981年,周正华已经成长为庙港公社管委会主任,负责接待再次来访的费孝通。费孝通对年轻干部的成长感到欣慰,并鼓励他们不断学习,带领乡亲共建美好家园。在这次访问中,周正华全程陪同费孝通,向他展示了江村新时代的产业发展。

1999年,当费孝通第二十三次访问江村时,周正华已调动至吴江市委组织部担任重要职务。然而,费孝通对这位年轻后辈的关心和期望并未减少。他特别安排了一次意义非凡的会面,邀请周正华及原庙港乡的党委书记一同前往开弦弓村,共同回忆往昔,探讨未来。这三位来自不同年代的江村守护者,围坐一桌,深入交流了江村的发展变化,分享了各自的经历和感悟。为了纪念这次历史性的聚会,他们特意拍摄了合影,这张照片不仅捕捉了三人的笑容,更深刻记录了费老对江村的深情和对年轻一代的殷切期望。照片中的背景是典型的旧瓦房,一侧堆放着柴垛,另一侧是农村常见的洗衣石板。费孝通会心地说:"老开弦弓大体就是这样的老房子。"①

周正华满怀深情地回忆了他与费孝通的交往,深感费老的人格魅力和谦逊风度。费孝通从不以自己的学术地位或官职自居,总是以平易近人的态度,迅速与江村的人民融为一体。他用温暖的笑容和和蔼的言语,缩短了与村民之间的距离,无论是遇见长者还是年轻人,他都以亲切的称呼——"老伯伯""老伯母"或"弟弟""妹妹"——来表达他的友好和尊重。尤其让人感动的是,费孝通喜欢用江村的方言与村民交流,这种对地方文化的尊重和用心,让每位与他交谈的村民都感受到温情厚意。

在田野调查和走访期间,费孝通的关注点始终集中在普通百姓的日常生活上。他的提问总是贴近民生,与村民的切身利益紧密相连。这种深入细致的关怀和体察,不仅体现了他作为学者的严谨态度和真诚精神,更映射出他作为一位智者对民众福祉的深切关注。在周正华的记忆中,费孝通不仅是一位学识渊博的卓越学者,更是一位心系民众、和蔼可亲的长者。

吴江,这片富饶之地,曾是江苏省养兔业最繁荣的地区之一。1983年,费孝通在第七次访问江村时,凭借其敏锐的市场洞察力,发现了兔毛市场的潜力,并积极倡导村民们发展养兔业。在那个兔毛价格昂贵的时期,一个普通的农村老婆婆通过养十只兔子,就能轻松满足家庭的日常开销,这为当地农民提供了一条新的增收途径。

到了1985年10月,费孝通第十次来到江村,这次他深入开弦弓村的六七户农家,实地了解农村的生活状况。当他走进第

---

① 汪生根.费孝通与一位农村基层干部的情缘[J].钟山风雨,2010(6):12-14.

十一村民小组周宝明的家中,正巧遇到主人在剪兔毛。费孝通亲切地抱起一只长毛兔,向在场的村民介绍:"养兔子不仅设施要求简单,技术门槛也低,成本低廉且回报迅速,适合所有具备劳动能力的家庭参与。"

江村的发展道路并非一帆风顺。它位于太湖之畔,历史上交通不便,严重限制了当地经济的繁荣和民众生活水平的提高。1981年,费孝通第三次访问江村时,深刻感受到了这一点。当时,从震泽到庙港乡政府还需乘船,即便是乘坐当地最"豪华"的小轮船,短短9千米的水路也要耗费两个多小时,再从庙港到江村又是一段漫漫征途。面对这种情况,费孝通深有感触地指出:"若要富,先铺路。"

这次访问中,费孝通特别关注了开弦弓村未通公路的问题,并将情况及时反映给省领导,积极建议修建公路以改善交通条件。省领导对此给予高度重视,迅速行动,拨款支持,并组织相关部门进行实地勘察与测量,最终由地方政府负责施工建设。经过努力,1982年底,震泽至江村的公路顺利通车;1983年6月,开弦弓村与庙港之间也开通了公交车,结束了当地长期以来交通不便的历史,为江村的经济发展注入勃勃生机。

周正华至今仍清楚地记得震泽到开弦弓公路通车的那天,举办了一个简单的仪式,沿路站满了欢欣鼓舞的群众,他们敲锣打鼓,无不拍手称快:"托费老的福,费老为我们家乡办了件大好事!"[1]这一幕不仅是对费老为江村带来变化的感激,也是费老与周正华以及江村乡亲们深厚情谊的见证。

---

[1] 汪生根.费孝通与一位农村基层干部的情缘[J].钟山风雨,2010(6):12-14.

四、赓续承传

赓续承传,这一理念蕴含在继承的基础上不断创新,在发展中稳健前行的深意。费孝通的一生,便是这一理念的生动体现和实践。他深耕中国农村、小城镇及区域经济的研究领域,通过细致入微的调查研究,提出了一系列既具有前瞻性又具有实践性的发展理论。这些理论不仅为中国探索现代化道路打下了坚实的基础,也为我们理解和发展中国特色社会主义提供了宝贵的思想资源。

作为知识分子的杰出代表,费孝通毕生致力于探索中国现代化的发展之路。他曾明确表示:"世界各国都在迈向现代化,我们也不可能例外,但要设计我们自己的道路。"[1]正是基于这样坚定的学术信念,费孝通以实地调研为基础,专注于城乡关系和民族和谐等关键领域,对中国式现代化道路进行了卓有成效的探索。这一探索不仅展现了20世纪中国知识分子深沉的家国情怀和责任感,更为当代中国在自身国情的基础上,超越对西方现代化模式的模仿,构建符合自身发展需求的现代化路径,提供了宝贵的启示。

---

[1] 费孝通.谈谈认识中国国情[J].中国国情国力,1992(1):4-5.

（一）乡土重建

进入二十一世纪初的中国，农村作为社会结构的坚固基石，与城市携手共绘国家的基本图景。然而，城乡之间的差异依然显著，成为制约社会全面均衡发展的核心难题，不仅影响着经济增长的平衡性，更触及社会公平、和谐与稳定的根基。在此背景下，推动城乡协调、可持续发展，成为中国式现代化征程中亟待攻克的关键课题。费孝通对此进行了深入探索，提出了两个关键阶段的理念：首先，他倡导建设乡土工业，以本地工业发展带动农村经济；其次，他认为小城镇是城乡融合的枢纽，通过其发展实现城乡有机连接。[1] 在这一过程中，费孝通还对现代社会人际关系进行了深入研究，为保持城乡社区公共性、推动城乡一体化提供了理论指导，为缩小城乡差距、构建和谐社会及中国特色现代化模式作出了重要贡献。

在二十世纪三四十年代，中国农村现代化的道路选择成为学术界热议的焦点。吴景超主张都市化集聚效应，认为城市化是大势所趋，力推以城市的发展为引擎，引领农村实现振兴。梁漱溟则秉持应立足于中国传统文化和社会结构的观点，主张通过儒家伦理引领的社会革新来推动农村进步。费孝通则从不同的视角，强调中国的发展不应局限于西方的标准和发展模式，而应深植于本土的社会结构和文化传统中。[2] 他倡导"乡土重建"

---

[1] 费孝通.费孝通文集：第3卷[M].北京：群言出版社，1999：3-4.
[2] 费孝通.费孝通文集：第3卷[M].北京：群言出版社，1999：10-14.

的理念,将乡土工业的培育和发展视为中国现代化进程的关键,为中国农村的现代化提供了一种结合中国国情的独特视角和发展路径。

在费孝通的学术视野中,"乡土"这一概念超越了单纯的地理范畴,更是中国现代化的精神纽带与发展战略的策源地。他一生致力于将"乡土重建"作为解决乡村问题的核心策略,强调发展乡土工业,以此缓解农村"人多地少"的矛盾、保障农民生计、稳定乡村经济结构。费孝通超越了模仿西方模式的局限,认为中国的现代化应根植于自身的社会结构和文化传统,通过乡土工业的兴起,解决劳动力配置不均、工农断裂等难题,促进城乡经济的良性互动。①

面对质疑,费孝通明确指出,他所倡导的乡土工业不是简单的复古,而是在动力机制、技术革新、社会关系重构及经济组织形式等多个维度上实现向现代化的华丽转身。他主张国家政策的扶持,如关税保护与津贴措施,助力传统工业向现代工业过渡,避免在全球化竞争中左支右绌。

随着改革开放的推进,费孝通的研究虽看似转向小城镇与区域发展,实则是对乡土工业化理论的深化与拓展。他观察到小城镇已成为集商贸、行政、工业于一体的多功能体,乡村工业向小城镇的集聚,标志着农村工业化的新阶段,预示着城乡关系的新格局。他认为,城镇工业的发展是内外部因素共同作用的结果,既得益于制度环境的放宽与农民的内生需求,也有效缓解

---

① 罗强强."两对关系"论:费孝通对中国式现代化道路的学术探索[J].西北民族大学学报(哲学社会科学版),2024(1):73-85.

了城市压力,促进了人口与资源的合理配置。①

针对"费孝通陷阱"的批评,费孝通强调"因地制宜,多元模式"的重要性,提出小城镇并非城市化的唯一路径,而应根据地方特色与条件,因地制宜探索现代化道路。面对流动人口问题,他提出加快城镇建设与区域发展的策略,构建宜居宜业的城乡环境。

在《乡土中国》等著作中,费孝通深刻剖析了乡土社会的人际关系与社区结构,为现代社区建设提供了宝贵启示。他倡导将现代社区重建成基于传统文化与熟人关系的社群,强调参与感、认同感在共同体构建中的核心作用。② 这一观点,既是对传统"乡土中国"的深情回望,更是对现代化进程中如何保持社会和谐、文化连续性的深刻思考。我们在追求现代化的同时,不应忽视对本土文化的珍视与传承,而应努力寻找一条既能实现经济发展,又能守护文化根脉的可持续发展之路。

费孝通的理论至今依然闪烁着智慧的光芒,为应对城市化和工业化的挑战提供了深刻的理论支撑。他的"乡土"理念不仅为我们理解社会变迁、促进城乡融合提供了新视角,而且在构建具有强烈归属感的和谐现代社区方面具有不可估量的价值。费孝通提出的乡土工业化思想,为农村经济发展提供了新思路,有助于推动乡村振兴,缩小城乡差距。同时,他将小城镇视为城乡联合与融合的枢纽,为城乡一体化发展提供了重要的启示,通过优化小城镇布局和功能,加强与农村地区的产业联系,实现互惠互利。此外,费孝通的区域发展理念强调根据地区特色制定差

---

① 费孝通.小城镇的发展在中国的社会意义[J].瞭望周刊,1984(32):8-10.
② 彭兆荣.魂之归兮,乡土中国:费孝通的乡土情结[J].西北民族研究,2018(3):105-113.

异化的发展策略,促进区域协调发展。这些理论在学术上具有深刻的影响力,在实践中提供了切实可行的指导原则。

(二) 多元一体

费孝通在探索中国民族关系和构建现代化路径中,确立了重要的学术里程碑。他的学术生涯与中国现代化的宏伟征程紧密相连,深刻认识到民族和谐是中国式现代化的核心动力,并为此尽心竭力。

新中国初建之际,费孝通就投身于民族识别的重要工作中,深知缩小与国际先进水平的差距和弥合国内民族发展鸿沟,是中国现代化面临的双重挑战。他倡导增加少数民族权益,打破发展瓶颈,为中国的全面现代化奠定坚实的民族基础。

通过深入的田野调查,费孝通深入贵州、广西等地,细致考察各民族的生产生活实况,撰写了影响深远的调研报告。这些报告为中央制定民族现代化政策提供了实证依据,促进了少数民族身份的广泛认同,为中国民族政策的科学构建奠定了基石。

费孝通通过广泛的实地调研形成了"中华民族多元性与一体性并存"的见解,他坚信民族多样性不会削弱中华民族的整体性,反而主张在政治统一的前提下,确保各民族享有平等的权利与机会。[①] 这一理念在 20 世纪 80 年代发展成为"中华民族多元一体格局"理论,成为理解中国民族关系的重要理论框架。

改革开放以后,费孝通适时调整理论视角,强调尊重民族多

---

① 费孝通.费孝通文集:第 7 卷[M].北京:群言出版社,1999:223-241.

元性,促进民族兼容并蓄,共同迈向现代化新征程。他认为"多元一体"格局蕴含着推动各民族共进共享繁荣的内涵。"多元"主要体现为文化多样性,中国的历史孕育了多元的政治制度、文化传统与思想体系,它们相互渗透影响,形成了中华文化的独特魅力。

费孝通的学术探索引领中国民族研究的重要转向,他提倡从单一的"族别"研究过渡到更为宏观的区域研究,以全面审视不同民族间的交往、交流与交融。通过聚焦汉藏走廊、云贵高原等关键区域,费孝通深入揭示了民族间在历史、文化、经济与社会发展等方面的深层次联系与差异,为理解民族关系提供了新的视角。在此基础上,他提出的"多元一体"理论,不仅为中华民族的团结与稳定提供了坚实的理论基础,也为中华文化的繁荣与历史发展注入了勃勃生机。

费孝通所强调的"我中有你、你中有我"的民族关系,深刻体现了中华民族的内在凝聚力与向心力。① 在民族地区发展方面,他主张通过内外结合的方式,缩小区域发展差距,促进各地区协调发展。其"以东支西,以西资东,互惠互利,共同繁荣"的理念,为中国构建欣欣向荣的民族大家庭提供了创新思路。②

一言以蔽之,费孝通的学术生涯深刻反映了对中国民族关系与现代化进程的深邃洞察和持续探索。他的"中华民族多元一体格局"理论,为中国民族政策的制定与实施奠定了坚实的理论基础,明确了各民族和谐发展与共同繁荣的路径。费孝通的思想至今仍放射出智慧之光,对当代中国的民族工作和社会发

---

① 费孝通.费孝通学术精华录[M].北京:北京师范学院出版社,1988:406.
② 费孝通.边区开发四题[M].杭州:浙江人民出版社,1987:7-9.

展具有深远的启示和指导意义,激励我们不断前行,迈向更加繁荣昌盛的未来。

(三)中国式现代化的学术推动

费孝通以其深厚的学术造诣和卓越的洞察力,对中国式现代化道路进行了深入且具有前瞻性的探讨。他的研究不仅提供了一种独特的视角来理解中国现代化的进程,而且为中国式现代化的持续发展提供了重要的学术推动力和宝贵的智力支撑。

1. 倡导城乡融合发展:中国式现代化的基石

全部农村人口顺利融入现代化进程,是实现全民共享繁荣愿景的核心所在。费孝通深刻认识到,中国乡土社会的现代化转型,关键在于城乡关系的深刻调整和重构。这一转变不仅直接影响着中国式现代化的进程,也塑造着其整体的特征和风貌。

费孝通为中国式现代化道路的探索提供了坚实的理论基础和深刻的思想启迪。他提出,现代化是一个乡村逐步实现转型、城市持续扩张的动态过程,在这一过程中,"乡村内生城市化"不仅构成了城乡一体化的有效实践路径,还成为符合中国独特国情的制度创新典范。费孝通的理论深刻剖析了乡村经济内生增长的动力源泉,指出其源自城市化进程的内在自我驱动。同时,他也着重强调了自然经济体系解构对于乡村经济转型升级而言,是一个必须面对的主要结构性挑战。

费孝通深入分析了乡村经济发展的结构性矛盾,并强调了改革任务的复杂性和全面性。他特别强调了乡村工业化在战略上的重要性,并主张提升农民作为发展主体的地位,推动技术革新与组织架构的优化匹配,以促进乡村经济的内外和谐发展。费孝通认为,这一过程不应局限于经济领域的转型,还需深入解决政府、市场与社会之间可能存在的结构性失衡和功能性障碍等更深层次的问题。①

"小城镇理论"是费孝通思想体系中的核心组成部分,它将城乡关系视作一个动态平衡的系统。在这个系统中,小城镇不仅是城市与乡村之间的关键连接点,更是发挥着"过渡桥梁"作用的重要环节。大力发展小城镇能有效缓解城乡发展不同步的问题,并预防工业化和城市化进程过快而导致的城乡发展失衡风险。这一理论不仅深化了我们对城乡融合发展的理解,提供了城乡一体化的新视角,而且为政策制定者的实际操作提供了重要的指导和参考。

城乡关系是费孝通研究中国式现代化进程中的核心要素,它构成了现代化建设的基本框架。在这一框架内,费孝通提出,推进城乡融合不应仅限于经济层面的整合,更应拓展至社会文化等多维度的深层次交流与融会贯通。②他倡导构建一个全面协调、可持续发展的城乡共生体系,以确保中国式现代化能够均衡发展并稳步前进。费孝通的这一理论视角,为中国实现城乡一体化提供了真知灼见,并为中国特有的现代化道路奠定了坚实的理论基础。

---

① 陈占江,娄雪雯.中国现代转型与费孝通的思想世界[J].社会学评论,2018(5):85-96.
② 彭兆荣.魂之归兮,乡土中国:费孝通的乡土情结[J].西北民族研究,2018(3):105-113.

2. 为中华民族共同体建设提供学理支持

中国式现代化的独特性在于追求物质文明与精神文明的协调发展,以及实现人与自然之间的生态平衡和和谐共生。作为一个多民族国家,在中国这片广袤无垠的土地上,56个民族携手并肩,共同参与并推动着现代化进程,形成了一部壮丽的共同进步史。中华民族共同体的构建是中国式现代化的核心内容,它不仅是实现现代化目标的关键组成部分,也是确保这一进程顺利进行的重要保障和动力源泉。

中华民族共同体建设致力于加强各民族之间的文化认同、经济交流和社会共治,为所有民族的共同繁荣与发展构建了坚实的平台。这一过程不仅巩固了民族间的情感联系,而且加深了对国家统一和民族团结的共识,为中国式现代化注入了澎湃的内在动力,并营造了一个稳定的社会环境。通过中华民族共同体建设,中国能够汇聚各民族的智慧和力量,共同面对现代化进程中的挑战,共同享受现代化的成果。这种做法确保了中国式现代化的道路能够在保持快速进展的同时,实现稳健和可持续的发展。

习近平总书记指出:"深化民族团结进步教育,铸牢中华民族共同体意识,加强各民族交往交流交融,促进各民族像石榴籽一样紧紧抱在一起,共同团结奋斗、共同繁荣发展。"[1]这一重要论述,充分表明了中华民族共同体建设与中国式现代化之间的内在联系和环环相扣,是推进中国式现代化的重要理论依据。

---

[1] 习近平.习近平谈治国理政:第3卷[M].北京:外文出版社,2020:31.

第一，中国作为一个统一而多元的民族国家，拥有约1.25亿的庞大少数民族人口。这一人口基数凸显了"一个民族不落"原则在实现共同富裕目标中的重要性。现代化不仅是经济繁荣的体现，更是构建高质量经济体系的核心动力，为中华民族共同体的稳固和发展提供了坚实的经济支撑，加速了各民族共同富裕的进程。这一进程深化了中华民族的认同感与凝聚力，促进了命运共同体的紧密联结。

第二，中国各民族在长期的历史发展中创造了丰富多彩的民族文化。中华优秀传统文化的精髓，如孝亲敬老、邻里和睦等，已深深融入各民族文化血脉，成为各民族共同价值追求的体现和推进中国式现代化建设的重要文化基础。这些共有的精神财富为中华民族共同体建设提供了深厚的文化底蕴，增进了民族间的相互理解和尊重。

第三，中国广袤的陆地边境线中，约1.9万千米位于民族地区，这些区域不仅资源丰富，生态价值不可小觑，还肩负着维护边疆安宁和传承中华优秀传统文化的双重使命。在推进中国式现代化的进程中，这些地区发挥着"稳定锚"的重要作用，对夯实中华民族共同体的地缘基础具有重大价值。

因此，以中国式现代化为引擎，全面推动中华民族伟大复兴，必须坚定不移地加强中华民族共同体建设。维护民族团结与国家统一，是各民族福祉之所系，利益之所在。我们应汇聚全体人民的智慧与力量，共建和谐家园，共创辉煌未来。这不仅是实现中国式现代化目标的内在要求，更是引领中华民族迈向更加繁荣昌盛的必由之路。

3. "美美与共"与"天下大同"：中国式现代化的全球视野

现代化作为全人类的共同愿景，受到各国的向往和追求。中国式现代化，以其和平发展的道路独树一帜，深植于中华民族的文化传统之中，承载着中华民族对未来美好生活的憧憬和追求。这一模式不仅展现了中国对于和平、发展与合作的价值追求，也彰显了中国在全球舞台上推动构建人类命运共同体的大国担当。

党的二十大报告明确指出："我国不走一些国家通过战争、殖民、掠夺等方式实现现代化的老路……我们坚定站在历史正确的一边、站在人类文明进步的一边，高举和平、发展、合作、共赢旗帜，在坚定维护世界和平与发展中谋求自身发展，又以自身发展更好维护世界和平与发展。"[1]这一表述不仅彰显了中国式现代化的和平属性，而且为中国在全球治理中扮演更加积极的角色提供了战略指导。

费孝通所倡导的"差序格局"理论，在跨文化的比较研究中，深刻地揭示了中西文明和社会结构的根本差异。该理论认为，个体在社会网络中居于中心位置，其社会影响力像水波纹一样向外扩散，构建了一个复杂的社会互动网络。这种模式同样适用于国际关系，各国在相互联系的国际网络中既展开竞争也进

---

[1] 习近平.高举中国特色社会主义伟大旗帜 为全面建设社会主义现代化国家而团结奋斗：在中国共产党第二十次全国代表大会上的报告[M].北京：人民出版社，2022：23.

行合作,共同构建全球秩序的框架。和平发展作为这一复杂网络和谐与稳定的关键基础,其重要性不言而喻。

在全球格局经历深刻变革的背景下,中国提出的"人类命运共同体"理念,是中国深厚历史传统与现代化实践经验相结合的智慧成果。这一理念不仅体现了中国对和平发展的信守不渝,也为中国在全球治理中扮演的角色提供了新的理论视角,凸显了中国在全球合作与治理中的建设性作用和积极贡献。

费孝通对于"美好社会"的构想,具有深远的学术意义和全球视野。他提倡的和谐共存状态,超越了单一国家和文化的局限,强调基于文化自觉和相互尊重的全球文化共生。费孝通认为,文化自觉不仅体现在对本土文化的深刻理解和认同上,更体现在对他国文化之美的欣赏和尊重上,这对于促进全球范围内的文化共生与共赢至关重要。① 这一理念在推动构建"人类命运共同体"的过程中得到了具体体现,旨在建立一个多元一体的全球社会。

费孝通提出的"和而不同"与"美美与共"思想,为全球治理提供了宝贵的思想资源。他认为,文化的多样性与包容性是实现全球和谐共生的基础。各国在坚守自身文化特性的同时,应主动寻求与其他文化的对话与合作,携手推动全球文化的繁荣发展。这一理念不仅丰富了中国式现代化的内涵,也为全球治理体系的创新与完善提供了理论支持。

在全球化加速发展的今天,费孝通的学术思想显现出其时代价值。他的探索不仅限于对中国发展道路的深刻洞察,更包

---

① 麻国庆.中国式现代化道路对"美"的探索:再读费孝通先生的《美好社会与美美与共》[J].秘书工作,2023(2):69-71.

含了对全球治理新模式的积极贡献。通过提倡"美美与共"与"天下大同"的理念,中国式现代化正逐步成为推动全球和平、繁荣与可持续发展的重要力量。

总而言之,费孝通以其独特的学术视角和扎实的理论功底,为中国式现代化乃至全球治理作出了重要理论贡献。他的研究方法和学术态度,为我们树立了学术探索的典范,鼓励我们在学术研究和社会实践的道路上持之以恒,持续推动人类社会向着更加文明、和谐、可持续的方向发展。